약이 되는 차음식

(사)초의학술문화원 저

도서출판

약이 되는 **차음식**

발행일 : 1쇄 2008년 5월 9일
2쇄 2009년 6월 15일

발행인 : 석용운

출판사 : 도서출판 초의(061-285-0302)
전남 무안군 삼향면 왕산리 943. 초의선사

집필진 : (사)초의학술문화원

이사장 석용운,
지도교수 유복열,
다 식 김선주,
차 술 권희자,
차 술 서문성,
차한과 권석임,
차음식 김선임,
차 떡 김창옥,
약 차 우제민

저자약력

이사장 석용운

대한불교조계종 승려, 초의선원장
(사)초의학술문화원 이사장

지도교수 유복열

세종대학교 대학원 가정학과 졸업 (이학박사)
(사)한국전통음식연구소 최고지도자과정 교수

약차술 권희자

이화여자대학교 약학대학 약학과 졸업
무형문화재 삼해주 기능보유자

약다식 김선주

청주교육대학 졸업
안양시 예절교육관 교육실장

차음식 김선임

세종대학교 대학원 외식경영조리학과 박사과정수료
세종대, 한림대, 대원대 강사

차한과 권석임

세종대학교 대학원 조리외식경영학과 졸업
(조리학박사)
안산대학, 장안대학 강사

약차술 서문성

이화여자대학 가정대학 가정관리학과 졸업
한국전통음식 (전통주)연구가

약차떡 김창옥

명지대학교 산업대학원 식품양생학과 재학중
(사)궁중병과원 강사

약 차 우제민

고려대학교 생명과학대학원 식품과학과 재학중
제주 세계차박물관 대표

인 사 말

1980년 가을 음력 8월 초이튿날.
초의선사 열반 헌다제를 처음으로 지냈다.
일지암을 복원하고 처음 맞는 헌다제일이다.
열반하신지 꼭 124년만의 일로서 매우 의미 있는 행사였다.

초의선사가 어떤 분인지 세상은 알지 못했다.
차(茶)가 무엇인지도 몰랐다.
극소수의 사람들만이 관심을 가져 주었다.

전국에서 모인 사람들이 모두 해야 고작 100여명.
대부분이 초의선사도 차(茶)도 잘 모른다.
호기심 반 구경 반으로 모인 사람들.
하지만 내게는 소중하고 귀한 분들이었다.

나는 이때 처음으로
녹차 국수와 녹차 설병(백설기)을 대접했다.

차를 마시는 음료에서,
먹는 음식문화로 발전시켜야
차문화가 발전할 것이라는 생각 때문에……
시작한 차음식 보급운동이
오늘에서야 차음식 도록을 내게 되었다.

그것도 여러분의 도움을 받아서 가능했다.
혼자서는 무슨 일도 잘 못하는 게으른 성미라서
이분들 도움이 절실하게 고마운 따름이다.
함께 이름을 기록해서 노고에 감사를 드리고 나의 무능을 경계하고자 한다.

초의선사의 탄생지를 가꾸며,
후학 고월 용운 합장

차 례

약이 되는 차음식

약이 되는 차떡

약이 되는 차한과

약이 되는 차술

약이 되는 차

약이 되는 다식

한국의 차음식

약이 되는 차음식

김선임

1. 청죽차 대나무통밥 - 고혈압에 좋은 차음식
2. 오룡차 율무팥죽 - 관절염에 좋은 차음식
3. 청녹차 진피쌈밥 - 비만에 좋은 차음식
4. 녹차 삼색면 - 신장병에 좋은 차음식
5. 가루차 편수 - 골다공증에 좋은 차음식
6. 홍차 기력탕 - 심장병에 좋은 차음식
7. 찻물 전골 - 치매에 좋은 차음식
8. 작설차 영양찜 - 빈혈에 좋은 차음식
9. 황차 영양강정 - 당뇨병에 좋은 차음식
10. 세작 찹쌀찜 - 저혈압에 좋은 차음식
11. 가루차 생선볼 - 아토피에 좋은 차음식
12. 녹차 약전 - 당뇨병에 좋은 차음식
13. 생차잎 꽃말이 - 관절염에 좋은 차음식
14. 오룡차 냉채 - 저혈압에 좋은 차음식
15. 녹차고추장 숙회 - 신경통에 좋은 차음식
16. 작설차 쌈김치 - 변비에 좋은 차음식
17. 청차 물김치 - 감기에 좋은 차음식
18. 가을차 강회 - 치매에 좋은 차음식
19. 햇차 멸치 볶음 - 심장에 좋은 차음식
20. 녹차간장 - 암에 좋은 차음식

1. 청죽차 대나무통 밥

-고혈압에 좋은 차음식

■ 재료 및 분량

현미180g(1컵), 쌀180g(1컵), 하수오50g, 우슬10g, 두충잎5g, 용담2g
청죽차5g, 대추40g(10개), 은행40g(20개)

■ 만드는 방법

1. 하수오, 우슬, 용담에 물1.2리터를 넣고 끓으면 중불이하에서 15분정도 끓여 거른다.
2. 현미와 쌀은 깨끗이 씻어 충분히 불린다.
3. 대추는 씻어서 물기 제거 후 돌려 깎아 먹기 좋게 썬다.
4. 은행은 끓는 물에 소금을 넣어 껍질을 파랗게 벗긴다.
5. 하수오 끓인 물에 청죽차를 넣어 육수를 준비한다.
6. 육수물에 밥을 안쳐 끓으면 대추와 은행을 넣고 뜸을 들인다.

■ 특징 및 효능

하수오는 순환기계통의 질병 및 일체의 울혈, 원기회복에 좋으며 장복할 경우 흰머리가 검게 된다고 한다. 우슬은 쇠무릎의 뿌리를 말린 약재로 혈액을 잘 돌게 하고 어혈을 푸는 성질이 있으며 고혈압, 류마치스, 관절염의 울혈 치료제 및 이뇨제 강장제로 사용되고 있다.
용담은 하수오와 우슬의 효능을 더욱 보강시켜 줄 수 있는 작용이 있어 간의 작용이 부진 했을 때 간에서 만들어지는 콜레스테롤을 더 낮추어 주는 작용을 한다. 녹차의 카테킨 성분은 혈압을 떨어지게 하는 효능이 있으며 혈액순환을 도와주는 대추와 은행을 넣은 현미밥은 혈압과 성인병 예방에 좋은 건강식이다.
대나무의 천연 유황은 불로장생한다고 하며, 심장과 위장, 폐의 열을 내린다. 특히 대나무에 밥을 하게 되면 대나무속의 죽여와 죽력의 효능이 밥에 스며들어 더위를 물리치고 당을 다스리는데 효과를 기대 할 수 있으며 녹차를 첨가함으로써 밥 속에 스며든 은은한 향과 질감을 더하여 식욕을 돋우며 고혈압, 당뇨, 동맥경화 등 성인병예방과 화병, 가슴이 답답하거나 열이 위로 올라가는 증상에 효과를 기대 할 수 있다.

2. 오룡차 율무팥죽
- 관절염에 좋은 차음식

■ 재료 및 분량

닭800g, 산마100g, 종절10g, 당귀15g, 금은화10g, 팥40g, 콩40g(1/4컵씩), 현미85g, 율무40g, 오룡차10g, 닭 육수1.2리터(6컵), 소금약간

■ 만드는 방법

1. 종절, 당귀, 금은화를 물1.5리터를 넣고 은근한 불에서 30-40분 정도 끓인 후 오룡차를 넣어 우려 육수를 거른다.
2. 닭은 기름기를 떼어내고 깨끗이 씻어놓는다
3. 육수에 닭을 넣고 30분 정도 삶아 건진 후 육수를 맑게 거른다.
4. 닭고기는 살만 발라서 준비해 둔다.
5. 율무, 팥, 콩, 현미는 각각 하룻밤 정도 충분히 불린다.
6. 산마는 깨끗이 씻어서 토막 내어 자른 후 갈아서 준비해 놓는다.
7. 불린 율무와 콩, 현미, 팥은 갈거나 통째로 닭 육수에 넣고 죽을 끓여 낸다.
8. 죽이 뜸이 들면 찢어 놓은 닭고기를 넣고 먹기 전에 소금 간을 하여 낸다.

■ 특징 및 효능

한방에서는 풍과 습이 원활치 못하면 어혈이 생겨 관절염이 온다고 본다. 이럴 때 금은화는 염증을 제거해 주고 율무는 불순물을 없애 주어 관절에 효과가 좋은 약재 이다.

산마는 알칼리성 식품으로 몸이 허약한 사람이나 마른 사람에게 좋은 식품이며 내장을 튼튼하게 하고 기운을 돋우어 주는 보양식으로 속이 더부룩한 사람에게는 최고의 보약이다.

닭을 삶을 때 녹차를 넣어 그 특유의 냄새를 줄여 담백하고 쫀득한 맛으로 고단백을 섭취 할 수 있으며, 콩의 풍부한 비타민과 칼슘으로 심혈관을 보호하며 골격을 튼튼하게 하고, 현미와 율무 잡곡은 통증 완화와 부종을 줄여 만성 퇴행성 질환의 개선에 도움을 줄 수 있다.

3. 청녹차 진피쌈밥

- 비만에 좋은 차음식

■ 재료 및 분량

불린 쌀 340g(2컵), 청녹차 2g, 진피 10g(물5컵),산사육 5g,방기 3g, 감초 3g, 양배추 2장, 단호박 50g, 오이 1/2개, 다시마 1장, 쌈야채, 날치알
(쌈장: 녹차 청국장50g, 된장20g, 고추장20g, 마늘16g, 다진 견과류 30g, 통깨7g, 꿀40g, 참기름 5g)

■ 만드는 방법

1. 진피, 산사육, 방기, 감초를 준비해 깨끗이 씻은 후 은근한 불에 30-40분 끓여 건지는 건져내고 육수를 만들어 놓는다.
2. 쌀은 깨끗이 씻어 30-40분 불려 주고, 청녹차도 준비해준다.
3. 육수 물에 쌀과 청녹차를 넣어 밥을 고슬 하게 짓는다.
4. 단호박은 식초와 설탕(1:1)에 절이고, 오이는 반 토막 내어 길이로 얇게 썰어 소금을 약간 넣어 살짝 절인다.
5. 절여진 오이와 단 호박은 물기를 제거하여 준다.
6. 생 다시마를 깨끗이 씻어 준비한다.
7. 양배추와 쌈 야채는 김 오른 찜통에 살짝 쪄 놓는다.
8. 쌈장의 견과류는 굵게 다지고 청국장, 된장, 고추장을 넣고 마늘, 통깨, 매실 엑기스, 참기름을 넣어준다.
9. 양파나 과일을 갈아 농도를 조절하여 쌈장을 만든다.
10. 밥이 따뜻할 때 야채로 싸고 날치알을 올려 마무리 한다.
11. 쌈장은 함께 내거나 야채로 밥을 쌀 때 속에 넣어도 된다.

■ 특징 및 효능

산사육은 과식으로 소화가 안 될 때 내장을 달래며 식체를 풀어주는 훌륭한 소화제이며, 방기는 습열을 없애며 대소변을 잘 통하게 하여 배변을 원활히 한다고 한다. 진피는 열을 내리고 습을 말리는 효능이 있고 변비와 부종에 좋다.
청녹차의 카테킨 성분이 지방분해효소 작용을 강화시켜 다이어트에 도움을 주고, 청국장은 풍부한 식이섬유로 변비와 다이어트에 도움을 주며, 레시틴과 사포닌이 혈액 속에 과도한 지방 흡수와 배출로 비만을 예방해 준다.

4. 녹차 삼색면

- 신장병에 좋은 차음식

■ 재료 및 분량

녹차소면 20g, 호박소면 20g, 당근소면 20g
육수 : 구기자 3g, 결명자 5g, 옥수수수염 2g, 금황녹차 2g, 물 1리터.
고명 : 오이 70g, 겨란 60g, 깻잎 3g, 표고버섯 10g, 김 2장, 닭 가슴살 50g
소면육수 : 멸치 10g, 다시마직경 7cm, 표고버섯 10g,미림 200ml, 청주 70ml
육수(1)70ml, 간장140ml, 가다랭이20g, 육수(2)70ml, 혼다시10g, 설탕12g.

■ 만드는 방법

1. 구기자, 결명자, 옥수수수염을 물 1리터 넣고 낮은 불에 30분정도 끓인다.
2. 불을 끄고 금황녹차를 넣어 2-3분 후에 걸러 육수를 만들어 놓는다.
3. 소면육수는 육수물(1), 청주, 미림에 멸치, 다시마, 표고버섯을 넣고 하루 저녁 우린다.
4. 우린 물을 살짝 끓여 불을 끄고 가다랭이를 넣었다가 바로 건져 낸다
5. 간장과 혼다시, 설탕, 육수(2)을 넣고 다시 한 번 살짝 끓이면 농축 소면육수가 된다.
6. 소면육수는 냉장고에 보관하였다가 먹을 때 5-6정도의 얼음물을 넣어 간을 맞추어 낸다.
7. 고명으로 계란지단을 부치고, 오이와 깻잎은 깨끗이 씻어 놓고, 김과 함께 모든 재료는 각각 채 썰어 놓는다.
8. 닭 가슴살은 삶은 후 잘게 찢어서 소금, 후추, 참기름에 밑간한다.
9. 각각의 기능성소면을 넉넉한 물에 삶아 찬물에 비벼 헹군 후 야채와 차가운 소면육수와 함께 낸다.

■ 특징 및 효능

옥수수수염은 이뇨작용과 소변의 염화물 배출을 활성화하여 신장결석을 녹이는 등의 부종에 좋은 약재로 쓰인다. 구기자는 신장 기능을 촉진시키며 수분대사조절과 신체면역을 증강시키고, 결명자는 수분대사활동을 활발하게 해주어 신장의 부담에서 회복시키는 기능이 있다. 녹차의 이뇨작용과 소화작용이 신장 회복에 도움 줄 수 있다.

5. 가루차 편수

- 골다공증에 좋은 차음식

■ 재료 및 분량

만두피 : 밀가루 200g, 가루녹차 2g, 칡전분 30g,식용유소금, 물 약간
만두소 : 홍화씨가루 2g, 감초가루 2g, 닭고기 50g, 두부 100g, 표고 11g, (양배추100g,) 오이100g, 계란 30g, 다진파 15g, 마늘 5g, 참기름 4g, 불린 녹차 5g 소금 후추 약간

■ 만드는 방법

1. 홍화씨와 감초는 분마기로 갈아 곱게 빻아 놓는다.
2. 밀가루와 칡 전분에 소금을 넣어 체 내린다.
3. 밀가루를 2등분하여 반은 흰색 반죽, 나머지는 녹차가루를 넣어 체로 친 다음 물을 넣어 반죽 한다.
4. 만두피를 냉장고에서 하루저녁 숙성 시킨다.
5. 닭고기는 정육을 준비해 손질한 후 다져 주고, 두부는 끓는 물에 데친 후 꼭 짜서 체 내린다.
6. 마른 표고는 불려서 깨끗이 손질하여 다져준다.
7. 오이와 양배추는 채 썰어 소금에 살짝 절인 후 다져서 물기를 짜준다.
8. 다져진 야채, 닭고기에 홍화씨가루와 감초가루, 녹차가루를 넣고 소금, 후추, 참기름으로 양념한 후 계란을 넣어 소를 마무리 한다.
9. 반죽을 얇게 밀어 소를 넣고 만두를 만든다.
10. 만두를 삶아서 고명을 올려 담아낸다.

■ 특징 및 효능

홍화씨는 선천적으로 허약한 뼈를 튼튼하게 하는 효능이 있으며, 파골, 쇄골, 절골 등의 뼈 관련 질병이나 골다공증, 고관절 마모 등, 그밖에도 동맥경화, 심근경색, 혈액순환촉진, 생리통에도 효험이 있다. 특히 폐경기 여성의 골다공증의 예방과 치료에 좋다. 칡은 에스트로겐이 풍부하여 폐경기 여성에게 좋으며 골다공증과 숙취해소, 고혈압, 당뇨, 변비에 효과가 좋다. 단백질이 풍부한 닭고기와 두부, 비타민과 영양이 풍부한 야채와 녹차가 골다공증에 도움을 줄 수 있다.

6. 홍차 기력탕

- 심장병에 좋은 차음식

■ 재료 및 분량

오골계 600g(1마리).
수삼 8g, 사삼 5g, 구기자 2g, 갈근 3g, 황기 10g, 홍차 5g
불린 찹쌀 100g, 대추 50g, 은행 10g, 통마늘 30, 밤 50g, 물 2리터,
통후추 약간

■ 만드는 방법

1. 사삼, 구기자, 갈근, 황기를 은근한 불에서 30-40분 끓인 다음 홍차를 넣어 우려내어 걸러서 육수를 만든다.
2. 찹쌀을 깨끗이 씻어서 불려 놓는다.
3. 대추는 깨끗이 씻어주고, 밤은 껍질을 까지 않고 통밤을 반으로 칼집을 넣어 주고, 은행도 깨끗이 닦아서 속껍질째 준비해 놓는다.
4, 수삼도 솔로 구석구석 깨끗이 씻고, 통마늘도 준비 한다..
5. 오골계를 깨끗이 손질해 찹쌀과 인삼, 은행, 마늘로 속을 채워 넣어 앉힌다.
6. 육수에 오골계, 대추, 밤을 넣어 푹 끓인다.
7. 대추와 후추를 건져내고 용기에 담아낸다.

■ 특징 및 효능

오골계는 소화흡수가 빠른 양질의 단백질이 풍부하므로 심장의 근육을 강화시키는 역할을 한다. 거기에 강심효과가 있는 인삼과 신경안정에 효과가 있는 대추를 가미하여 훌륭한 보양제가 된다. 사삼은 인삼과 같은 효능으로 기를 보충하여 심장을 튼튼히 해주며 황기는 보혈작용을 하고, 구기자는 신장과 간장에 기운을 주며 힘줄과 뼈를 튼튼히 하며 양기를 북돋아 준다.
닭고기보다 지방이 적으며 단백질이 풍부한 오골계탕은 강심작용의 약리효과가 있는 홍차를 넣어 국물이 시원하고 담백하며 육질이 쫀득하다.

7. 찻물 전골

- 치매에 좋은 차음식

■ 재료 및 분량

두부 200g, 카레 20g,황차 3g, 당근 20g, 쪽파 5g, 전분 5g, 원지 2g, 용안육 2g, 백복신 2g, (밑간; 소금, 후추, 참기름약간씩) 배춧잎 5잎, 당근 50g, 무 70g, 시금치 50g. 팽이버섯 50g, 생표고버섯 20g, 홍고추1/2개
육수: 녹차고기육수 600ml, 청장 10ml, 소금, 후추

■ 만드는 방법

1. 원지, 용안육, 백복신은 분쇄기에 곱게 갈아 놓는다.
2. 두부는 살짝 삶아 으깨어 탈수하고, 당근은 다지고, 쪽파도 잘게 썬다.
3. 두부에 카레와 녹차, 당근, 쪽파, 한약재를 넣고 치댄 후 소금, 후추, 참기름으로 밑간한다.
4. 완자를 빚어 전분을 입혀 살짝 쪄 준다.
5. 무는 토막 내어 끓는 물에 데쳐 먹기 좋게 썰어 준다.
6. 배춧잎은 살짝 데치고, 당근과 시금치도 데쳐서 당근은 채친다.
7. 배춧잎으로 당근과 시금치 팽이버섯을 각각 말아서 먹기 좋게 자른다.
8. 표고버섯은 모양대로 포를 떠 주고, 홍고추도 먹기 좋게 자른다.
9. 냄비에 보기 좋게 앉혀서 육수를 부어 한소큼 끓인 후 완자와 쑥갓을 넣어 간을 맞추어 살짝 끓여 낸다.

■ 특징 및 효능

백복신과 원지는 마음을 편안하게 하고 정신을 안정시키며, 자주 놀라거나 건망증이 심한 증상에 효능이 있고, 용안육은 신경쇠약을 다스려 건망증, 불면증, 기억력증진에 효과가 있다. 녹차의 티아민 성분은 뇌나 신경계 기능 조절 작용이 있어 뇌의 활성화와 치매 지연에 도움이 된다.
두부는 소화기관이 약한 노인들의 소화를 도와주며, 이소플라본이 혈관을 튼튼하게 해주고, 양질의 단백질을 섭취할 수 있어 좋다. 특히 카레의 강황은 커큐민 성분이 풍부해 항암작용이 뛰어나고 치매를 예방하며 다이어트에 도움이 주며, 베타 카로틴성분은 면역력을 증강시켜주고 노화를 예방하고 알츠하이머의 치료에 유효한 식품으로 알려져 있다.

8. 작설차 영양찜

- 빈혈에 좋은 차음식

■ 재료 및 분량

갈비 600g, (육수 : 하수오 5g, 오가피 5g, 구기자 3g, 당귀 3g.)
고명 : 밤 30g, 대추 20g, 표고버섯 10g, 은행 20g, 석이버섯 5g, 실고추약간, 통깨 2g, 잣 4g, 호일
양념 : 작설차 2g, 녹차간장 50g, 설탕 20g, 배즙 50ml, 양파즙 50ml, 육수물 200ml,마늘 5g, 다진파 10g, 후추, 참기름, 통깨 약간.

■ 만드는 방법

1. 하수오, 오가피, 구기자, 당귀는 물1.5리터를 넣고 중불에서 30분정도 끓여 걸러 식혀 육수를 준비한다..
2. 갈비는 포를 떠서 녹차물에 20-30분 담가 핏물을 뺀다.
3. 양파와 배를 갈아 즙을 짜고, 마늘은 다져 준다.
4. 과즙과 육수에 간장, 설탕, 마늘, 참기름, 다진파, 후추를 넣은 후 녹차를 비벼 넣어 양념장을 만든다.
5. 물에 담근 갈비를 건져 물기를 뺀 후 양념장를 넣어 하루저녁 재워 둔다.
6. 대추는 살짝 씻어 물기를 닦아 굵은 채를 썰고, 은행은 파랗게 볶고, 밤은 껍질을 까서 굵게 편 썰기 한다.
7. 석이버섯은 잘 비벼 씻어서 이물질을 제거한 후 돌돌 말아서 불려 놓은 표고버섯과 함께 채를 썬다.
8. 양념장에 재워놓은 갈비는 굽거나, 호일에 고명을 넣고 싸서 1시간 정도 찜통에 쪄서 먹는다.

■ 특징 및 효능

오가피는 산삼과 같은 효력으로 원기를 보충해 기운을 다스리는데 으뜸이며, 구기자는 동의보감에 힘줄과 뼈를 튼튼히 하며 양기를 돋구어 기운을 나게 한다. 하수오는 기와 혈을 도우며 조혈기능 작용이 뛰어나 빈혈 치료에 쓰이며, 여성의 생리불순, 자궁염에도 널리 쓰였다고 한다.
쇠고기는 양질의 단백질과 철을 많이 함유하고 있으며, 지질의 공급원도 되는 영양가 높은 식품으로 빈혈에 효과가 있을 뿐만 아니라, 필수 아미노산이 많아 영양불량에 의한 부종을 줄이고 다리 및 허리 근육을 강화 시킨다.

9. 황차 영양강정

- 당뇨병에 좋은 차음식

■ 재료 및 분량

석화 600g, 녹차소금, 식용유, 송이버섯 20g,
(육 수 : 귀전우 10g, 갈근 3g, 구기자 3g, 오가피 5g)
(튀김옷 : 칡전분 8g, 감자전분 25g, 금황차 2g, 밀가루 20g, 계란 30g, 육수물)
(소 스 : 고추기름 20ml, 다진양파 20g, 녹차고추장 50g, 조청 20g, 설탕6g, 청주 15ml, 마늘 7g, 참기름 9g, 생강 · 후추 약간)

■ 만드는 방법

1. 귀전우와 갈근, 구기자, 오가피는 물1리터를 넣고 30분정도 중불에서 끓인 후 걸러 육수로 사용한다.
2. 석화는 알을 떼어내고 껍질은 흐르는 수돗물에 솔로 깨끗이 씻는다.
3. 떼어낸 굴 알맹이는 녹차소금물에 깨끗이 씻어 물기를 빼준다.
4. 굴 알맹이는 마른가루를 먼저 입힌다.
5. 육수물에 감자전분과 칡전분, 황차가루, 계란을 넣고 튀김옷을 만든다.
6. 기름을 올려 달구어지면 굴을 넣어 한번만 튀겨 기름을 빼준다.
7. 고추기름을 넣어 팬이 달구어지면 양파와 마늘을 넣고 볶다가 향이 우러나면 나머지 양념을 넣어 소스를 만든다.
8. 소스에 튀겨낸 굴을 넣고 참기름과 통깨, 후추를 넣어 마무리 한다.
9. 굴 껍질에 파슬리, 치커리 등으로 장식하고 강정을 넣고 접시에 예쁘게 담아낸다.

■ 특징 및 효능

귀전우는 화살나무로 항암효과가 좋으며 혈당강하작용으로 당뇨병에 효험이 있다고 알려져 있다. 오가피는 기를 보충해 주며, 지방대사 작용과 당질대사 작용으로 당뇨와 체중조절, 고혈압에 효능이 있으며, 갈근은 진액을 생기게 하고 갈증을 멈추게 하는 작용을 하여 당뇨에 도움을 준다.

당뇨병에는 식이요법과 운동이 매우 중요한데 지나친 식이요법으로 자칫 영양의 균형이 깨지기 쉽다. 충분한 영양과 무기질이 풍부한 굴과 칡으로 갈증을 해소하고 혈당을 조절하는 기능이 있는 버섯을 함께 섭취하여 치료에 도움을 준다.

點茶

10. 세작 찹쌀찜
- 저혈압에 좋은 차음식

■ 재료 및 분량

쇠고기 100g, 두부 20g, 다시마가루 5g, 홍삼가루 5g, 백작약 4g, 당귀가루약간, 불린 찹쌀 200g, 전분 8g, 녹차 5g
(밑간 : 녹차소금, 후추, 청주, 파, 마늘, 참기름 약간)

■ 만드는 방법

1. 찹쌀을 깨끗이 씻어 녹차 물에 불린 후 쪄 놓는다.
2. 두부는 삶아서 으깨어 물기를 살짝 거둔다.
3. 다시마, 인삼, 당귀, 백작약은 가루를 준비한다.
4. 갈아 놓은 고기에 핏물을 빼고 두부, 다시마, 홍삼가루, 당귀와 마늘, 청주, 녹차소금을 넣어 밑간한다.
5. 재료를 잘 치대어 완자를 빚은 후 전분을 살짝 굴려 옷을 입힌다.
6. 완자를 김 오른 찜통에 쪄낸 후 미리 쪄 둔 찹쌀을 입힌다.

■ 특징 및 효능

빈혈은 기혈이 떨어져 몸이 쇠약해진 상태이므로 기를 보해주는 인삼과 보혈작용을 하는 당귀를 사용하면 효과가 있다. 특히 당귀는 피가 부족할 때 보혈작용을 하고 원활히 순환하게 해주는 활혈작용(活血作用)이 뛰어나며, 항암효과 및 혈압강하작용과 관상동맥의 혈류량을 촉진시키고, 적혈구 생성을 왕성하게 하는 생혈, 활혈의 약리작용을 하여 빈혈치료에 좋다.
백작약은 보혈보음작용으로 빈혈상태를 개선하고 진액이 말라 부족해진 것을 보충하는 데 효능이 있다. 다시마는 피를 깨끗하게 해주어 혈액순환을 도와주며, 쇠고기에 있는 양질의 단백질과 철은 빈혈에 도움이 되며. 두부는 고단백과 비타민 B군으로 피를 깨끗하게 해 준다.

11. 가루차 생선볼

- 아토피에 좋은 차음식

■ 재료 및 분량

흰살생선 100g, 현미가루 30g, 가루차 2g, 생도라지 20g, 맥문동 2g, 사상자 3g, 소금, 후추, 참기름, 마늘5g, 생강즙, 전분약간
(소스 : 녹차간장 15ml, 레몬즙 8ml, 녹차물 8ml)

■ 만드는 방법

1. 맥문동과 사상자는 분쇄하여 가루로 준비한다.
2. 생선을 깨끗이 손질해 삼장 뜨기 해서 살만 발라낸다,
3. 도라지는 끓는 물에 살짝 넣었다가 꺼내어 껍질을 깐 다음 잘게 잘라 둔다.
4. 도라지와 생선살을 커터기에 간다.
5. 현미가루와 맥문동, 사상자가루, 녹차가루를 2의 생선에 섞어 전분을 약간 넣고 소금, 후추, 참기름으로 밑간을 한다.
6. 재료를 잘 혼합하여 충분히 치대어 먹기 좋은 크기로 완자를 만든다.
7. 완자에 전분을 입혀 김 오른 찜통에 쪄 낸다.
8. 녹차간장에 레몬즙과 녹차물을 넣어 소스를 만들어 함께 낸다.

■ 특징 및 효능

사상자는 신, 폐, 비경에 작용하는 약재로 피부 소양증에 효과가 있다. 습을 건조하게 하며 살충하는 효과로 피부의 균을 억제, 구충작용, 피부 습진, 소양, 개선 등에 사용하면 효과가 있다고 알려져 있다. 맥문동은 원기를 돋우어 체력을 증진시키며 열성병에 열을 내려주는 작용이 있고 피부가 건조할 때도 쓰이는 약재이다.
아토피는 폐의 열독과 관련이 깊어 혈액을 맑게 하고 서늘하게 하면 효과가 있다. 녹차의 사포닌과 카테킨 성분은 항균작용 효과가 있어 아토피에 도움이 된다. 도라지의 사포닌은 피를 깨끗하게 하고 몸속에 독소를 없애는 효능이 있으며, 흰살생선의 단백질은 풍부한 영양으로 저항력 저하를 막고, 현미가루에는 식이섬유가 쌀의 20배나 들어 있어 풍부한 영양은 피로회복과 변비예방에 좋고 유해물질을 배출하거나 장내 선옥균 증식에 도움이 되어 아토피에 효과가 있다.

12. 녹차 약전

- 당뇨병에 좋은 차음식

■ 재료 및 분량

밀가루 500g, 구기자 10g, 삶은단호박 20g, 청국장가루 2큰술, 딸기즙 45ml, 가루차 3g, 소금, 식용유, 복령 3g, 조릿대 5g, 옥죽 10g
(전초장 : 녹차간장 30ml, 녹차물 15ml, 식초 15ml)

■ 만드는 방법

1. 복령과 조릿대, 옥죽은 가루를 내어 놓는다.
2. 밀가루에 1의 약재를 넣어 체에 내린다.
3. 체에 내린 밀가루를 5등분하여 구기자, 단호박, 청국장가루, 딸기즙, 가루차에 각각의 새료로 혼합한다.
4. 재료를 한가씩 반죽하여 덩어리가 없도록 체에 내려 준비 한다.
5. 팬을 달구어 식용유를 두르고 각각의 전을 먹기 좋게 지진다.
6. 녹차간장과 식초, 녹차물을 혼합하여 전초간장을 만든다.
7. 초간장과 함께 접시에 예쁘게 담아낸다.

■ 특징 및 효능

한방에서 옥죽(둥글레)은 오장을 편하게 하며, 허약체질, 번갈, 당뇨병, 협심통에 복용하는 약재로 과혈당에 효과적이므로 혈당을 강하시켜 항당뇨제로 이용되고 있다. 조릿대는 산죽으로 진정제, 치열제, 이뇨제, 청심제로 상용되며 혈당을 낮추고 가슴이 답답하고 목이 마르는 증상을 치료하는 약재로 쓰인다. 복령은 주로 위장, 췌장, 비장, 신장의 경락에 작용하며 피로회복을 도와주고 혈당을 낮추는데도 효험이 있다.
녹차의 카테킨은 전분과 당을 분해하는 효소의 활성을 억제하여 소장내의 포도당의 흡수를 저하시킴으로써 혈당의 급격한 상승을 막는 것으로 알려져 있어 혈당의 조절에 도움이 된다. 베타인과 루틴이 함유된 구기자가 혈당 강하 작용을 하며, 카로티노이드와 섬유질이 많은 단호박은 변비예방과 소화흡수가 잘 되고, 정장작용이 뛰어난 청국장에 함유된 비타민 B2와 섬유질이 당의 흡수를 도와 혈당을 조절, 트립신 억제제는 인슐린 분비를 촉진시켜 당뇨병의 예방과 치료에 도움을 준다.

13. 생차잎 꽃말이

- 관절염에 좋은 차음식

■ 재료 및 분량

훈제연어 200g, 양파 70g, 생차잎 50g, 각종 야채(깻잎, 부추, 양배추 등)
(약초고추장 : 녹차고추장 50g, 감식초 25ml, 꿀 20g, 매실액 15g, 마늘즙, 생강즙, 겨자약간, 고본 1g, 포공영 2g, 당귀가루 1g.

■ 만드는 방법

1. 당귀와 고본, 포공영은 가루를 곱게 내어 놓는다.
2. 훈제연어를 준비하여 얇게 포를 떠 냉장하여 차게 만들어 놓는다.
3. 야채는 깨끗이 씻어 물기 뺀 후 채 썰어 싱싱하게 준비한다.
4. 녹차고추장에 약재가루와 분량의 양념들을 넣어 초고추장을 만든다.
5. 연어와 야채, 생차잎을 접시에 예쁘게 담아 약초고추장과 함께 낸다.

■ 특징 및 효능

당귀는 혈액순환을 촉진시키고 진통효과가 있으며 보혈작용이 현저하여 빈혈에도 효과적이며 만성 화농증에 사용하면 순환을 개선시키고 체내의 저항력을 증강시켜 관절염에도 널리 사용 된다.
고본은 통증을 완화시켜주는 효능이 있으며 팔다리가 저리고 아픈 증상을 치료 한다. 포공영(민들레)은 천연의 항생제로 몸속의 노폐물을 제거하고 산소공급을 원활히 하는 약효가 있다. 열을 내리고 소변을 잘 나오게 하며 염증을 제거하고 독을 풀고 피를 맑게 하는 작용이 있다.
연어에는 풍부한 오메가3 지방산 함유와 칼슘, 비타민D, 엽산을 함유하고 있으며, 셀레늄이 충분해 관절에 좋고, 심혈관 계통을 보호하며 뇌혈전 예방, 손상된 동맥을 회복시키고 혈압을 내리는 효과도 있다, 이와 같은 약재와 식재를 적절히 배합하여 차음식을 만들면 매우 좋은 식이요법이 된다.

14. 오룡차 냉채

- 저혈압에 좋은 차음식

■ 재료 및 분량

돼지고기 사태 1200g, 마늘 20g, 대추 12g, 부추 50g, 양송이버섯 50g.
(육　수 : 오룡차 5g, 황기 8g, 당귀 4g, 육계 5g,)
(향신료 : 육수 2리터, 된장 10g, 생강 5g, 청주 10ml, 통후추 2g)
(양념장 : 간장 100ml, 물엿 150g, 설탕 5g, 청주 30ml, 육수 15ml, 후추약간)
(소　스 : 오렌지즙 30ml, 간장 3g, 식초 15ml, 설탕 6g, 매실 엑기스 10g, 겨자 10g, 마늘 8g, 다진홍고추 5g, 소금 1.5g, 통깨 약간)

■ 만드는 방법

1. 황기, 당귀, 육계에 물 2.5리터를 넣고 30분 끓여 오룡차를 넣어 우려 육수를 만들어 놓는다.
2. 돼지고기는 핏물을 빼서 삶기 좋게 잘라 무명실로 감아준다.
3. 육수 2리터에 향신료를 넣어 물이 끓으면 고기를 넣어 40분 삶아낸다.
4. 고기를 꺼내 찬물에 헹군다.
5. 분량의 양념장 끓으면 수육을 넣고 윤기 나게 졸인다.
6. 탈력 있고 향이 좋은 고기를 먹기 좋게 썬다.
7. 야채를 곱게 썰고 마늘은 편으로 썬다.
8. 분량의 재료를 혼합하여 소스를 만든다.
9. 접시에 야채와 보기 좋게 담아 상큼한 소스와 함께 담아낸다.

■ 특징 및 효능

황기는 쇠약해서 나는 식은땀과, 두통, 요통 등에 효과가 있을 뿐 아니라 비위를 따뜻하게 하고, 근골을 튼튼하게 하며 혈맥을 통하게 하고 폐기를 보충하며 화를 제거하는데 효능이 있다. 육계는 기를 순조롭게 하고 복부가 차거나 뜨거운 증상을 도와준다.
당귀는 보혈약재로, 혈액순환이나 몸이 찬 경우에 효능이 탁월하다. 빈혈치료의 주약이며 비타민 B12와 엽산류가 풍부해서 적혈구의 상태를 개선하는데 상당히 좋으며 철 결핍으로 인한 빈혈에도 효과가 있다. 돼지고기에 풍부한 비타민 A와 B가 혈액순환을 도와주고 피를 맑게 해주며 상큼한 소스로 입맛을 돋우어 주면 권태감과 피로감에서 의욕을 되찾을 수 있다.

15.가을차 강회

- 치매에 좋은 차음식

■ 재료 및 분량

오징어 200g, 쪽파 50g, 꽂이, 가을녹차 2g(물 600ml)
약초녹차고추장; 초녹차고추장 50g, 감식초 25ml, 꿀 20g, 매실액 15g, 마늘즙, 생강즙, 겨자약간, 용안육 1g, 산조인 2g, 원지 2g가루, 녹차 2g

■ 만드는 방법

1. 용안육, 산조인, 원지를 곱게 빻아 가루로 준비한다.
2. 오징어는 싱싱한 것으로 준비해 껍질을 벗겨 안쪽에 사선 칼집 넣어 삼각모양으로 썬다.
2. 준비한 오징어를 우린 녹차 물에 데쳐 식힌 후 소금, 백후추, 참기름으로 밑간한다.
3. 쪽파는 소금물에 데쳐 밑간 후 말아준다.
4. 꽂이에 파와 오징어를 꽂아 예쁘게 담아 초장과 곁들여 낸다.

■ 특징 및 효능

용안육은 오장의 기를 다스려 마음을 안정시키고, 식욕과 소화를 도우며, 기혈이 허약할 때 사용하여 기억력을 증진 시킨다. 산조인은 심장을 보하고 정신을 안정시켜 혈액부족으로 잘 놀라면서 가슴이 두근거리고 잠을 못 이루며 건망증과 어지러움이 반복되는 증상에 효과가 있다. 원지는 건망증, 진정, 정력보강의 좋은 약재로 동의보감에는 지혜를 돕고 귀와 눈을 맑게 하며 건망증을 없애고 의지를 강하게 한다고 했다. 가슴이 두근거리는 것을 멎게 하고 건망증을 치료하며 정신을 안정시킨다.
오징어의 타우린은 담석용해, 간장 해독기능 강화, 시력회복과 피로회복에 뛰어난 효과가 있으며, 혈관에 콜레스테롤이 축적되는 것을 막아주며 성인병 예방과 뇌기능 증진, 기억력 향상, 치매예방에 좋다, 녹차는 오징어 특유의 냄새를 제거해주고 소화력을 높여주는 작용을 한다.

16. 작설차 쌈김치
- 변비에 좋은 차음식

■ 재료 및 분량

배춧잎 15장, 감로차 2g, 무 100g, 양파 50g, 밤 50g, 대추 8g, 잣 20알, 실파 10g, 미나리줄기 20g, 홍고추, 소금약간,
(양념장 : 고춧가루 100g, 젓국 15ml, 마늘 10g, 통깨 3g, 낙지 100g, 굴 80g, 중하 20g, 소금, 생강 5g, 대황 2g, 자소엽 1g, 지각 2g)

■ 만드는 방법

1. 대황, 자소엽, 지각은 곱게 빻아 가루로 준비한다.
2. 배춧잎은 소금에 절여 녹차 물에 씻어 놓는다.
3. 무와 양파는 채 썰고, 대추와 밤, 실파도 적당히 썬다.
4. 미나리 줄기는 소금에 절이고 잣도 고깔을 떼어 놓는다.
5. 낙지와 굴, 새우는 소금물에 씻어 먹기 좋게 자른다.
6. 무를 먼저 고춧가루로 물을 들이고 마늘 생강, 양파에 소금과 젓국에 대황, 자소엽, 지각가루를 넣어 버무린다.
7. 밤, 대추, 잣, 실파, 녹차를 넣고 마지막으로 해물을 넣어 간을 맞춘다.
8. 절여진 배춧잎에 양념을 넣고 싸서 미나리로 매듭 한 다음 용기에 담고 국물을 만들어 부어 숙성 시킨다.

■ 특징 및 효능

지각은 오래 될수록 약효가 좋아지며, 기가 뭉쳐서 생긴 창만, 변비증상에 응용하여 가슴이나 복부가 그득한 증상을 치료한다. 대황은 루틴성분이 장의 연동운동촉진으로 변비를 해소하며 변비로 인한 고점도혈증을 개선하는 약재로 쓰인다. 자소엽은 기를 순환시키는 작용을 하며 몸안의 찬 기운을 제거하고 만성변비나 습관성 변비에 좋다. 특히 아랫배가 차고 설사가 있는 세균성장염증상에 많이 사용한다. 녹차는 차잎 속의 폴리페놀성분이 위와 장의 긴장도를 높여 소장운동을 활발하게 하여 변비치료에 좋으며 김치의 맛을 중화시켜 깊은 맛을 더해주며 연부작용을 지연시키는 효능이 있다.
김치는 식이섬유와 펙틴이 풍부하여 노폐물 제거와 장의 활성을 도와 변비의 개선에 많은 도움을 준다.

17. 청차 물김치

- 감기에 좋은 차음식

■ 재료 및 분량

무 100g, 당근 100g, 청고추 5g, 마늘 10g, 생강 5g, 파 20g.
(육수물 : 진피 5g, 감초 2g, 칡 2g, 청차 5g,)
(김칫국물 : 육수물 1리터, 양파즙, 배즙 100ml씩, 소금)

■ 만드는 방법

1. 진피, 감초, 칡에 물 1.5리터를 넣고 30분 정도 끓인 후 청차를 넣어 걸러서 육수물을 만든다.
2. 무와 당근은 모양내어 잘라 소금물에 절인다.
3. 배와 양파는 갈아서 즙을 내고, 마늘과 생강은 편으로 자르고, 청고추는 깨끗이 손질하여 통으로 준비한다.
4. 육수물에 양파즙, 배즙을 넣고 간을 맞추어 김칫국물을 만든다.
5. 무 속을 파내고 그 자리에 당근을 넣은 다음 만들어 놓은 김칫국물을 붓고 마늘 생강, 청양고추를 넣어 숙성 시킨다.

■ 특징 및 효능

감기는 열을 내리고 코가 막히는 증상을 완화시키면 좋아진다. 총백(흰파뿌리)은 코막힘을 해소하므로 감기에 좋은 약재이자 식재이다. 칡은 추위를 많이 타고, 열이 나며 충혈증상이 있고 긴장감이 있을 때 사용한다.

"약방의 감초"라는 말이 생길 정도로 모든 곳에 쓰이는 감초는 다른 약재와 잘 융화되어 중화작용을 한다. 감초의 뿌리에 들어있는 글리시리진의 항염증작용은 진해작용, 진통작용에 효력이 있으며 인후염, 구내염 등의 증상에도 좋은 치료약이다.

"약성본초"에 담을 맑게 하고 기침을 다스린다고 나와 있는 진피는 감기, 발한에 좋고 소화를 촉진 시킨다. 진피와 녹차에는 비타민 C가 함유되어 있어 피로회복, 감기에 좋다.

무우는 변비예방, 식욕증진, 간장, 치질 등에도 효과가 있고, 소화력이 약할 때 김칫국물의 맑고 시원하고 상큼함으로 입맛을 돋우어 주고, 물김치에 녹차를 넣어 주면 쉬거나 무르는 작용을 지연시켜 더 오래도록 신선한 맛을 즐길 수 있다.

18. 녹차고추장 숙회

- 신경통에 좋은 차음식

■ 재료 및 분량

두릅 400g, 부추 10g, 오징어 100g
육수: 사시나무 껍질 2g, 죽근 3g, 감초 1g
약고추장: 녹차고추장 50g, 감식초 15ml,꿀 15ml,육수물 15ml, 마늘즙, 생강즙약간

■ 만드는 방법

1. 사시나무, 죽근, 감초에 물 500ml를 넣어 중불에서 20분정도 끓여 놓는다.
2. 두릅은 손질을 한 다음 소금물에 줄기 부분부터 넣어 1-2분 후에 잎을 넣어서 충분히 데치면 갈변을 막을 수 있다.
2. 데쳐진 두릅을 빨리 찬물에 헹구어 물기를 제거한다.
3. 소금을 넣지 않은 끓는 물에 부추를 넣었다가 바로 꺼내 냉수에 헹구어 준다.
4. 한치는 껍질을 벗겨 안쪽에 잔 칼집을 넣어 살짝 데쳐 찬물에 헹군다.
5. 약고추장은 분량의 재료를 혼합하여 만든다.
6. 두릅과 한치에 소금, 후추, 마늘즙, 참기름으로 밑간한 후 두릅에 한치를 돌려 감고 부추로 매듭 한다.
7. 접시에 보기 좋게 담아 약고추장과 곁들여 낸다.

■ 특징 및 효능

죽근은 대장균, 이질균, 임플루엔자균에 대한 항균작용이 있으며 신경통, 두통, 치통의 진통작용도 있다. 사시나무는 거풍, 구어혈, 이수의 효능이 있으며 풍습비통, 신경통, 구내염등의 증상에 사용한다. 두릅은 신경쇠약,저혈압, 당뇨병, 만성간염 등에 이용되며 관절염, 신경통에 간세포억제 효과가 있으며 풍을 제거하고 통증을 진정시키는 작용이 뛰어나 예부터 관절염과 신경통에 자주 쓰여 온 약재이다.
봄철 식욕을 잃고 피곤 할 때 약초고추장의 향긋하고 상큼함으로 식욕을 되찾고 각종 비타민과 사포닌을 비롯해 영양이 풍부한 소화가 잘되는 두릅으로 건강을 되찾는 것도 좋을 것이다.

19. 햇차 멸치 볶음

- 심장에 좋은 차음식

■ 재료 및 분량

잔멸치 100g, 햇차 5g, 잣 10g, 대추 2개, 통깨 7g, 호두20g,
식용유, 통깨 4g, 참기름 4g.
(육수물 : 당귀 5g, 복분자 3g, 감초 5g, 녹차 2g)
(조림간장 : 간장 15ml, 물엿 40g, 설탕 12g, 육수물 100ml)

■ 만드는 방법

1. 당귀. 복분자, 감초에 500ml의 물을 넣고 20-30분 정도 달인다음 녹차를 넣어 우려내어 육수를 만든다.
2. 팬을 달구어 식용유를 두른 다음 멸치를 볶아내는데 비린내가 가시고 구수한 냄새가 날 때 까지 충분히 볶아준다.
3. 볶아진 멸치에 마른 찻잎을 넣고 살짝 볶아 낸다.
4. 대추는 길이로 채 썰고, 잣은 고깔을 떼어 마른 행주로 닦는다.
5. 호두는 끓는 물에 식초 한 방울을 넣어 데친 후 말려서 준비한다.
6. 냄비에 조림 장을 올려 끓으면 멸치, 찻잎, 잣, 대추, 호두를 넣고 잘 섞어 윤기 나게 조린다.

■ 특징 및 효능

당귀는 심장병, 고혈압에 매우 좋은 약재로 피를 맑게 해주며, 당귀에 들어있는 비타민 B12와, 엽산성분은 혈액을 보충해 주고, 혈액순환을 원활히 하는 효능이 있으므로, 혈액순환이 잘 안되어 혈전이 생기거나, 협심증이 있을 때 사용한다.
복분자는 알칼리성 식품으로 몸을 보호하며 폴리페놀 성분이 심장병 예방에 효능이 있다. 피를 맑게 하고 신장 기능을 튼튼히 하며 기운을 돕고 몸을 가볍게 하는 등 성인병 예방에 좋은 약재이다.
멸치는 칼로리가 높고 뼈를 강화하는 하는 칼슘, 인의 함량이 많고, 나이하신은 항암작용을 하며 타우린성분은 심혈관계를 조절하며 항산화 효과가 뛰어나다. 심장을 강화하는 작용도 하며 피로회복과 만성간염의 치료에도 효과과 있다. 녹차의 폴리페놀류는 심장병의 발병률을 낮출 뿐 아니라 멸치 비린내도 줄여주며, 견과류의 불포화지방산도 심장병 예방에 도움을 준다.

20. 녹차간장
- 암에 좋은 차음식

■ 재료 및 분량

불린 녹차 200g.
(육수물 : 상황 5g, 담죽엽 2g, 자초 2g)
양념장 : 간장 400ml, 육수물 400ml, 설탕 35g, 물엿 200g.

■ 만드는 방법

1. 상황, 담죽엽, 자초에 물 800ml를 넣고 20-30분 약불에서 달인다.
2. 초의차를 따뜻한 물에 불려 물기를 살짝 짜 준다.
3. 간장과 육수물, 설탕, 물엿을 넣고 양념장을 끓여 식힌다.
4. 불린 녹차에 양념장을 부어 주고, 2-3일 후 국물을 따라 내어 한 번 더 끓여 식혀서 붓고 숙성 시킨다.
5. 숙성 시킨 다음 참기름, 통깨 등 기호에 맞게 양념을 하여 먹는다.

■ 특징 및 효능

상황은 오장과 위장의 기능을 활성화 시키고 해독작용을 한다. 소화기계통의 암에 면역기능을 항진시키며, 담자균의 항종양 성분이 면역력을 강화하며 항암 효과가 있어 암을 치료, 예방하며 발병률을 낮춘다.
담죽엽은 인삼을 능가할 만큼 놀라운 효능을 지닌 약초이다, 항암작용, 살균작용, 염증을 삭이는 작용, 진통작용 등의 약리작용이 있다. 특히 항암작용이 뛰어나며 간염과 당뇨병에도 효과가 있다. 잎과 줄기, 뿌리의 다당류들이 암세포를 죽이고 억제효과가 좋다고 알려져 있다.
자초는 열을 내리고 독을 풀며 염증을 없애고 새살을 돋아내게 하는 작용이 있으며 강한 거약생신작용과 소염, 살균작용으로 암세포를 녹여 없애므로 암이나 백혈병 치료에 쓰인다.
녹차의 카테킨 성분 중 EGCG는 정상 세포에 영향을 끼치지 않으면서 암세포에만 작용하여 세포증식을 억제하고 암세포의 강력한 화학적 예방효과를 나타낸다고 최근 보고되었다.

약이 되는 차떡

김창옥

1. 녹차생엽 후병

- 원기 보충에 좋은 차떡

■ 재료 및 분량

찹쌀가루 500g(데친 녹차생엽 50g을 넣고 빻은 것), 진간장 27g, 설탕 24g, 유자청 30g, 황기기루 10g, 감초가루10g.
볶은 팥고물 500g(거피팥 320g, 간장 27g, 설탕 36g, 계피가루 3g,후추 3g)
팥소[볶은 팥고물 100g, 밤 45g(3개), 대추 24g(6개), 당절임 유자 20g, 유자청 15g, 꿀 19g, 잣 10g, 계피가루 3g]

■ 만드는 방법

1. 찹쌀은 깨끗이 씻어 5시간정도 불려 물기를 빼고 데친 녹차 생엽 50g을 넣고 빻아 가루로 만든다.
2. 거피팥은 2시간정도 불려 깨끗이 씻은 후 푹 무르도록 찐 다음 거칠게 빻아 채에 내려 간장, 설탕, 계피가루, 후추 가루를 넣고 볶아 놓는다.
3. 팥소 만들기 : 밤, 대추, 유자는 곱게 다져 볶은 팥고물과 합하여 꿀, 잣, 계피가루를 넣고 둥글고 납작하게 빚어 놓는다.
4. 데친 녹차 생엽을 넣고 빻은 찹쌀가루에 황기가루, 감초가루, 간장, 유자청을 넣고 고루 버무려 채에 내린 후 설탕을 섞는다.
5. 시루에 젖은 베보자기를 깔고 볶은 팥고물을 한 켜 깔고 떡가루를 한 수저씩 드문드문 놓고 떡가루 위에 팥소를 하나씩 놓고 다시 떡가루를 덮고 팥고물로 위를 덮는다. 우묵하게 들어간 자리에 같은 방법으로 떡을 안친다.
6. 김이 오른 솥에 시루를 올려 가루위로 김이 오르면 25분 정도 찐다.
7. 다 쪄지면 들어내어 한 김 나갈 때까지 두었다가 떡을 하나씩 순가락으로 떠낸다.

■ 특징 및 효능

후병은 일명 두텁떡이라고도 한다.
후병은 떡이 빨리 굳는 단점이 있지만, 찻잎의 셀룰로오스 성분이 떡이 굳는 시기를 늦춰준다. 황기는 맛이 달고 성질은 온(溫)하며, 비장과 위장을 튼튼하게 하고 독을 배출 시키며 새살이 돋아나게 하는 효능이 있다. 감초는 해독작용과 모든 약을 조화롭게 하며, 식욕부진, 비장과 위장이 허한 증상에 효능이 있으며, 유자는 위장을 튼튼하게 하는 효능이 있다.

2. 가을녹차 꽃송편

-빈혈에 좋은 차떡

■ 재료 및 분량

흰색 : 멥쌀가루 500g, 소금 6g, 설탕 60g, 약차물 180㎖
녹색 : 멥쌀가루 500g, 가루차 3g, 소금 6g, 설탕 60g, 약차물 180㎖
노란색 : 멥쌀가루 500g, 소금 6g, 단호박가루 20g, 설탕 36g, 약차물 180㎖
분홍색 : 멥쌀가루 500g, 소금 6g, 딸기 가루 2g, 설탕 36g, 약차물 180㎖
도토리송편 : 멥쌀가루 400g ,도토리가루 100g, 소금 6g, 설탕 24g, 약차물 180㎖
소 : 녹두고물10컵(녹두 300g, 소금 6g, 설탕 60g)
약차물(빈혈에 좋은 약차) : 당귀 12g, 구기자 10g, 대추4개, 가을녹차6g, 물 1.5 *l*

■ 만드는 방법

1. 쌀은 깨끗이 씻어 5시간 정도 불려 곱게 가루로 빻는다.
2. 빈혈에 좋은 약차 달이는 법 : 당귀 12g, 구기자 10g, 대추4개를 준비하여 물 1.5 *l* 를 약탕기에 붓고 중간 불에 30분정도 달여 반쯤 줄면 가을 녹차 5g을 넣어 우려낸다.
3. 멥쌀가루에 각각 분량대로 반죽한다. 이때 약차물은 식으면 안 된다. 반죽을 오래 치대 보드랍게 반죽한다. 이때 반죽에 넣는 약차물은 반죽의 상태에 따라 가감한다.
4. 소 만들기 : 녹두는 거피한 것을 물에 3시간정도 불려 깨끗이 씻은 다음 물기를 제거하고 찜통에 푹 무르도록 찐 다음 소금을 넣고 거칠게 빻아 설탕을 넣어 준비해둔다.
5. 미리 준비한 반죽을 조금씩 떼어 엄지손가락으로 가운데를 파서 둥글게 빚은 다음, 그 가운데에 준비한 소를 넣고 오므려 눌러 예쁘게 송편모양으로 빚는다.
6. 시루에 올려 김이 오르면 20분정도 찐다. 한 김 나가면 참기름을 바른다.

■ 특징 및 효능

당귀는 보혈(補血)과 혈액순환이 잘되게 해주고 신선한 피를 만드는 대표적인 약이며, 황기는 신장과 간의 기운을 보(補)하여 어지럼증, 눈앞이 아찔한 증세, 허리와 무릎이 시큰시큰 쑤시고 연약한 증세 등을 치료하는데 효과가 있으며, 대추는 풍부한 칼슘과 조혈작용을 하므로 빈혈에 좋다.

3. 가루차 방울증편

-소화 불량에 좋은 차떡

■ 재료 및 분량

멥쌀가루 1kg, 물 400g, 막걸리 150g, 설탕 240g, 소금 12g, 가루차 10g, 후박가루 4g, 진피가루 4g, 백출가루 4g, 생강가루 4g,

■ 만드는 방법

1. 멥쌀은 깨끗이 씻어 8시간 이상 불린 후 물기를 빼고 한번만 빻아 고운채에 내린다.
2. 50℃ 정도로 데운 물에 설탕, 소금, 막걸리를 섞어 쌀가루에 넣고 멍울 없이 고루 섞은 후 발효 시킨다.
3. 1차 발효: 반죽을 따뜻한 곳(30℃~35℃)에서 겨울에는 6시간, 여름에는 4시간정도 두어 발효 시킨다.
   2차 발효: 1차 발효된 반죽이 3배정도 부풀어 오르면 주걱으로 저어서 기포의 공기를 빼주고 다시 발효 시킨다.
4. 2차 발효가 끝난 반죽에 가루차, 후박, 진피, 백출, 생강가루를 넣고 성형틀에 기름을 바른 후 고명을 올려 용기의 2/3만 담아서 시루에 얹어 김이 오른 찜통에 올려놓고 불 을 끈 후 5분정도 3차 발효를 한다.
5. 3차 발효가 끝나면 바로 찜통의 불을 켜서 20분 찌고 불을 낮추어 5분정도 뜸을 들인다.
6. 색 증편으로 할 경우에는 다음과 같은 재료를 이용하여 색을 들인다.
   노란색 : 단호박 가루, 치자 물
   분홍색 : 딸기시럽, 복분자 청, 체리시럽.
   보라색 : 흑미가루, 포도청,
   색을 들일 때는 2차 발효가 끝난 반죽에 색을 들인다.

■ 특징 및 효능

증편은 술을 넣어 발효 시켜 만드는 떡으로 소화에 도움을 주며, 여기에 가루차를 넣어 줌으로써 발효 중에 나는 잡냄새를 없애 주고, 맛 또한 담백하게 해주며 떡의 질감도 더욱 쫀득하게 한다. 인삼과 백출은 위장의 기가 약하여 소화기능이 저하 되었을 때 위장의 기운을 북돋우며, 후박과 진피는 위장내의 순환을 촉진 시켜서 소화의 기능을 활성화시킨다.

4. 백산차 석남떡

-기관지 천식해소에 좋은 차떡

■ 재료 및 분량

멥쌀가루 400g, 찹쌀가루 100g, 소금 6g, 백산차 5g, 백산차 우린 물 80㎖. 설탕60g, 거피팥고물 300g(거피팥160g, 소금2g, 설탕24g)

■ 만드는 방법

1. 멥쌀과 찹쌀은 깨끗이 씻어 5시간 정도 불려 30분정도 물기를 뺀 다음 가루로 빻아 놓는다.
2. 백산차 4g을 물180㎖에 우려 차잎은 건져 놓고, 백산차 우린물은 따로 받아 놓는다.
3. 거피팥은 2시간이상 물에 불려 거피한 후 푹 무르게 찐 다음 소금을 넣고 거칠게 빻아 어레미에 내려 고물을 만든다.
4. 멥쌀가루와 찹쌀가루를 한데 섞어 소금, 차 우린 물을 넣고 고루 버무려 채에 내려준 다음 우려낸 차잎, 설탕을 섞는다.
5. 시루에 시루밑을 깔고 고물의 1/2을 넣고 준비한 떡가루를 안친 후 다시 남은 고물 1/2을 올려 안친다.
6. 물솥에 물이 끓으면 시루를 올려 시루위로 김이 오르면 20분 찐 다음 백산차 1g을 가루 내어 뿌려 준 뒤 약불에서 5분간 뜸을 들인다.
7. 다 쪄진 떡은 한 김 나간 후 쏟아 접시에 담아 낸다.

■ 특징 및 효능

백산차는 백두산지역에서 자라는 상록소 관목으로서 높이 15~70㎝이고, 여린 가지에 다갈색털이 밀생한다. 잎은 호생하며 좁은 피침형이고 향기가 있다. 백산차 잎속에는 휘발성이 있어서 가래제거 및 해소작용을 한다. 히스타민을 이용하여 돼지와 쥐에게 분무식으로 천식에 실험하였더니 천식이 치료 되었다. 백산차는 매운맛을 가지고 있으며 거담제거, 만성기관지염에 좋고, 항염작용이 있어, 잎을 이용하여 연고를 만들어 쓰기도 한다.

백산차는 일찍부터 방부제로 사용한 사례가 있으며, 각성보다는 이완작용으로 긴장된 몸을 풀어 주며 손, 발을 따뜻하게 해 준다. 불면증이 있다면 아침보다는 밤에 조금씩 진하게 마시면 도움이 된다.

5. 녹차 약식

-허약체질 원기 회복에 좋은 차떡

■ 재료 및 분량

불린 찹쌀 1kg(녹차 우린물에 불린것), 가루차 20g, 흰설탕 160g, 소금12g, 식용유 60g, 참기름 40g, 꿀 40g, 밤 150g(10개), 대추 60g(15개), 잣 10g(1큰술), 인삼가루 10g, 녹차 우린물(녹차5g, 물1 l)

■ 만드는 방법

1. 녹차 5g에 찻물1 l 를 부어 녹차물을 준비해 둔다.
2 찹쌀은 깨끗이 씻어 녹차 우린물을 부어 2시간정도 불린 후 물기를 빼고 40분정도 찐다.(1차 찌기)
3. 밤은 껍질을 벗겨 6~8등분하고, 대추는 돌려 깎기 하여 4~6등분하고, 잣은 고깔을 떼서 준비해 둔다.
4. 1차 찌기 한 찹쌀에 소금, 가루차 10g, 흰설탕, 식용유를 넣고 고루 얼룩지지 않게 버무린 다음 준비한 밤을 섞어 2시간정도 맛이 베일 때까지 재워 둔다.
5. 4)가 양념이 베이면 30분 정도 찐 다음 대추, 잣을 넣고 10분정도 더 찐다(2차 찌기).
6. 2차 찌기 한 약식에 인삼가루, 참기름, 꿀, 가루차 10g을 넣고 맛과 색을 낸다(가루차는 맛과 색을 내기 위해 두 번에 나누어 넣는다).

■ 특징 및 효능

찹쌀을 불릴 때 녹차 우린물을 넣으면 고두밥을 쪘을 때 찰밥이 더욱 찰지고 쫀득거린다. 여기에 가루차를 첨가하여 색과 향을 더하고 많은 양의 기름을 넣었음에도 느끼한 맛이 없다. 대추는 한방에서 강장, 복통, 이뇨, 번조증에 쓰고 있으며 이밖에 혈압강하제 역할을 하여, 고혈압을 예방할 수 있다고 한다. 그리고 한방에서 인정되는 인삼의 약효를 요약해보면, 강장, 강심, 건위보정(健胃補精), 진정약으로 널리 상용되고, 위장기능 쇠약에 의한 신진대사기능의 저하, 소화불량, 구토, 흉통, 식욕부진에 사용되며, 병약자의 원기회복에도 쓰인다.

6. 작설차 갠떡

-비만체질 개선에 도움이 되는 차떡

■ 재료 및 분량

우려낸 작설찻잎 50g을 넣고 빻은 멥쌀가루500g, 진피가루10g, 소금6g, 우려낸 작설찻물 100㎖, 참기름 10g.

■ 만드는 방법

1. 작설차10g에 물 200㎖를 넣어 우려낸 찻잎과 찻물을 준비한다.
2. 멥쌀은 깨끗이 씻어 5시간 정도 불려 우려낸 작설차 찻잎을 넣고 가루로 빻아 놓는다.
3. 찻잎을 넣고 빻은 쌀가루에 소금, 진피가루, 우려낸 찻물을 넣고 반죽한다(송편 반죽 정도가 좋다).
4. 반죽을 젖은 면보로 덮거나 비닐에 넣어 마르지 않게 한다.
5. 반죽을 알맞은 크기로 떼어 둥글납작하게 모양을 내거나 틀에 찍어 낸다.
6. 김이 오른 찜통에 20분정도 찐다.
7. 꺼내어 참기름을 바른다.

■ 특징 및 효능

현대인의 비만은 주로 칼로리가 높은 식사와 운동부족으로 나타나며, 체중감량역시 이 두 가지를 잘 고려하는 것이 좋으며, 운동으로 땀을 배출시켜야 하고, 가까운 거리는 걸어 다니는 습관을 가져야 한다.

차잎 성분 중에는 지방분해 작용이 있어 콜레스테롤이나 중성지질을 감소시키므로 체지방을 낮추며, 차를 마시고 운동을 하면 글리코겐이 간장에서 저장되고 지방이 우선적으로 에너지원으로 이용되므로 비만을 방지할 수 있다.

진피는 기순환을 활발하게 하여 몸의 불순물을 체내 밖으로 배출시키기 때문에 체중감량에 효과가 있다. 작설차 갠떡은 작설차를 우려 잎은 쌀과 섞어 가루로 빻고 찻물은 떡반죽에 넣으므로 떡을 만들었을 때 차의 향과 맛을 그대로 느낄 수 있고 떡의 질감이 차지게 하고, 노화를 늦추어 굳어지는 현상을 지연 시킨다.

7. 찻잎 삼색 유병
-스트레스해소에 좋은 차떡

■ 재료 및 분량

찹쌀가루 500g, 소금6g,
약차물150㎖(용안육, 맥문동, 감초 각5g, 대추3개, 녹차 5g, 물500㎖)
꿀 약간. 지지는 기름 약간.
고명 : 먹는 꽃(진달래, 국화, 장미, 맨드라미), 여린 찻잎

■ 만드는 방법

1. 찹쌀은 깨끗이 씻어 5시간 정도 불려 가루로 빻아 놓는다.
2. 스트레스 해소에 좋은 약차 만드는 법
   용안육, 맥문동, 감초 각5g, 대추3개에 물500㎖를 부어 약한 불에서 반쯤 줄면 녹차를 넣어 우린다.
3. 찹쌀가루에 소금, 약차물을 넣어 반죽한 후, 직경5㎜ 정도로 둥글납작하게 빚어 놓는다.
4. 고명으로 쓸 꽃잎은 꽃술을 떼고 물에 깨끗이 헹구어 물기를 제거하고, 찻잎도 씻어 물기를 제거한다.
5. 팬에 기름을 두르고 반죽을 놓고 약한불에서 지진다. 뒤집어서 익은 면에 꽃잎, 찻잎으로 무늬를 놓아 장식한 다음 뒤집지 않는다.
6. 완성된 화전에 꿀을 묻혀 낸다.
7. 색을 낼 때는 노란색은 호박가루, 녹색은 가루차. 분홍색은 딸기가루를 반죽에 섞는다.

■ 특징 및 효능

유병은 지지는 떡의 옛 이름이다. 봄이 되면 지천에 널려있는 꽃으로 화전을 만들어 음식의 맛을 자연의 아름다움에 한층 더하여 멋으로 승화 시켰다. 약차에 사용된 용안육은 안심시켜 마음을 편안히 해주며 맥문동은 청폐보신 시켜서 갈증을 없애 주며 정신을 맑게 해주며 감초, 대추는 오장육부를 보하고 긴장을 풀어 주고 이완시켜서 스트레스를 풀어 준다.

8. 녹차 삼색주악

-관절염에 좋은 차떡

■ 재료 및 분량

찹쌀가루 500g, 이의인 가루100g, 소금 6g, 지지는 기름 200g.
녹차 우린물 (금은화 4g, 녹차 5g, 물 180cc)
지지는 기름 200g.
즙청 : 꿀 40g, 계피가루 3g, 잣가루 20g.
색 내는 재료 : 호박 가루 10g, 가루차 3g, 오미자청 20g.
소 : 대추 다진 것 30g. 꿀 40g, 계피가루 3g, 포공영가루 3g.

■ 만드는 방법

1. 녹차 5g, 금은화 4g에 따뜻한 물 200cc를 넣어 찻물을 준비한다.
2. 찹쌀은 깨끗이 씻어 5시간 정도 불려 물기를 빼고 가루로 빻고, 이의인은 불리지 않고 가루로 빻아 놓는다.
3. 찹쌀가루, 이의인 가루를 한데 섞은 후 4등분하여 흰색, 녹색, 노란색, 분홍색으로 나누어 녹차 우린 물로 각각 반죽한다.
4. 소 만들기 : 대추를 돌려 깎기 하여 다진 후 꿀과 계피가루, 포공영가루를 넣어 준비한다.
5. 반죽을 새알크기로 조금씩 떼어 둥글게 빚어 가운데 준비한 소를 넣고, 끝을 오므려 송편모양으로 빚는다.
6. 곱게 빚은 주악을 150℃의 기름에 지져낸 후, 꿀과 계피가루를 넣은 즙청에 재었다가 잣가루를 뿌려 낸다.

■ 특징 및 효능

한방에서는 풍과 습이 원활치 못하면 어혈이 생겨 관절염이 온다고 본다.
금은화, 포공영은 염증을 제거해 주고 율무(의이인)는 불순물을 없애 주는 이외에 여러 가지작용을 하여 관절에 많은 효과를 보는 약재이다.
주악은 기름에 지지는 떡의 한가지다. 작은 송편모양으로 만들어 기름에 튀겨낸 뒤 즙청해서 웃기떡으로 사용하였다. 반죽에 녹차우린 물을 넣었기 때문에 기름에 튀겼을 때의 느끼함을 없애 준다.

9. 가루차 우찌지

-건망증에 좋은 차떡

■ 재료 및 분량

찹쌀가루 500g, 소금 6g, 인삼가루 3g, 백복령가루 4g, 가루차 6g,
녹차 우린물 150㎖(원지 6g, 석창포 4g, 녹차 5g),지지는 기름 50g.
소 : 붉은 팥앙금 150g.(붉은 팥80g, 설탕 60g, 소금 4g)
고명 : 대추꽃, 찻잎,

■ 만드는 방법

1. 찹쌀은 깨끗이 씻어 5시간 정도 불려 가루로 빻아 놓는다.
2. 녹차 우린물 만들기 : 물1 *l* 에 원지, 석창포를 넣고 중불에서 30분정도 달인 후 녹차를 넣고 우려낸다.
3. 팥앙금 만들기 : 팥은 깨끗이 씻어 팥이 잠기도록의 물을 부어 한번 끓여준 후 첫물은 버리고 다시 물을 팥의 5배정도 붓고 끓여 준다. 팥이 무르도록 삶아지면 고운 채에 받쳐 껍질은 걸러 버리고 앙금만 받아 물기를 꼭 짠다. 수분 제거한 팥앙금에 설탕, 소금약간을 넣고 졸여 팥앙금을 만든다. 지름 1㎝ 정도로 작게 빚어 놓는다.
4. 찹쌀가루에 인삼가루, 백복령 가루, 가루차, 소금을 한데 섞은 후 녹차 우린물을 넣어 반죽한다.
5. 찹쌀반죽을 작게 떼어 지름4㎝정도크기로 둥글납작하게 빚는다.
6. 팬에 기름을 살짝 두르고 둥글게 빚은 반죽을 올린 후 팬에 올려놓아 숟가락으로 눌러가며 아주 약한 불에서 지진다. 찹쌀반죽이 익어 말갛게 되면 뒤집어 팥앙금 소를 가운데 놓고 3등분으로 접어 둥근 반죽 양끝을 접는다.
7. 우찌지 윗면에 대추꽃과 찻잎으로 장식한 후 팬에서 꺼낸 다음 설탕을 뿌려 준다.
8. 여러 가지로 색을 내고 싶으면 노란색은 호박가루나 치자물, 분홍색은 딸기가루를 넣어 반죽한다. 지지는 법은 모두 같다.

■ 특징 및 효능

건망증은 뇌의 기억력 감퇴증이다. 원지, 석창포, 백복령, 인삼은 오장을 보하고, 심신을 편안하게 하여, 건망증은 물론 머리도 총명해진다.

10. 오룡차 공주떡

-노화방지에 좋은 차떡

■ 재료 및 분량

찹쌀가루 600g, 찰흑향미 가루 200g, 산약 가루 10g, 연자육가루 10g, 소금 8g, 오룡차 우린물 100㎖, 설탕 96g, 생땅콩 50g, 밤 120g(8개,) 대추 40g(10개), 잣 10g(1큰술), 호두 50g,

■ 만드는 방법

1. 오룡차는 10g을 물150㎖에 우려 찻물을 100㎖를 받아 놓는다.
2. 찰흑향미는 깨끗이 씻어 하루정도 충분히 불린다(냉장고에서 불린다).
3. 찹쌀가루와 찰흑미 가루, 산약가루, 연자육가루는 한데 섞어 소금을 넣은 후 오룡차 우린물을 주어 고루 섞은 후 채에 내린다.
4. 밤은 껍질 벗겨 3~4등분하고, 대추는 씨를 빼서 말아 놓는다.
5. 생 땅콩은 슬쩍 데쳐 놓고, 호두도 끓인 물에 10분쯤 담가 떫은맛을 우려낸다.
6. 채에 내린 가루에 설탕, 잣, 호두, 밤, 땅콩을 넣고 고루 섞어 놓는다.
7. 찜통에 젖은 베보자기를 깔고 떡가루를 안친 후 가루위로 김이 오르면 25분 찐다.
8. 쪄진 떡을 틀에 넣어 대추를 박고 굳힌 후 썰어 낸다.

■ 특징 및 효능

흑미는 소화를 돕고 신장 기능을 자양시켜 빈혈, 백발예방 및 치료와 눈병, 심혈관등 질병 치료에 효과가 있으며 면역기능을 강화시켜 노화방지, 질병예방에도 효과가 있다. 본초강목에는 어지럼증, 빈혈, 고혈압, 당뇨, 변비, 다뇨에 치료효과가 있다고 저술되어 있다. 산약은 성질은 온(溫)하고 독이 없고 단맛이 난다. 주로 비장, 폐, 신장의 경락에 작용하며, 위나 간장의 경락에도 작용한다. 비장과 위장을 보(補)하고 식욕감퇴, 원기부족, 쉬 피로함, 당뇨병에 효과가 있다.

연자육은 성질은 평(平)하고, 독이 없으며, 맛은 달고 떫다. 이것은 주로 심장과 신경(腎經)에 작용한다. 심혈이 허(虛)한 것을 다스려 정신을 안정시키며 수렴, 진정작용과 약간의 자양작용을 한다. 심화를 맑게 하고 심신 불안증에 쓰인다.

11. 녹차생엽 등태떡

-담 결릴 때 좋은 차떡

■ 재료 및 분량

찹쌀가루 500g(녹차생엽 데친 것 80g), 진피가루 3g, 적복령 가루 3g, 소금 6g, 거피팥고물 300g(거피팥 160g, 녹차 우린물 1 l , 소금 2g,) 꿀 60g.

■ 만드는 방법

1. 녹차생엽을 살짝 데쳐서 준비한다.
(녹차생엽이 없으면 우려낸 녹차잎을 써도 된다)
2. 찹쌀은 깨끗이 씻어 5시간정도 불려 물기를 뺀 다음 녹차생엽 데친 것을 넣고 가루로 빻는다
3. 고물 만들기:(거피팥160g, 녹차 우린물 1 l)
거피팥을 녹차우린물에 충분히 불려 씻어 거피하여 일어 물기를 뺀 다음 푹 무르게 찐다. 찐거피팥에 소금 간을 하여 굵은 채에 내려 고물을 만든다. 만들어진 거피팥고물에 꿀을 넣고 한 덩어리로 뭉쳐놓는다.
4. 준비한 찹쌀가루②번에 진피가루, 적복령 가루, 소금을 넣고 고루 버무려 굵은 체에 내린 후 시루에 젖은 면보를 깔고 쌀가루를 올려 찐다.
5. 물솥에 물이 끓으면 시루를 올려놓고 잠시 후 시루위로 김이 오르면 25분 찐다.
6. 쪄 낸 떡은 절구에 넣어 꽈리가 일도록 찧는다.
7. 도마에 꿀을 바르고 떡을 편편하게 편 다음 식혀서 굳힌다.
8. 굳혀진 떡을 적당한 크기로 잘라 양 옆면에 준비한 고물③을 붙인다.

■ 특징 및 효능

봄에 여린 생엽을 채취하여 데친 후 찹쌀과 같이 빻아 가루로 만들어 떡을 만든다. 생엽의 향과 맛을 그대로 느낄 수 있으며, 생엽의 섬유질로 인하여 떡이 잘 굳지 않고, 녹차 우린물에 거피팥을 불려 고물을 만들기 때문에 거피팥의 잘 쉬는 단점을 보완할 수 있다. 적복령과 진피는 체내에 생긴 담을 없애주고 담으로 인해 관절이 쑤시거나 가슴과 옆구리가 결려서 잘 펴지 못하며 아픈 곳이 한곳에 머무르지 않고 여기저기 옮겨 다니는 경우에 좋은 효과를 볼 수 있다.

12. 금황녹차 깨끼떡

-변비에 좋은 차떡

■ 재료 및 분량

찹쌀가루 1.2kg ,소금 12g ,설탕 160g,
변비에 좋은 약차물 150㎖(진피, 자소엽, 목통 각 4g씩, 금황녹차 4g)
실깨고물 200g, 흑임자고물 30g

■ 만드는 방법

1. 변비에 좋은 약차 만들기 :
   진피, 자소엽, 지각, 목통 각4g씩에 물1 ℓ 를 붓고 중간불에서 30분정도 달인 후 금황녹차를 넣어 우려낸다.
2. 찹쌀은 깨끗이 씻어 일어 5시간 정도 불려 30분 정도물기를 뺀 후 가루로 빻는다.
3. 실깨는 타지 않게 볶아 분쇄기에 굵게 간다. 흑임자는 씻어 일어 타지 않게 볶아 분쇄기에 곱게 간다.
4. 찹쌀가루에 소금을 넣고 약차물을 주어 채에 내려 설탕을 고루 섞은 후 3등분 한다.
5. 찜기에 젖은 면보를 깔고 실깨고물을 고루 펴 안치고 쌀가루 1/3양을 고르게 깐다.
6. 흑임자고물을 채로 쳐서 살짝 뿌린 후 나머지 쌀가루, 실깨고물의 순서로 2번 반복하여 안친다.
7. 가루위로 김이 오른 후 25분 정도 찐다.

■ 특징 및 효능

깨끼떡은 깨가 가운데 끼였다고 붙여진 이름이다.
전통적으로 여름에 해먹던 시절음식이다.
깨에는 콜레스테롤의 생성을 억제하는 리놀레산이 많이 함유되어 있다.
그리고 변비에도 많은 도움이 된다, 변비는 장(腸)에 기름기가 건조(操)해서 생기는데 이는 간기가 울결 되고 울화가 되다 보면 심화가 일어나 생기는 현상이다. 변비가 심해지다 보면 속의 열이 맺혀서 손발에 열이 생겨 잠을 쉽게 들지 못한다. 즉 목통, 지각, 진피, 자소엽, 등은 통기시켜주는 작용을 해서 변비를 잘 풀어줌으로 이런 증상들을 해소할 수 있다.

13. 녹차 설병

-고혈압에 좋은 차떡

■ 재료 및 분량

멥쌀가루 400g(우려낸 녹차잎 50g),현미가루 100g, 소금 6g, 하수오 가루 20g, 대추 16g(4개), 은행 8g(4개), 녹차 우린물 70㎖, 설탕 60g, 녹두고물 300g(깐녹두 100g,녹차 우린물 1 l , 소금 4g, 설탕 24g)

■ 만드는 방법

1. 멥쌀은 깨끗이 씻어 5시간 정도 불리고, 현미는 하루정도 불려, 30분 정도 물기를 뺀 다음 가루로 빻아 놓는다.
2. 녹차는 10g을 물 1 l 에 우려 차잎은 건져 놓고 차 우린물은 따로 받아 놓는다.
3. 깐녹두는 2시간이상 차 우린물에 불려 거피한 후 푹 무르게 찐 다음 소금을 넣고 거칠게 빻아 어레미에 내려 고물을 만든다.
4. 대추는 돌려 깎기 하여 잘게 썰어 놓고, 은행도 데쳐 껍질 벗겨 잘게 썰어 놓는다.
5. 멥쌀가루, 현미가루, 하수오 가루를 한데 섞어 소금, 차 우린물을 넣고 고루 버무려 채에 내려준 다음 대추, 은행, 설탕을 섞는다.
6. 시루에 시루밑을 깔고 녹두고물의 1/2을 깔고 준비한 떡가루⑤를 안친 후 다시 남은 녹두고물 1/2을 올려 안친다.
7. 물솥에 물이 끓으면 시루를 올려 시루위로 김이 오르면 20분 찐 다음 약불에서 5분간 뜸을 들인다.
8 .다 쪄진 떡은 한 김 나간 후 쏟아 접시에 담아낸다.

■ 특징 및 효능

하수오는 맛은 쓰고 달고 떫으며 성질은 약간 따뜻하다. 간장, 신장을 이롭게 하고 혈을 자양하며 풍을 제거하는 효능이 있다. 수염과 머리카락을 검게 하고 근골을 튼튼하게 하며 정기를 수렴하는 효능이 있으며, 허리와 무릎이 약한 증상, 만성설사, 만성간염을 치료하는 효능이 있고 혈중 콜레스테롤을 낮추어 고지혈증, 고혈압치료에도 도움이 된다. 그러나 대변이 묽고 습담(濕痰)이 있는 사람에게는 좋지 않으니 조심해야 한다.

14. 청차 쇠머리떡

-저혈압에 좋은 차떡

■ 재료 및 분량

찹쌀가루 800g, 소금 8g, 청차 우린물 80㎖, 설탕 96g,
들깨가루 20g, 인삼가루 10g, 황설탕 24g, 밤 75g(5개), 대추 40g(10개),
호박고지 30g(불린 호박고지 50g, 황설탕 12g), 생땅콩 80g, 잣 10g.

■ 만드는 방법

1. 청차 5g에 물 180㎖를 넣고 찻물을 받아 놓는다.
2 찹쌀은 깨끗이 씻어서 5시간 이상 불려 건져 물기를 빼고 가루로 빻는다.
3. 부재료 준비하기
   ① 밤은 껍질을 벗겨 6등분하고, 대추는 씨를 발라내고 4등분한다.
   ② 호박고지는 2cm길이로 썰어 미지근한 물에 씻어 건져 황설탕으로 버무린다.
   ③ 생 땅콩은 살짝 데쳐 준다.
4. 찹쌀가루에 소금과 청차 우린 물을 고루 섞어 수분을 맞춘 후 채에 내린 다음 들깨가루, 인삼가루, 설탕을 섞는다.
5. 시루에 젖은 베보자기를 깔고 황설탕을 뿌린 후 밤, 대추, 호박고지, 땅콩, 잣을 고루 깔고 떡가루④를 안 친후 김이 오르는 물솥에 올려 시루위로 김이 오르면 25분 찐다.
6. 쪄진 떡은 쏟아 잠시 식힌 후 썰어 접시에 낸다.

■ 특징 및 효능

영양실조증이나 빈혈 등으로 온 저혈압에는 음식을 잘 먹고 열심히 활동 하는 것이 약이다. 인삼은 특히 몸의 원기를 북돋우고, 인삼의 주성분인 사포닌 배당체물질은 항 피로작용, 작업능력 증진작용, 성선(性腺)의 발육촉진작용, 혈당치 강하작용, 혈압 강하, 소화관 운동항진 등을 하며, 밤, 대추, 들깨, 땅콩, 잣은 모두 영양분이 풍부한 건강식품으로 저혈압 증세에 큰 도움을 준다.

15. 작설차 홍화편

-빈혈에 좋은 차떡

■ 재료 및 분량

멥쌀가루 500g, 소금6g, 작설차 우린물 100㎖,
말린 홍화꽃 5g, 당귀 가루 2g, 설탕 60g,
밤고물 : 밤 150g(10개). 설탕 24g, 치자물 20g

■ 만드는 방법

1. 멥쌀은 깨끗하게 씻어 5시간 정도 불린 후 물기를 빼고 가루로 곱게 빻아 놓는다.
2. 홍화 꽃은 씻은 후 작설차 우린 물에 우려서 색이 나면 채에 걸러 홍화 물을 받아 놓고, 걸러진 홍화도 꼭 짜서 준비해 놓는다.
3. 쌀가루에 소금, 당귀가루, 홍화 우린 물을 넣고 고루 버무려 체에 내린 후 체에 건진 홍화꽃(2), 설탕을 고루 섞는다.
4. 밤은 껍질 벗겨 4~6등분하여 설탕, 치자 우린 물에 살짝 삶아 낸 후 수 분을 제거하여 커터기에 굵게 갈아 밤 고물을 만들어 놓는다.
5. 나무 시루에 시루 밑을 깔고 준비한 떡가루③을 안친 후 윗면을 고르게 한 다음 밤 고물을 올린다.
6. 김이 오르는 물솥에 시루를 안쳐 시루위로 김이 오르면 20분 찌고 5분간 뜸 들인다.
7. 한 김 나간 후 쏟아 낸다.

■ 특징 및 효능

홍화는 맛은 매우며 성질을 따뜻하다. 홍화는 혈을 잘 순환하게 하고, 혈을 자양한다. 월경을 통하게 하며 어혈을 제거하고 통증을 완화하는 효능이 있다. 어혈에 의한 동통, 옹종, 타박상을 치료 하며 관상 동맥 경화증의 치료에도 효과가 있다. 당귀는 부족한 피를 보충하고, 피를 활발하게 순환시켜 통증을 멎게 하며 장을 윤택하게 하는 작용이 있으며 특히 부인과의 주(主)약이며 월경 조정에 사용한다. 건망증, 정신불안, 어지럽고, 눈이 아물거리거나, 귀에서 소리가 나고 근육경련이 있을 때에도 당귀의 효능이 있다.

16. 떡차 약편

- 스트레스해소에 좋은 차떡

■ 재료 및 분량

멥쌀가루 500g, 떡차 가루 3g, 대추고 60g, 막걸리 45㎖, 소금 6g, 설탕 48g, 감초 가루 10g.
고명 : 대추, 호박씨.

■ 만드는 방법

1. 쌀은 깨끗이 씻어 5시간이상 담갔다가 30분정도 물기를 빼고 곱게 가루로 빻아 준비해 놓는다.
2. 대추고 만들기(대추 320g, 물 600㎖, 꿀 120g)
   대추는 깨끗이 씻어 물을 붓고 1시간 정도 불린 후 다시 1시간정도 푹 끓여 중간 채에 내린 후 다시 고운 채에 걸러 중불에서 서서히 졸여 잼의 상태가 되면 다시 꿀을 넣고 졸여 준다.
3. 멥쌀가루에 분량의 대추고, 막걸리, 떡차 가루, 감초가루를 넣어 잘 섞어 채에 내린 다음 설탕을 넣고 고루 섞어준다.
4. 시루에 시루 밑을 깔고 준비한 쌀가루③을 안친 후 윗면을 고르게 한 다음 칼금을 그어 김이 오른 물솥에 올려 가루위로 김이 오르면 20분 찌고 약불 에서 5분간 뜸을 들인다.
5. 쪄진 떡은 잠깐 식힌 후 대추, 호박씨로 고명을 올린다.

■ 특징 및 효능

부재료에 많이 쓰인 대추는 맛은 달고 성질은 따뜻하며, 위가 허하여 생긴 식욕부진, 비장이 약하여 묽은 변을 보는 증상, 기혈과 진액의 부족, 심계항진으로 공연히 가슴이 울렁거리며 불안해하는 증세, 여성의 스트레스 치료에 많은 도움을 준다. 또 사지가 무지근한 것을 치료하고 모든 약의 독을 없앤다.
감초는 혈액중의 콜레스테롤을 내려주어 혈압강하의 효과가 있으며 담즙분비를 촉진 시키고 진해, 진통 작용이 있다. 또한 오장 육부를 보(補)하고, 긴장을 풀어 주고 이완시켜서 정신적 스트레스뿐만 아니라 육체적 피로도 함께 풀어준다.

17. 가을녹차 도토리
-당뇨병에 좋은 차떡

■ 재료 및 분량

멥쌀가루 500g(가을녹차 우린잎 20g), 도토리 가루 50g, 소금 6g, 가을녹차 우린물 150㎖, 감초가루 50g, 팥고물 300g(팥160g,소금2g).

■ 만드는 방법

1. 쌀은 씻어 일어 5시간 이상 불린 후 건져 물기를 빼고, 가루로 곱게 빻는다.
2. 가을 녹차5g을 물 200㎖에 우려 우린찻잎과 찻물을 준비한다.
3. 멥쌀가루에 도토리가루를 합하여 소금, 찻물을 고루 섞어 체에 내려 설탕을 섞어 준다.
4. 찜통에 젖은 베보자기를 깔고 팥고물, 떡가루, 팥고물의 순서로 펴 안친다.
5. 가루위로 김이 고루 오르면 20분정도 찐 후 5분간 뜸 들인다.
6. 한 김 나간 후 도마에 쏟아 썬다.

* 붉은 팥고물 만들기
1. 붉은팥은 씻어서 물을 넉넉히 붓고 끓어오르면 물을 쏟아 버린다.
2. 냄비에 팥을 넣고 팥의 5배정도의 물을 부어 삶는다.
3. 푹 삶아지면 여분의 물을 따르고 타지 않도록 주의 하면서 뜸을 들인다.
4. 뜨거울 때 절구에 쏟아 소금을 넣고 거칠게 찧어서 고물을 만든다.
5. 고물이 질면 번철에 볶아서 쓴다.

■ 특징 및 효능

도토리는 저 칼로리 식품 이므로 비만, 체질개선에 도움을 주며, 혈당을 조절하여 당뇨에도 치료효과가 있으며 설사, 중금속해독, 위를 건강하게 하는 효능이 있다고 옛 의서(동의보감, 본초강목)에 나와 있다. 도토리는 천연 방부제로도 이용되어 왔다. 또 설탕대신 감초가루를 사용함으로서 혈당을 낮추어 당뇨병 치료 효과를 높일 수 있다.

茶

18. 녹차 복분자 편
-신장병에 좋은 차떡

■ 재료 및 분량

멥쌀가루 500g, 소금 6g, 복분자 가루 10g, 설탕 48g, 가루차 20g.
약차 물 100㎖(상엽 10g, 옥수수수염 5g, 복분자 10g).
고명 : 복분자 40g(8개), 찻잎 약간.

■ 만드는 방법

1. 쌀은 깨끗이 씻어 5시간이상 불려 곱게 빻는다.
2. 약차물 만들기 : 준비된 재료에 물1 l 를 붓고 10분정도 달인다.
3. 준비한 쌀가루에 소금, 복분자가루, 약차물을 넣고 고루 섞어 채에 내린다.
4. 채에 내린 쌀가루에 설탕을 넣고 고루 버무린다.
5. 나무시루에 시루 밑을 깔고 쌀가루④를 고르게 편 다음 김이 오른 물솥에 올려 가루위로 김이 오르면 20분 찌고 5분간 뜸 들인다.
6. 다 쪄진 떡은 잠깐 식힌 후 떡 윗면에 가루차로 글씨를 새긴다.
   (예를 들어 축생일, 축 첫돌, 축 회갑...)
   흰 종이에 글씨를 새긴 후 글씨부분을 오려내고 그 위에 가루차를 뿌린다
7. 복분자, 찻잎으로 떡의 가장자리를 장식한다.

■ 특징 및 효능

복분자는 맛은 달고 시며 성질은 평하다. 간장 ,신장의 기능을 보강시켜 주면서 인체의 진액을 보충시켜주고, 오장을 안정시키고, 안색을 좋게 하고, 정기를 돋우며, 머리가 자라게 하고 의지를 강하게 한다. 또 피부에 윤기가 흐르게 하며 기력을 돋우며 눈을 밝게 한다.
상엽은 대장과 방광에 작용해서 대소변을 원활하게 배출 시켜 주고 인체의 신진대사 기능을 활발하게 보강시켜 준다. 또 옥수수수염은 콩팥에 작용해서 소변을 여과시키는 기능을 한다. 이런 약재들은 소변의 배출을 도와 부종을 치료 할 뿐 아니라 콩팥의 기능을 보강 시킨다.

19. 떡차 흑향미
-부종에 좋은 차떡

■ 재료 및 분량

가) 멥쌀가루 400g, 흑미가루 100g, 약차 100㎖(황기 12g, 인삼 12g, 백출 12g, 당귀 8g, 진피 8g, 승마 4g, 시호 4g, 떡차 약간을 넣어 다린 약차), 떡차가루 5g, 소금 6g, 설탕 60g.
나) 멥쌀가루 200g, 찐 단호박 40g, 소금 3g, 설탕 24g.
장식: 유자 절임 8쪽

■ 만드는 방법

1. 쌀은 깨끗이 씻어 5시간정도 불려 가루로 빻고, 흑미는 24시간 정도 불려 가루로 빻아 놓는다.
2. 약차(부종에 좋은 약차)를 만들어 준비해 둔다.
   재료: 황기 12g, 인삼 12g, 백출 12g, 당귀 8g, 감초 8g, 진피 8g,승마 4g, 시호 4g, 떡차 약간
   준비된 재료에 물 1ℓ를 붓고 약한 불로 1/3이 될 때까지 달인다.
   잘 다려진 약차에 떡차를 넣어 우린다.
3. 가) 멥쌀가루와 흑미가루를 섞어 떡차가루, 소금, 약차물을 넣고 고루 버무려 체에 내린 후 설탕을 섞어 둔다.
   나) 멥쌀가루와 소금, 찐호박을 고루 섞은 후 채에 내려 설탕을 섞는다.
4. 나무시루에 시루 밑을 깔고 가)의 재료를 먼저 1/2양만 깔고 그 위에 나)의 재료를 얹고 다시 그 위에 가)의 재료 나머지 1/2을 올린다
5. 떡가루 윗면에 원하는 모양으로 칼금을 준다.
6. 김이 오르는 물솥에 시루를 올려 시루위로 김이 오르면 20분 찌고 5분간 뜸 들인다.
7. 다 쪄진 떡은 잠깐 식힌 후 유자절임을 올려 장식한다.

■ 특징 및 효능

신부전, 신장염, 간경변, 등의 질환이 있을 때는 온몸이 전체적으로 붓는 경우가 있다. 그러나 이런 질환과 무관하게 붓는 경우에는 폐의 기가 허 하거나 비장의 양기가 부족하기 때문인 경우가 많다. 이럴 때 부종의 치료에 도움이 되는 약차와 흑미와 호박을 넣어 만든 차떡은 부종의 치료에 도움을 주는 좋은 음식이다.

20. 금황녹차 연육 찰편

-원기부족에 좋은 차떡

■ 재료 및 분량

찹쌀가루 1kg, 소금 12g, 금황녹차 우린물 100㎖, 황설탕 60g.
감초가루 50g, 연자육가루 50g, 산약가루 20g, 밤 75g(5개),
대추 40g(10개), 무화과 40g, 건포도 40g, 황설탕 24g.

■ 만드는 방법

1. 금황녹차 5g, 끓인물 200㎖를 부어 찻물을 받아 놓는다.
2. 찹쌀은 깨끗이 씻어 5시간 정도 불려 30분정도 물기를 뺀 후 가루로 곱게 빻아 놓는다.
3. 연자육은 가루로 준비하고, 건포도, 무화과는 씻어 건져 수분 제거 후 굵게 다지고, 밤은 껍질을 벗겨 넓적하게 썰고, 대추는 돌려 깎기 하여 채 썰어 놓는다.
4. 연자육 가루, 산약가루는 금황녹차 우린물을 섞어 부드럽게 해 놓는다.
5. 찹쌀가루에 소금, 금황녹차 우린물, 4)번을 넣고 고루 섞은 후 채에 내려 황설탕, 감초가루를 섞는다.
6. 시루에 젖은 베보자기를 깔고 황설탕을 뿌려 준 후 밤, 대추, 무화과, 건포도를 고루 깔고 준비한 쌀가루를 안친다.
7. 김이 오르는 물솥에 올려 가루 위로 김이 오르면 25분 찐다.
8. 다 쪄진 떡은 한 김 나간 후 모양이 잡히면 썰어 낸다.

■ 특징 및 효능

약재를 식재로 사용하는 법이 식이요법의 원리이다. 연육의 맛은 달고 떫으며 성질은 평(平)하다. 원기를 북돋우고 갈증을 멎게 하며 위장을 두텁게 하며 정기를 보강하고 근골을 튼튼하게 하며 구토를 멎게 하고 소화를 증진시키는 효능이 있으며 심기를 맑게 하여 마음을 안정시킨다. 산약 역시 식욕감퇴, 원기부족에 좋은 효능이 있다.

약이 되는 차한과

권석임

1. 녹차 생엽 약과 - 피부미용에 좋은 차한과
2. 유자 녹차 약과 - 피로 회복에 좋은 차한과
3. 연화 매엽과 - 심신 안정에 좋은 차한과
4. 여름 녹차 차수과 - 변비에 좋은 차한과
5. 녹차 하트 채소과 - 성장에 도움이 되는 차한과
6. 녹차 매작과 - 가벼운 빈혈에 좋은 차한과
7. 감로차 채소과(타래과) - 혈액순환에 좋은 차한과
8. 국화 채소과 - 편두통에 좋은 차한과
9. 녹차죽순 정과 - 스트레스에 좋은 차한과
10. 녹차 인삼정과 - 원기 회복에 좋은 차한과
11. 작설차 정과 - 지혈작용에 좋은 차한과
12. 장미화차 무정과 - 기침 · 가래에 좋은 차한과
13. 우전 도라지 정과 - 호흡기에 좋은 차한과
14. 녹차 생강 정과 - 냉방병 예방에 좋은 차한과
15. 녹차 란 - 노화예방에 좋은 차한과
16. 녹차 과편 - 다이어트에 좋은 차한과
17. 녹차 깨강정 - 두뇌 활동에 좋은 차한과
18. 녹차 강정(쌍학 흉배) - 새치 · 탈모에 좋은 차한과
19. 녹차 쌀 엿강정 - 골다공증에 좋은 차한과
20. 철관음차 연사과 - 눈을 맑게 하는 차한과

1. 녹차 생엽 약과
- 피부미용에 좋은 차한과

■ 재료 및 분량

밀가루 480g, 참기름 80g, 꿀 100g, 금은화 가루10g, 율무가루 10g,
녹차 생엽 20g 소주 100g, 소금 5g
시럽 - 금은화 우린물 200ml, 물엿 2.5 Kg

■ 만드는 방법

1. 먼저 금은화를 우려서 물엿을 넣고 끓여 즙청 시럽을 만든다.
2. 녹차 생엽은 데쳐서 소주를 넣고 믹서기에 간다.
3. 밀가루에 금은화 · 율무가루 · 소금을 넣어 체에 내린 다음 참기름을 넣고 손으로 비벼 기름이 골고루 섞이게 한 후 다시 한 번 체에 내린다.
4. 기름을 먹인 밀가루에 녹차생엽 간 것과 꿀을 넣어 잘 섞은 후 살살 반죽하여 한 덩어리로 만든다.
6. 반죽을 밀대로 평평하게 밀어 꽃 모양틀로 찍어 3~4군데씩 찔러 구멍을 낸다.
7. 낮은 온도(80℃)의 기름에 넣어 튀기다가 연한 갈색이 되면서 기름 위로 떠오르면 온도를 더 올려 140℃에서 노릇한 갈색이 나도록 튀긴다.
8. 튀겨낸 약과를 망에 건져 기름을 빼고 즙청시럽에 담갔다가 건져낸다.

■ 특징 및 효능

이 차한과는 혈액순환과 신진대사를 도와 얼굴색을 좋게 한다.
금은화는 간기능을 강화시키고 체내 해독작용을 하여 피부를 매끄럽게 한다.
율무는 혈액순환과 신지대사를 돕기 때문에 지방연소를 통한 다이어트효과 피부미용에 좋다고 알려져 있다.
약과는 본디 '약(藥)이 되는 과자(果子)'라는 뜻이다. 약과는 그 사이에 기름과 꿀이 속속들이 배어 있어 고소한 맛과 단맛이 뛰어난 음식이지만, 많이 먹으면 소화가 안 되고 건강에 해가 될 수 있다. 이런 약과에 약재와 차를 알맞게 넣어 피부미용과 소화에 좋은 차약과로 만들 수 있다. 차 성분 중 카테킨이 지방 분해 효소의 작용을 강화시켜주기 때문에 약과에 녹차를 넣으면 매우 효과적이라 할 수 있다.

2. 유자 녹차 약과
-피로 회복에 좋은 차한과

■ 재료 및 분량

밀가루 480g, 백출 10g, 백복령 10g, 유자청건지 50g
참기름 80g, 꿀 100g, 소주 100g, 소금 5g
즙청 시럽 - 녹차물 200ml , 물엿 2.5 Kg

■ 만드는 방법

1. 먼저 녹차물과 물엿을 끓여 즙청 시럽을 만들어 놓는다.
2. 백출과 백복령은 곱게 가루를 낸다.
3. 꿀, 소주, 유자청을 잘 섞어서 혼합한다.
4. 밀가루에 백출, 백복령 가루와 소금을 넣어 체에 내린 다음 참기름을 넣고 손으로 비벼 기름이 골고루 섞이게 한 후 다시 한 번 체에 내린다.
5. 기름을 먹인 밀가루에 3의 혼합을 잘 섞은 후 살살 반죽하며 한 덩어리로 만든다.
6. 반죽을 밀대로 평평하게 밀어 모양틀로 찍어 3~4군데씩 찔러 구멍을 낸다.
7. 낮은 온도(80℃)의 기름에 넣어 튀기다가 연한 갈색이 되면서 기름 위로 떠오르면 온도를 더 올려 140℃에서 노릇한 갈색이 나도록 튀긴다.
8. 튀겨낸 약과를 망에 건져 기름을 빼고 즙청시럽에 담갔다가 건져낸다.

■ 특징 및 효능

기력이 떨어져 피로감을 느끼고, 의욕이 떨어져 심신이 쇠약해져 있을 때 기력회복에 도움이 되는 차약과이다. 백출은 비위기능을 튼튼하게 하여 소화를 잘되게 하고 허하고 냉한 속을 따뜻하게 한다. 백복령은 위장을 편안하게 하며 입맛을 돋아준다.
'본초강목'에 유자껍질이 음식을 소화시키고 속을 편하게 하며 나쁜 기를 흩어지게 하고 가래를 삭힌다고 하였다. 그래서 유자는 위염을 비롯한 소화기 장애에 쓰여 지고 있다. 또한 비타민 C의 함량이 높아 감기, 신경통, 암 예방에도 효과도 있으며, 그 밖에 몸의 피로를 풀어주고 소화액의 분비를 도와준다. 약과는 기름이 많아 소화력이 떨어질 수 있는데 유자 녹차 약과는 소화를 촉진시키는 효과를 볼 수 있다.

3. 연화 매엽과

-심신 안정에 좋은 차한과

■ 재료 및 분량

밀가루 200g, 소금 2g, 연화차 한 송이, 구기자 5g, 백합5g,
녹차가루 · 딸기가루 적당량, 튀김기름 적당량
즙청시럽 - 연화차 · 구기자 · 백합 끓인물 200ml, 설탕 200g, 꿀 15g

■ 만드는 방법

1. 먼저 연화차를 우려서 구기자와 백합을 넣고 30분 정도 끓여 준다.
2. 1의 끓인 물에 설탕을 넣고 끓이다가 설탕이 녹으면 꿀을 넣어 시럽을 만든다.
3. 밀가루에 소금을 넣어 체에 내려 2등분을 한다.
4. 준비된 밀가루에 녹차가루, 딸기가루를 연화차, 구기자, 백합 끓인 물을 섞어 반죽한다.
5. 각 반죽을 0.2cm두께로 얇게 밀어 몰드로 찍어낸다.
6. 160℃ 정도의 온도에서 튀겨내 망에 건진 다음 즙청한다.

■ 특징 및 효능

정신적인 긴장과 불안, 스트레스를 푸는 데 도움이 되며 마음이 맑아지고 심신이 안정 되며 걱정과 우울함이 완화되는 약과이다.
구기자(Lycium chinense Miller)는 가지과에 속한 구기자나무의 열매이다. 간신(肝腎)의 기능을 보하며 정기를 보하여 눈을 맑게 해 주고 마음을 안정시키는데 도움을 준다.
백합은 심신을 안정시키고 면역기능을 조절하며 답답증과 불면증, 정신불안 등의 증상을 다스리는데 좋다.
연꽃은 정신을 안정시키고 잠이 잘 오게 하는 효과가 있어 평소 불면증이 있는 사람이 활용하면 좋다. 이외에도 피부미용, 머리를 맑게 하고, 기력을 길러 주고 백병을 없애주고 오장을 보호한다.

4. 여름 녹차 차수과

-변비에 좋은 차한과

■ 재료 및 분량

밀가루 196g, 소금 2g, 당귀 2g, 우슬 1g, 지각 1g
녹차가루 · 치자물 · 딸기가루 적당량, 튀김기름 적당량
즙청시럽 -여름 녹차 우린물 200ml, 설탕 200g, 꿀 15g

■ 만드는 방법

1. 당귀, 우슬, 지각은 곱게 갈아 가루로 준비한다.
2. 여름 녹차 우린물에 설탕을 넣고 끓이다가 설탕이 녹으면 꿀을 넣어 시럽을 만든다.
3. 밀가루에 1의 한약재 가루와 소금을 넣어 체에 내려 3등분을 한다.
2. 준비된 각각의 밀가루에 녹차가루, 치자, 딸기가루를 여름 녹차 우린물로 반죽한다.
3. 반죽을 0.2cm두께로 얇게 밀어 길이 6cm, 폭 3cm 크기로 자른 다음 밑부분을 2cm 남기고 칼집을 낸다
4. 160℃ 정도의 온도에서 튀겨내 망에 건진 다음 즙청한다.

■ 특징 및 효능

차수과(叉手果)는 밀가루에 꿀과 계피가루를 넣고 반죽하여 얇게 밀어 손을 폈을 때의 모양으로 만들어 기름에 지져 낸 우리 고유의 과자이다. 이 차수과를 맛도 좋고 보기에도 좋고 변비에도 좋은 한과로 거듭나게 한 것이다.
미나리과(Umbelliferae)에 속한 승검초의 뿌리인 당귀는 혈액을 보충해주며 어혈을 제거하고 전반적인 혈액순환에 도움을 준다. 또한 위장의 기능이 약해서 오는 변비 치료에도 사용된다.
우슬은 줄기의 마디부분이 소의 무릎 모양과 흡사하다 하여 지어진 이름인데, 관절과 근골을 튼튼히 해 주고 통증을 완화시키는 효력이 있다.
탱자나무의 익은 열매를 잘라서 말린 것을 지각(枳殼)이라고 하는데, 가슴과 옆구리가 아프거나 복부가 답답하고 그득한 증상에 사용한다. 위장연동운동 촉진 · 장의 기능을 원활하게 해주며, 자궁수축작용에도 우수한 효과가 있다.

5. 녹차 하트 채소과

– 성장에 도움이 되는 차한과

■ 재료 및 분량

밀가루 400g, 소금 2g, 숙지황 6g, 산약 3g, 산수유 3g
녹차가루 · 치자물 · 딸기가루 적당량, 튀김기름 적당량
즙청 시럽 - 숙지황 · 산약 · 산수유 끓인물 200ml, 설탕 200g, 꿀 15g

■ 만드는 방법

1. 숙지황 · 산약 · 산수유를 약불에서 1시간 동안 끓인다.
2. 약재 끓인 물에 설탕을 넣고 끓이다가 설탕이 녹으면 꿀을 넣어 시럽을 만든다.
3. 밀가루에 소금을 넣어 체에 내려 5등분을 한다.
4. 준비된 각각의 밀가루에 녹차가루, 치자, 딸기가루를 약재 끓인 물을 섞어 각각의 색을 내어 반죽한다.
5. 반죽을 0.3cm두께로 길게 늘여 색띠를 만든다.
6. 두 가지 색을 이용하여 하나는 작은 하트모양을 만들고, 다른 한 가지 색은 겉 부분을 감싸 이중으로 하트 모양을 만든다.
7. 160℃ 정도의 온도에서 튀겨내 망에 건진 다음 즙청한다.

■ 특징 및 효능

채소과(菜蔬科)는 채수과라고도 하며, 약과와 만드는 방법이나 재료의 사용면에서 비슷하다. 모양이 곡선으로 아름답고 맛이 좋은 한과이기 때문에 차와 함께 잘 어울린다.
아이들의 간신(肝腎)을 보하여 근골을 튼튼히 하는 성장기의 발육을 돕는데 좋기 때문에 아이들 간식으로 최고다.
숙지황은 지황의 뿌리줄기를 증포한 것으로 혈을 보하고 기운을 돋우며 근육과 골격을 튼튼하게 한다. 산약은 참마의 덩이줄기를 말하는데 자양 강장의 효능이 있어 피로를 풀어주고 기력을 돋으며 마음을 안정시킨다. 산수유는 산수유나무의 익은 열매를 건조한 것으로 간과 신장의 기운을 북돋아주고 따뜻하게 하며 허리와 무릎이 시큰거리고 아플 때 효과가 있다.

6. 녹차 매작과

-가벼운 빈혈에 좋은 차한과

■ 재료 및 분량

밀가루 400g, 소금 2g, 백작약 5g, 천궁 5g, 당귀 5g
녹차가루 · 치자물 · 딸기가루 · 코코아가루 적당량, 튀김기름 적당량
즙청 시럽 -백작약 · 천궁 · 당귀 끓인 물 200ml, 설탕 200g, 꿀 15g

■ 만드는 방법

1. 백작약 · 천궁 · 당귀를 약불에서 1시간정도 끓인다.
2. 밀가루에 소금을 넣어 체에 내려 5등분을 한다.
3. 준비된 각각의 밀가루에 녹차가루, 치자물, 딸기가루, 코코아가루와 1의 약재 끓인 물을 섞어 각각의 색을 내는 재료로 반죽한다.
4. 넓은 판 위에 반죽을 0.2cm 두께로 얇게 민다.
5. 흰색 반죽과 각각 반죽한 한가지씩을 겹쳐 밀대로 민 다음 길이 5cm, 폭 1.5cm 크기로 자른다. 중앙에 길게 칼집을 3개 넣고 가운데 칼집 사이로 밀어 넣어 꼬인 모양을 만든다.
6. 매작과를 160℃ 정도의 온도에서 튀겨낸다.
7. 기름이 빠지면 즙청시럽에 잠깐 담갔다가 꺼낸다.

■ 특징 및 효능

매작과는 마치 매화나무에 참새가 앉은 모양과 같다고 하여 '매화 매(梅)', '참새 작(雀)' 자를 써서 매작과(梅雀果)라고 한다. 매작과는 만들기가 비교적 쉬울 뿐만 아니라, 여러 가지 재료에서 우러나오는 독특한 풍미와 바삭바삭한 과자로 다과상에 차와 함께 잘 어울리는 과자이다.
백작약은 혈액순환을 잘되게 하며 머리가 아프고 어지러운데, 신경쇠약, 식은땀이 나는 증상에 많이 이용한다. 천궁은 기와 혈의 순환을 원활하게 하고 중추신경을 진정시키는 효과가 크다. 당귀는 혈을 보하는 대표적인 한약재로 얼굴에 핏기가 없고 현기증이 자주 나며 눈과 입술에 윤기가 없는 사람에게 효과가 있다. 이 기능성 한과는 가벼운 빈혈이나 약간 저혈압이면서 기운이 처지고 어지럼증을 느낄 때 도움이 된다.

7. 감로차 채소과(타래과)

-혈액순환에 좋은 차한과

■ 재료 및 분량

밀가루 400g, 소금 2g, 당귀 6g, 천궁 3g, 소엽 3g
감로차 가루 · 치자물 · 딸기가루 · 계피가루 적당량, 튀김기름
즙청 시럽 - 당귀 · 천궁 · 소엽 200ml, 설탕 200g, 꿀 15g

■ 만드는 방법

1. 당귀 · 천궁 · 소엽을 약불에서 1시간정도 끓인다.
2. 약재 끓인물에 설탕을 넣고 끓이다가 설탕이 녹으면 꿀을 넣어 시럽을 만든다.
3. 밀가루에 소금을 넣어 체에 내려 5등분을 한다.
4. 준비된 각각의 밀가루에 감로차가루, 치자, 딸기가루, 계피가루를 약재 우린물을 섞어 반죽한다.
5. 반죽을 0.2cm두께로 얇게 밀어 국수가닥처럼 길게 늘여 자른다.
6. 둥근모양을 3개씩 모아 리본모양으로 만들고, 중심부분을 다른 색으로 감는다.
7. 160℃ 정도의 온도에서 튀겨내 망에 건진 다음 즙청한다.

■ 특징 및 효능

타래과는 밀가루에 여러 가지 색을 들여 타래실처럼 감아서 허리를 묶어 튀겨낸 과자이다. 아름답고 맛이 좋은 한과이기에 아이들 간식이나 차와 함께 올리면 잘 어울린다.
당귀(Angelica gigas Nakai)의 당귀머리는 지혈에 아주 좋고 당귀 몸통은 혈액대사에 좋다. 보혈(補血)의 효능이 있어서 어혈과 혈액순환장애로 인한 마비증상을 풀어주고 통증을 완화시킨다. 천궁은 순기행혈요약(順氣行血要約)으로 행기(行氣), 행혈(行血), 보간혈(補肝血) 등의 효능이 있다.
소엽은 차조기 잎을 건조한 것으로 냉기를 없애고 피부혈관을 확장시키고 가래를 삭이며 기관지의 경련을 풀어준다. 이 효능은 혈액순환을 원활이 해 주어 몸을 가볍고 편안하게 도와줄 수 있다.

8. 국화 채소과
-편두통에 좋은 차한과

■ 재료 및 분량

밀가루 400g, 소금 2g, 국화차 5g, 천궁 5g, 백지 5g
녹차 가루 · 치자물 적당량, 튀김기름 적당량
즙청 시럽 - 국화차 · 천궁 · 백지 200ml, 설탕 200g, 꿀 15g

■ 만드는 방법

1. 국화차 · 천궁 · 백지를 약불에서 1시간정도 끓인다.
2. 약재 끓인 물에 설탕을 넣고 끓이다가 설탕이 녹으면 꿀을 넣어 시럽을 만든다.
3. 밀가루에 소금을 넣어 체에 내려 2등분을 한다.
4. 준비된 각각의 밀가루에 녹차가루, 치자를 약재 끓인 물로 섞어 반죽한다.
5. 치자반죽은 0.2cm두께로 얇게 밀어 1.5cm폭으로 길게 썬 다음 0.2cm 간격으로 가위집을 낸다.
6. 녹차가루 반죽은 0.2cm두께로 밀어 잎모양과 줄기모양을 만든다.
7. 160℃ 정도의 온도에서 튀겨내 망에 건진 다음 즙청한다.

■ 특징 및 효능

국화는 예전부터 '불로 장수의 영초'라 하여 약용과 식용으로 널리 써 왔는데, 한방에서는 국화꽃을 두통과 현기증이 있을 때 그리고 눈이 충혈 되는 경우의 증상을 치료하는데 활용되었다. 은은한 향기가 일품인 국화차는 간장을 보호하고 눈을 밝게 하면서 머리를 맑게 해주는 효과가 있다.
천궁은 혈관 확장기능이 있어 협심증 치료에 좋고 고혈압으로 인한 두통에도 효과가 있다.
백지는 미나리과의 여러해살이 풀인 구릿대 Angelica dahurica의 뿌리를 말린 것이다. 유행성 감기로 인한 두통, 산전 산후 두통, 어지럼증, 안면신경통 등에 유효하다.
국화와 천궁, 백지는 매우 잘 어울리는 약재이다. 이를 식재와 함께 섞어서 맛있고 두통에 좋은 한과를 만들어 먹으면 약이 아닌 과자로 질병을 치료하는 효과를 볼 수가 있다.

9. 녹차죽순 정과
-스트레스에 좋은 차한과

■ 재료 및 분량

죽순 400g, 용안육 6g, 맥문동 6g
물엿 240g, 녹차물 2 *l* , 소금 약간

■ 만드는 방법

1. 죽순을 껍질이 있는 채로 밑부분에서 반쯤 갈라 쌀뜨물에 삶아 벗긴다.
2. 죽순을 쌀뜨물에 소금을 넣어 4~5일 정도 담가 아린 맛을 뺀다.
3. 죽순에 끼어 있는 하얀 앙금을 빼내고 깨끗이 씻어서 원하는 모양으로 썬다.
4. 끓는 물에 죽순을 넣어 데쳐낸 후 찬물에 헹군다.
5. 용안육, 맥문동에 물을 붓고 약불에서 1시간 정도 끓인다.
6. 준비된 죽순을 냄비에 담아 용안육과 맥문동 끓인물, 물엿, 녹차물을 잠길 정도로 붓고 약한 불에서 서서히 조린다.

■ 특징 및 효능

용안(Dimocarpus longan Lour)은 용안 나무의 열매이다. 중국 남부 또는 인도가 원산지로 따뜻한 지역에서 잘 자란다. 생각이 너무 깊어 가슴이 뛰고 진정되지 않고 잠을 자지 못하는 증상에 심기를 안정시키는 효능이 있다.
맥문동은 덩어리 뿌리를 건조한 것으로 음혈(陰血)이 손상되어 가슴속이 답답하고 편치 않아서 잠을 이루지 못하는 증상에 좋다.
죽순은 다른 야채와는 달리 단백질이 풍부하고 비타민 B와 C, 섬유소, 다이어트리 화이버가 풍부해 영양적 특성이 뛰어나다. 다이어트리 화이버는 장내에서 정장 작용을 하는 등 소화기관 내에 자극을 주지 않으면서 인체 생리에 도움을 준다.
가슴속이 답답하고 편안하지 않은 경우 기분전환을 하여 화를 내려 주고 기운을 북돋아 주며 마음을 편안하게 해준다.

10. 녹차 인삼정과
-원기 회복에 좋은 차한과

■ 재료 및 분량

인삼 700g, 황기 10g, 붉은 대추 20g
설탕 600g, 물엿 1kg, 초의차 · 금황녹차 우린물

■ 만드는 방법

1. 인삼은 깨끗이 씻어서 칼로 껍질을 잘 벗긴다(잔뿌리가 손상 되지 않도록 주의하면서 껍질을 벗긴다).
2. 손질한 인삼을 녹차 우린 끓는 물에 너무 무르지 않게 살짝 삶는다(인삼을 삶은 물은 버리지 않는다).
3. 황기, 대추에 물을 붓고 약불에서 1시간 정도 끓인다.
4. 삶은 인삼을 냄비에 담고 황기 · 대추 끓인물, 설탕, 물엿, 인삼 삶은 물을 자작하게 부어 처음에는 센 불에서 끓이다가 끓기 시작하면 불을 약하게 줄이고 서서히 투명해질 때까지 조린다(끓이면서 물이 부족하면 인삼 삶을 물을 조금씩 첨가해주고, 거품이 넘치기 때문에 뚜껑은 열어 놓고 조리는 것이 중요하다).
5. 조린 인삼을 망에 밭쳐 단물을 제거하고, 쟁반에 꾸득꾸득한 상태로 말린다.

■ 특징 및 효능

기와 혈을 보호하는 효능이 있어 원기 부족으로 인한 신체허약, 권태, 땀이 많이 나는 증상에 좋고, 비장과 위의 정기를 보하고 몸에 기운을 불어 넣어 주어 힘과 에너지를 보충할 수 있다.
인삼은 예부터 정신을 안정시키고 체내의 기능을 보하며 수명까지 연장시키는 효능이 있어 만병통치약으로 알려져 왔다. 또한 소화를 촉진시켜 위의 기능을 활발하게 하고 신진대사를 원활하게 하여 몸이 마르고 원기가 없으며 식욕이 없는 사람, 위의 기능이 약한 사람에게 효과적이다.
황기는 쉽게 피로하고 힘이 약하여 음성이 낮고, 맥박이 연약하고 땀을 많이 흘리는 사람에게 현저한 효능을 나타내고 있어서 예로부터 인삼대용으로 써 왔다. 대추는 정신을 안정시키며 피를 보충해줌으로써 신체기관이 쇠약해지는 것을 막아준다.

11. 작설차 정과

-지혈작용에 좋은 차한과

■ 재료 및 분량

딸기 100g, 오이 50g, 키위50g, 당근 50g, 연근 100g, 쑥 10g
설탕, 물엿, 꿀, 작설차 우린 물

■ 만드는 방법

1. 딸기는 씻어서 3등분으로 썬다. 썰어놓은 딸기에 설탕을 뿌려 당침을 하고 체에 밭쳐 물기를 빼고 다시 2차 당침을 한다. 다시 물기를 제거하고 설탕을 묻혀 채반에 널어 말린다.
2. 오이를 깨끗이 씻어서 반으로 잘라 어슷하게 썬다. 딸기와 같은 방법으로 당침을 해서 채반에 설탕을 묻혀 말린다.
3. 키위는 껍질을 벗겨 0.5cm로 둥글게 썰어 딸기와 같은 방법으로 당침을 해서 채반에 설탕을 묻혀 말린다.
4. 당근은 오이와 같이 어슷썰기를 한다. 쑥, 물엿, 설탕을 넣어 끓여서 당근을 넣어 하루정도 둔다. 당근을 건져서 채반에 설탕을 묻혀 말린다.
5. 연근은 껍질을 벗기고 0.5cm두께로 썰어 식초를 넣고 살짝 데쳐 찬물에 헹군다. 냄비에 데친 연근과 쑥을 담고 연근이 잠길 정도로 작설차 우린 물을 붓고 설탕, 소금을 넣고 끓이다가 끓기 시작하면 물엿을 넣어 투명해질 때까지 서서히 조린다. 거의 졸여지면 꿀을 넣어 윤기가 나도록 졸린 다음 망에 밭쳐 단물을 제거한다.

■ 특징 및 효능

연근은 한방에서 '우절'이라고 하는데, 이는 각종 출혈성 질환, 빈혈 등에 좋을 뿐만 아니라 초강력 강정 작용까지 있으며, 비 위장 소화기 계통에도 좋다고 한다. 철분과 탄닌 성분은 소염작용이 뛰어나 점막 조직의 염증을 가라앉혀 주므로 코피가 잘 나는 사람이 먹으면 효과를 발휘한다.
쑥은 국화과에 속하는 다년생 초본식물이다. 쑥의 맛은 쓰고 매우며 성질은 따뜻해 여성들에게 좋은 식품이다. 몸을 덮게 하고 피를 맑게 해주며 특히 지혈작용이 있어 자궁 출혈이 있을 때 자궁의 혈류를 원활하게 해주면서 출혈을 막아 주는 것이 쑥의 뛰어난 약효이다.

12. 장미화차 무정과
-기침 · 가래에 좋은 차한과

■ 재료 및 분량

무 200g, 장미화차10g, 모과 20g, 오미자 5g
장미화차 우린물, 호박씨, 잣, 물엿

■ 만드는 방법

1. 무를 얇게 저며 라운드 몰드로 찍어 낸다.
2. 무를 너무 무르지 않도록 소금물에 삶아 낸다.
3. 냄비에 무, 모과, 오미자를 넣어 장미화차 우린물로 물엿에 조린다(무가 투명할 때까지 조린다).
3. 조린 무를 채반에 널어 꾸득꾸득 해지면 조린 무 안에 장미화차, 호박씨, 잣을 넣어 서로 마주보게 붙인다.

■ 특징 및 효능

기침과 가래는 병을 오래 앓은 허약한 사람이나 노화나 심장의 약화로 호흡기능이 약해졌을 때, 그리고 먼지나 오염된 공기 같은 혼탁한 환경에 노출되었을 때, 지나친 흡연을 했을 때 자주 나타난다.
장미꽃차는 주로 피부미용이나 피로회복, 혈액순환 등에 효과가 있다.
무는 담을 제거하며 기침을 그치게 해주고 설사를 다스린다고 알려져 있다. 가래뿐 아니라 니코틴 해독 작용도 우수해 담배를 많이 피워 생기는 가래에도 효과를 발휘한다.
모과는 장미과(Rosaceae)에 속한 모과나무의 잘 익은 열매이다. 진해의 목적으로도 쓰는데 가래가 많은 기침에 효과가 있다. 간장과 위를 튼튼하게 하고 습을 제거하는 효능이 있다.
오미자(五味子)는 이름 그대로 5가지 오묘한 맛이 어우러지며 대체로 시고 달며 성질은 따뜻하다. 주로 폐와 심장, 신장에 작용하는데 폐에 작용에서는 폐기(肺氣)를 수렴하여 기침을 멈추게 하는 작용이 있으며, 신(腎)기능 허약으로 인한 유정(遺精), 유뇨(遺尿) 및 소변을 자주 보는 증상을 다스리며, 오래된 이질 설사에도 효력이 뛰어나다.

13. 우전 도라지 정과

-호흡기에 좋은 차한과

■ 재료 및 분량

도라지 400g, 은행 20g, 백합 20g, 오미자 10g
설탕 200g, 물엿 1kg, 소금 약간, 꿀, 우전차 우린 물

■ 만드는 방법

1. 은행, 백합, 오미자는 물을 붓고 약불에서 1시간 정도 끓인다.
2. 통 도라지는 씻어서 껍질을 벗겨 깨끗이 손질한다.
3. 손질한 도라지를 어슷썰기로 얇게 저미거나, 2cm 길이로 토막 친다.
4. 썰은 도라지를 끓는 물에 넣어 너무 무르지 않게 살짝 데친다.
5. 냄비에 데친 도라지를 담고 설탕, 소금을 넣어 약재 끓인 물, 우전차 우린 물을 잠길 정도로 붓고 끓이다가 물엿을 넣어 서서히 조린다.
6. 투명할 때까지 조리게 되면 꿀을 넣어 잠시 더 조린다.

■ 특징 및 효능

도라지뿌리는 길경(桔梗)이라고도 한다. 폐경(肺經)에 작용하므로 해수(咳嗽)와 가래가 많고 호흡이 불편한 증상에 널리 활용한다. 사포닌이 들어 있어 거담 효과가 있으므로 폐의 기능이 저하되거나, 담습(痰濕)에 의한 증상이 있거나, 가슴이 답답하거나, 또는 나이가 많아 폐의 기능이 쇠약해진 노인이 식용하면 좋다. 은행나무는 생명력이 강한 교목으로 현존하는 나무 가운데 가장 장수하는 것으로 알려져 있다. 그래서 은행은 장수의 묘약으로 유명하며, 폐기(肺氣)를 수렴시키고 폐와 위의 탁기(濁氣)를 제거해주고 해수, 천식을 진정시켜 숨이 차고 기침이 나는 것을 멎게 한다.
백합은 '참나리'를 말하며 줄기 뿌리가 약용으로 사용된다. 백합의 뿌리는 폐를 부드럽게 하고 마른기침과 천식을 멈추게 하며 가래를 없애준다.
오미자는 다섯 가지 맛을 다양하게 가졌다하여 오미자라 부른다. 오미자의 익은 열매를 건조한 것으로 호흡기계의 기능을 원활히 하고 기운을 돋운다.

14. 녹차 생강 정과
-냉방병 예방에 좋은 차한과

■ 재료 및 분량

생강 200g, 황기 6g, 방풍 4g, 백출 4g
꿀, 소금 약간, 설탕 100g, 물엿 500g, 녹차 우린물

■ 만드는 방법

1. 황기, 방풍, 백출에 물을 붓고 약불에서 1시간 정도 끓인다.
1. 생강은 큰 것으로 준비해 씻어서 껍질을 벗긴다.
2. 깨끗이 손질한 생강을 납작하고 얇게 저민다.
3. 끓는 물에 생강을 넣고 살짝 데친다.
4. 냄비에 데친 생강을 담고, 설탕, 소금, 약재 끓인 물, 녹차 우린 물을 잠길 정도로 붓고 끓이다가 물엿을 넣어 서서히 조린다.
5. 투명하게 조려지면 마지막에 꿀을 넣어 잠시 더 졸여 낸다.
6. 조린 생강을 꼬치에 끼워 담아낸다.

■ 특징 및 효능

생강은 성질이 따뜻하여 담을 풀어주며 위장, 폐, 자궁을 따뜻하게 하는 효능이 있다. 또한 생강은 가래를 삭이는 작용을 하고 천식을 다스릴 뿐만 아니라 소화흡수를 촉진해 위장운동을 활발하게 해주며 세균에 대한 살균 · 항균 작용이 있다. 황기는 비를 보하여 기를 더해주고 원기를 북돋아 주어 땀이 많이 나는 증상을 완화시킨다. 혈액생성을 촉진하고 수분대사를 원활히 하여 종기를 다스린다.
방풍은 땀을 내서 몸의 풍사(風師)를 제거하여 마음을 안정시키고, 몸속의 습(濕)을 제거하고 통증을 가라앉히는 효과가 있다. 백출은 삽주의 뿌리를 건조한 것으로 성질은 따뜻하며(溫) 맛이 쓰고, 매우며 독이 없다. 비장을 튼튼히 하고, 소화를 잘되게 하여 위장을 튼튼하게 하고, 허하고 냉한 것을 따뜻하게 한다. 이 처방은 한기(寒氣)로부터 우리 몸을 지키는 간단한 예방이라 할 수 있다.

15. 녹차 란

-노화예방에 좋은 차한과

■ 재료 및 분량

당근 100g, 생강 100g , 밤 100g, 자주색 고구마 100g,
완두 100g, 동고버섯 50g
설탕, 꿀, 녹차가루, 잣가루, 계피가루 약간

■ 만드는 방법

1. 동고버섯은 가루로 곱게 갈아 준비한다.
2. 당근은 깨끗이 손질하여 작은 크기로 잘라 푹 삶아 체에 내린 다음 면보로 물기를 짠다. 냄비에 물기를 제거한 당근, 동고버섯가루 10g에 설탕을 넣고 약한 불에서 졸이다가 꿀을 넣어 수분이 없을 때까지 조린다.
3. 생강은 얇게 썰어서 믹서기에 간다. 생강건지는 맑은 물이 나올 때까지 헹구고 헹군 물은 생강녹말을 가라앉힌다. 냄비에 생강 건지, 동고버섯가루 10g를 담고 설탕을 넣어 조리다가 꿀과 생강녹말을 넣어 서서히 조린다. 조린 생강을 식혀서 삼각뿔 모양으로 빚어 잣가루를 묻힌다.
4. 밤은 껍질을 벗겨서 삶아 으깨어 체에 내린다. 밤 고물, 동고버섯가루 10g에 꿀을 넣어 한 덩어리로 뭉쳐지게 반죽한다. 반죽을 밤 모양으로 빚은 다음 둥근 부분에 계피가루, 녹차가루를 묻힌다.
5. 자주색 고구마를 삶아서 으깨어 체에 내린다. 동고버섯가루 10g과 설탕을 넣고 조리다가 마지막에 꿀을 넣어 수분이 없을 때까지 조려서 식힌 다음, 가지 모양으로 빚는다.
6. 완두콩을 삶아서 으깨어 체에 내려 동고버섯가루 10g 녹차가루를 섞어서 설탕에 조린다. 마지막에 꿀을 넣어 조린 다음, 완두콩 모양으로 빚는다.

■ 특징 및 효능

란(卵)은 열매를 익힌 뒤 으깨어 설탕이나 꿀에 조려 다시 본 형태와 비슷하게 빚은 것을 말한다.
동고버섯은 맛과 약효를 모두 갖춘 좋은 식품이다. 자주 먹게 되면 노화를 예방할 수 있고 근력과 뼈가 튼튼해지며 면역력이 강화된다. 특히 동고버섯은 항암물질이 풍부해 각종 암을 치료하는데 큰 도움이 된다.

16. 녹차 과편
-다이어트에 좋은 차한과

■ 재료 및 분량

박하 3g, 귤피 3g, 당귀 3g,
녹차 우린물 400g, 녹차가루, 불린 한천 200g,
설탕 200g, 꿀, 녹두 녹말 100g, 소금 적당량

■ 만드는 방법

1. 박하, 귤피, 당귀에 물을 붓고 약불에서 30분정도 끓인다.
2. 녹차 우린 물, 약재 끓인 물에 불린 한천을 넣어 녹을 때까지 끓인다.
3. 녹차가루, 설탕, 소금을 넣고 다시 한 번 끓여준다. 설탕이 녹으면 덩어리지지 않게 녹말 물을 조금씩 넣으면서 젓는다.
4. 조리다가 주걱으로 떠올려서 뚝뚝 떨어지는 농도가 되면 적당하다
5. 그릇에 담아 굳어지면 썰어 접시에 담아낸다.

■ 특징 및 효능

과편(果片)은 과일즙 또는 과일을 삶아 거른 물에 설탕이나 꿀을 넣고 조려 엉기게 한 다음 그릇에 쏟아 식혀서 만든 것으로 서양의 젤리와 비슷한 과자이다.
박하는 흔히 페퍼민트라 부른다. 발한과 해독작용이 있으며 피로를 풀어 주어 몸을 가볍게 하여 건강과 미용에 다양하게 사용된다. 피부미용에서는 모세혈관을 확장시키고 땀 분비를 촉진, 체내 독소를 배출한다. 귤피는 귤의 껍질을 건조한 것으로 뭉친 기운을 흩어지게 하여 소화를 잘 되게 하고 해수와 천식에 진해 · 거담작용을 한다. 또한 지방분해 효과가 있어 다이어트에도 이용되고 있다.
당귀는 혈액을 보하고 어혈을 제거하며 전반적인 혈액순환에 도움을 준다. 특히 여성의 생리조절작용이 뛰어나 산전 · 산후 질환에 이용한다.
과다한 열량과 독소가 쌓여 몸이 비대해질 수 있는데, 이 처방은 지방을 제거하고 노폐물을 배출시킴으로써 몸을 날씬하게 만든다.

17. 녹차 깨강정
-두뇌 활동에 좋은 차한과

■ 재료 및 분량

참깨 200g, 검정깨 200g, 천마 2g, 천궁 2g
시럽 - 설탕 300g, 물엿 1kg, 녹차 우린 물 100ml

■ 만드는 방법

1. 천마와 천궁은 믹서기로 갈아 가루로 준비한다.
1. 참깨는 찬물에 1시간 이상 불려서 문질러 껍질을 벗겨낸 후 건져 물기가 빠지면 프라이팬에 볶아내어 식힌다.
2. 검정깨는 씻어서 체에 밭쳐 물기를 뺀 후 팬에 볶아 식힌다.
3. 시럽은 냄비에 녹차 물과 설탕을 넣어 끓여 설탕이 녹으면 물엿을 넣어 약한 불에서 끓여 시럽을 준비한다.
4. 시럽에 약재 가루를 넣고 각각 참깨, 검정깨를 한 덩어리가 될 때가지 버무린다.
5. 대나무 발 위에 비닐을 깔고 먼저 흰깨 버무린 것을 넓게 밀어서 펼쳐 놓고, 그 위에 그보다 작게 만든 검정깨 버무린 것을 놓는다.
6. 5를 김밥 말 때처럼 말아 완전히 굳기 전에 1cm두께로 썬다.

■ 특징 및 효능

참깨, 검정깨에 들어있는 리놀레산과 비타민 E는 피부의 건조를 막아주며 피부병에 대한 저항력을 길러주기 때문에 피부가 가렵거나 건조해진 사람에게 효험이 있다.
천마(GAstrodia elata Blume)는 두뇌활동을 촉진시키며 신경을 안정시키는 효능이 있어 신경쇠약을 치료하는데 도움이 된다. 통증을 멎게 하는 효능이 뛰어나 경련, 소아급만경풍, 두통, 반신불수 등의 병증에도 활용한다.
천궁은 심신을 안정시키고 몸을 따뜻하게 하는 보온 효과가 뛰어나다. 기와 혈의 순환을 원활하게 하고 풍사를 없애며 통증을 가라앉혀 준다.
효능은 수험생이나 정신적인 노동량이 많은 직장인들에게 두뇌작용을 촉진시켜 집중력과 사고력을 높여주고 정신을 맑게 한다.

18. 녹차 강정(쌍학 흉배)

-새치 · 탈모에 좋은 차한과

■ 재료 및 분량

참깨 600g, 검정깨 200g, 복분자 15g, 하수오 15g
녹차가루, 딸기가루, 파란 천연색소 음료,
시럽 -설탕 300g, 물엿 1kg, 약재 끓인 물 100ml

■ 만드는 방법

1. 복분자, 하수오는 물을 붓고 30분 이상 끓인다.
2. 참깨는 찬물에 1시간 이상 불려서 문질러 껍질을 벗겨낸 후 건져 물기가 빠지면 프라이팬에 볶아내어 식힌다.
3. 검정깨는 씻어서 체에 밭쳐 물기를 뺀 후 팬에 볶아 식힌다.
4. 시럽은 냄비에 약재 끓인 물과 설탕을 넣어 끓여 설탕이 녹으면 물엿을 넣어 약한 불에서 끓여 시럽을 준비한다.
5. 검정깨에 준비된 시럽을 넣어 한 덩어리가 될 때가지 버무린다.
6. 프라이팬에 시럽과 녹차가루를 넣고 섞어 한 번 끓인 다음 참깨를 넣어 한 덩어리가 될 때까지 버무린다.
7. 식기 전에 원하는 모양을 만들어 준다. 다른 색소도 이와 같은 방법으로 만든다.

■ 특징 및 효능

참깨, 검정깨는 세포노화를 예방하는 비타민E와 글로불린 시스틴과 같은 단백질이 다량 함유되어 있다. 따라서 간장과 신장이 허해서 생기는 탈모의 증세를 없애고, 꾸준히 먹으면 머리카락에 윤기가 흐르게 된다.
복분자는 장미과(Rosaceae)에 속한 산딸기의 열매를 말한다. 청량(淸涼), 지갈(止渴), 강장약(强壯藥)으로 사용한다. 신장의 기능을 보강하고 정력을 도우며, 노화를 방지하고 머리카락이 새는 것을 방지하는 효과가 있다.
하수오는 간을 보하고 신의 기능을 도우며 머리카락이 일찍 새는 것을 막아주고 노화 예방에 효력이 뛰어나다.

19. 녹차 쌀 엿강정

-골다공증에 좋은 차한과

■ 재료 및 분량

멥쌀 말린것 300g, 홍화 5g
녹차가루 3g, 딸기가루, 치자물, 소금, 홍화씨유
시럽 -홍화 끓인물 100ml, 설탕 300g, 물엿 1kg

■ 만드는 방법

1. 홍화에 물을 붓고 30분 정도 끓인다.
2. 쌀을 깨끗이 씻어서 불린 후에 물을 붓고 심이 없어질 때까지 삶아 건져 뿌연 물이 나오지 않을 때까지 씻는다.
3. 마지막 헹군 물에 소금을 간간하게 풀어 밥알을 넣고 30분 담가두어 간이 배게 두었다가 건져 밥알을 얇게 펴서 말린다.
4. 밥알이 마르면 밀대로 밀어 하나하나 떨어지게 한다.
5. 바짝 말린 쌀은 190℃의 높은 온도의 기름에 튀겨 체에 걸러 기름을 뺀다.
6. 냄비에 설탕, 홍화 물, 물엿을 넣어 끓여 시럽을 만들고, 시럽이 굳지 않도록 중탕하면서 사용한다.
7. 후라이팬에 홍화씨유 약간, 시럽 100g, 녹차가루 3g 넣어 잘 풀어지면 튀긴 쌀 100g 넣고 저어 한 덩어리가 될 때까지 버무린다. 이와 같은 방법으로 딸기가루, 치자물을 넣어 만든다.
8. 둥근 틀에 쌀강정을 쏟아 붓고 밀대로 밀어 굳힌다.

■ 특징 및 효능

홍화는 붉은 꽃이 피는 국화과의 식물로 잇꽃이라고도 한다. 여성 전용 약초라 불릴 정도로 여성에게 잘 맞는다. 홍화는 혈을 잘 순환하게 하고 월경을 통하게 하며 어혈을 제거하고 통증을 완화시키는 효능이 있다. 민간에서는 뼈를 강하게 하는 효능이 있어 관절염, 요통, 골절, 연로하여 뼛속이 약해졌을 때, 뼈가 약한 어린이와 골다공증 등의 뼈와 관련된 질환에 활용한다.
홍화는 우리네 조상들이 약용이나 식용으로 오랫동안 많이 활용해온 식재요, 약재요, 염색재이다.

20. 철관음차 연사과

-눈을 맑게 하는 차한과

■ 재료 및 분량

찹쌀 1kg, 구기자 30g, 철관음차가루 3g, 치자, 딸기가루, 파래가루,
콩물 100ml(구기자 끓인물 100ml, 불린콩 15g), 소주 30ml, 물 40ml
즙청 - 조청 300g, 물엿 300g
고물 - 세반 100g, 밀가루, 튀김기름 적당량

■ 만드는 방법

1. 찹쌀은 씻지 않고 물에 담가 1~2주일 정도 담가 두어 골마지가 끼면 여러 번 씻어서 소쿠리에 건져 물기를 뺀 다음 고운 가루로 빻아 각각 4가지 색을 섞어 체에 내린다.
2. 흰콩은 하룻밤 동안 충분히 불려 껍질을 벗겨 믹서에 갈아 콩물을 만든다.
3. 1의 준비된 각각의 찹쌀가루에 콩물, 소주, 물을 조금씩 넣어 버무린다.
4. 찜통에 젖은 면보를 깔고 반죽을 큼직하게 떼어 서로 붙지 않게 놓아 반죽이 투명해지도록 30분 정도 찐다.
5. 찐 떡을 절구나 분마기에 붓고 꽈리가 일도록 세차게 치댄다.
6. 넓은 도마에 밀가루를 뿌리고 치댄 떡을 놓은 후, 다시 위에 밀가루를 고루 뿌린다.
7. 밀대로 판판하게 밀어 두께 0.5cm로 펴고, 약간 굳은 다음 가로 세로 2cm크기로 네모지게 썬다.
8. 썬 바탕은 방바닥에 한지를 깔고 붙지 않게 쭉 늘어놓아 뒤집어 주면서 2~3일 말린다.
9. 말린 유과 바탕을 미지근한 튀김기름에 5~10분 정도 담가 불린다.
10. 기름 팬을 두 개 준비해 먼저 낮은 온도(90℃~110℃)의 기름에 넣어 서서히 불리면서 바탕이 반 정도 일어나면 온도를 높인 기름 약 170℃의 기름에서 급히 튀겨 건져서 기름을 완전히 빼 놓는다.
11. 냄비에 물엿, 조청을 넣고 끓여 만든 즙청 시럽을 유과 바탕을 바르고 세건반 고물을 묻힌다.

약이 되는 차술

권희자

1. 도라지 차꽃술 - 가슴이 답답할 때 좋은 차술
2. 국화 고본주 - 두통에 좋은 차술
3. 송이버섯 술(선인주) - 당뇨병에 좋은 차술
4. 당귀 홍화주 - 손발 저림에 좋은 차술
5. 오룡 진무주 - 현기증에 좋은 차술
6. 녹차 자소엽주 - 변비에 좋은 차술
7. 녹차 하수오주 - 고혈압에 좋은 차술
8. 창포 감로차주 - 건망증에 좋은 차술
9. 송절주(松節酒) - 관절염에 좋은 차술
10. 오룡 산사주방(山査酒房) - 비만증에 좋은 차술
11. 우전 강하주(薑荷酒) - 배에 가스 찰 때 좋은 차술
12. 인삼 우전차주 - 자주 체할 때 좋은 차술
13. 녹차 이화주(梨花酒)
14. 녹차 동동주(일명 浮蟻酒)
15. 홍차 두견주(진달래꽃 술)
16. 둥굴레 작설차술(五精酒)
17. 우전 과하주(過夏酒)
18. 금황녹차 소주
19. 홍국주(홍국 오룡차술)
20. 흑미 금황녹차술

1. 도라지 차꽃술
- 가슴이 답답할 때 좋은 차술

■ 재료 및 분량

도라지(건조) 20g, 진피 10g, 생강 10g
소주(35도) 1.8L, 설탕 100g, 녹차꽃 10g

■ 만드는 방법

1. 도라지, 진피는 찬물에 깨끗이 씻어 건지고, 생강은 깨끗이 씻어 껍질째 준비한다. 가을에 핀 녹차꽃을 잘 말려서 밀봉해 두었다가 사용한다.
2. 유리병(용기)에 도라지, 진피, 생강, 녹차꽃, 설탕을 넣고 소주를 붓고 밀봉한다.
3. 2주일(14일) 후에 걸러서 맑은 술로 숙성시키는데, 통 도라지를 사용할 때는 다른 재료는 걸러내고, 도라지만 병에 보기 좋게 남겨 두고 마셔도 좋다.

■ 복용법

아침, 저녁 반주로 1잔(20~30ml) 정도 식사와 함께 마시면 기관지에 좋은 효과가 있다.

■ 특징 및 효능

도라지는 초롱꽃과에 속한 여러해살이 풀이며, 한방에서 도라지 뿌리를 길경(桔梗)이라고 한다. 도라지는 사포닌을 함유하고 있고 성(性)은 평(平)하고 무독(無毒)하고 맛은 쓰고 맵다. 인후를 이롭게 하며 선폐거담(宣肺祛痰)하는 효능이 있어 기관지염, 편도선염에 사용하고 있다. 도라지는 모든 약의 기능을 상승시켜 가슴의 울기를 열어준다.
진피는 귤껍질을 건조한 것으로 특이한 방향이 있고, 맛은 쓰면서 자극성이다. 일반적으로 오래된 것이 좋다고 하여 붙여진 이름이고, 이기(理氣), 건비(健脾), 조습(燥濕)의 요약(要藥)이다.
생강은 한방에서는 소화불량, 위한(胃寒), 창만(脹滿), 감모한풍(感冒寒風), 천해(喘咳), 풍습비통(風濕痺痛), 설사, 구토 등에 치료제로 쓰인다. 민간에서는 감기에 생강으로 달인 차를 마시기도 한다.
그러므로 가슴이 답답하고 울기가 찬 데 효능이 있다.

2. 국화 고본주
- 두통에 좋은 차술

■ 재료 및 분량

국화 150g, 고본 20g
소주(25도) 1.8L, 설탕 200g, 금황녹차 10g

■ 만드는 방법

1. 국화꽃은 10월에 꽃을 따서 그늘에 말려 밀봉해둔다.
2. 국화꽃은 찬물에 살짝 씻어 채반에 말려 물기를 없앤다.
3. 유리병(용기)에 국화꽃, 고본, 금황녹차, 설탕을 넣고 소주를 붓는다.
4. 밀봉한 후, 1개월간 서늘한 곳에서 보관한다.
5. 베보자기에 걸러 찌꺼기는 버리고 맑은 술을 다른 병에 담아 숙성시켜 마신다.

■ 복용법

하루에 한잔(20~30ml) 씩 반주로 마시면 좋으며, 국화를 선택할 때 식용 국화는 농약에 오염되어 있을 염려가 있으므로 들국화(산국, 소국 등)를 사용하는 것이 좋다.

■ 특징 및 효능

국화과(菊花科)에 속하는 다년생초이며, 한방에서 쓰이는 감국은 현기증, 두통, 눈물이 나오는 병, 연주창(連珠瘡) 등을 치료하며, 기침이 심한 사람에게 감국을 달여 먹여도 좋다. 국화꽃과 줄기에는 코린(choline)이라는 성분이 있어 콜레스테롤이 동맥에 침착되는 것을 예방하며, 혈압강하 작용, 해열작용, 소염작용이 있고, 눈의 충혈에도 좋은 효과가 있다.
고본은 미나리아재비과에 속하는 다년생 초본식물이며, 약성(藥性)은 온화하며 맛은 맵고 향기가 있고 성(性)은 따뜻하다. 감기로 인한 두통, 그 중에서도 정수리의 심한 통증, 편두통, 전신통 등을 완화시켜주는 효능이 있다. 그 밖에 비염(鼻炎), 부비강염(副鼻腔炎) 등에 의한 두통에도 효과가 있다. 차고 습한 곳에서 생활함으로써 생기는, 팔 · 다리가 저리면서 아픈 증상을 치료하기도 한다. 빈혈로 인한 두통에는 사용을 금한다.
국화를 고본과 함께 사용하면 더욱 빠른 치유를 기대할 수 있다.

3. 송이버섯 술(선인주)

- 당뇨병에 좋은 차술

■ 재료 및 분량

송이버섯 5~6개, 다시마 2조각, 수국잎차 5g
소주 (35도) 1.8L, 녹차 3g

■ 만드는 방법

1. 유리병에 송이버섯과 다시마, 수국잎차, 녹차를 넣고, 소주를 붓는다.
2. 밀봉한 후, 1개월 간 서늘한 곳에 보관한다.
3. 내용물을 베보자기에 걸러내고 맑은 술은 다른 병에 담아 숙성시킨다.

■ 복용법

하루에 한 잔(20~30ml) 정도 마신다.

■ 특징 및 효능

송이버섯은 적송(赤松)의 잔뿌리에서 자라는 버섯으로 우리나라와 일본에서만 향긋한 냄새와 이에 닿는 촉감이 좋아 즐겨 먹고 있다. 동의보감에서는 "송이는 맛이 매우 향미하고, 송기(松氣)가 있다. 산중 고송 밑에서 자라기 때문에 송기를 빌려서 생긴 것이라 할 수 있다. 그러므로 나무에서 나는 버섯 가운데서 으뜸가는 것이다." 라고 하여 송이의 우수성을 논하고 있다. 송이버섯에는 탄수화물이 8.5% 정도 들어 있는데 대부분이 식물섬유이다. 향기성분은 마쓰다케올과 계피산메틸의 혼합물이다. 이밖에 비타민B1, 비타민B2, 에르고스테롤 등이 많이 함유되어 있다.
다시마는 다시마과에 속하는 해조이며 동의보감에서는 "산기를 다스리고 종기를 가라앉히며 혹의 결기를 다스려서 단단한 것을 연하게 한다."고 하였다. 최근 혈압을 낮추는 라미닌이라는 아미노산이 들어 있음이 밝혀져 약용으로도 널리 쓰인다.
수국은 범의귀과에 속하는 낙엽관목이며, 수국잎차는 당분이 전혀 함유되지 않은 부드러운 천연 단맛을 내는 차이다. 당뇨병에 사용하면 혈당의 진행을 막고, 갈증이 나기 쉬운 환자의 갈증을 해소하는 효과도 있다.
당뇨병에 걸리면 정력이 약해지고 평생 그 병에서 벗어나지 못한다고 하지만 바른 식이요법을 실천하면 건강한 사람과 똑같은 생활을 할 수 있다. 송이버섯 술은 당뇨병의 보조 치료제로 쓸 수 있다.

4. 당귀 홍화주

- 손발 저림에 좋은 차술

■ 재료 및 분량

당귀 30g, 홍화 30g
소주 (25도) 1.8L, 설탕 50~100g, 떡차 1개

■ 만드는 방법

1. 당귀, 홍화는 찬물에 깨끗이 씻어 건져둔다.
2. 유리병에 당귀, 홍화, 떡차, 설탕을 넣고 소주를 붓는다.
2. 3개월 후에 찌꺼기를 걸러내고, 다른 병에 담아 숙성시킨다.

■ 복용법

하루에 한잔(20~30ml)씩 꾸준히 복용하면 효능이 있다.

■ 특징 및 효능

당귀(當歸)는 산형과에 속하는 참당귀의 뿌리를 건조시킨 약재이며, 약성은 온화하고 맛은 달고 쓴데, 방향성 정유, 서당, 비타민 E 등이 함유되어 있다. 월경을 조절하고 월경통을 제거해주는 효능이 있으며 보혈작용이 현저하여 빈혈에 유효하고 일반 타박상이나 혈전성동맥염의 치료에도 응용된다. 만성 화농증에 사용하면 순환을 개선시키고 체내의 저항력을 증강시키며, 변비에 복용하면 장관운동을 원활하게 해주어 배변을 용이하게 한다. 빈혈로 오는 두통과 관절염 등에 널리 사용한다.
홍화는 국화과에 속하는 1년생 또는 2년생 초본식물인데 이집트가 원산지이며 우리나라 각 지역에서 재배하고 있고 홍화 또는 잇꽃이라 한다. 이른 아침에 꽃을 따서 그대로 말리거나 눌러서 떡덩이처럼 만들어 약이나 염색약으로 썼다. 꽃 말린 것을 홍람화(紅藍花)라고 하여 부인병 · 통경 또는 혈액순환장애의 치료에 써왔으며, 특히 씨로는 동맥경화 예방과 치료제를 만들고 있다. 혈액이 뭉쳐 어혈이 생길 때, 그것을 파열, 신혈하는 작용을 한다. 성(性)은 따뜻하고 무독하며 맛은 맵다(辛).
붉은 색으로 완성된 술은 빛깔이 아름다워 여러 가지 칵테일을 만들면 좋다.

5. 오룡 진무주
- 현기증에 좋은 차술

■ 재료 및 분량

복령 10g, 작약 10g, 백출 10g, 생강 10g
소주 (25도) 1.8L, 설탕 100g 금황녹차 3g

■ 만드는 방법

1. 복령, 작약, 백출은 찬물에 씻어 건지고, 생강은 깨끗이 씻어 껍질 채 사용한다.
2. 유리병에 복령, 작약, 백출, 생강, 설탕을 넣고 소주를 붓는다.
3. 서늘한 곳에서 3개월 정도 두었다가 재료를 걸러내고 맑은 술만 다른 병에 옮겨 담아 숙성시킨다.

■ 복용법

잘 숙성된 술을 조금씩(하루에 20~30ml) 마신다.

■ 특징 및 효능

복령은 벌채한 지 3~8년이 지난 소나무의 뿌리 주위에 기생하는 부정형의 균체이며, 성질은 평(平)하고 무독하며, 맛은 감담(甘淡)하다. 신장염, 방광염, 요도염, 만성기관지염과 기관지확장증, 만성위장염, 신경의 홍분으로 인한 초조와 불안, 자주 놀라고 입이 마르며 식은땀을 흘리는 증상에 안정제로 쓰인다.
작약은 미나리아재비과에 속하는 다년생 초본식물이며, 약성은 차고 맛은 시고 쓰다. 위장염과 위장의 경련성동통에 진통효과를 나타내고, 민간에서는 빈혈에 사용한다.
백출(삽주)은 국화과에 속하는 다년생초이며, 약성은 온화하고 맛은 약간 쓰며 달다. 효능은 만성소화불량, 장염, 설사 등과 식욕증진에도 탁월하다. 특히 병후에 식욕이 없고 전신이 쇠약하며 땀을 많이 흘리는 사람에게 유효하다.
생강은 생강과에 속하는 다년생초이며, 한방에서는 건위 · 산한(散寒) · 진구(鎭嘔)) · 신진대사 기능의 항진 등에 효능이 있으며, 민간에서는 감기에 생강으로 달인 차를 마시기도 한다.

6. 녹차 자소엽주
- 변비에 좋은 차술

■ 재료 및 분량

자소엽 5g, 지각 5g, 목통 5g, 진피 5g
소주 (35도) 1.8L, 설탕 100~150g, 금황녹차 3g

■ 만드는 방법

1. 자소엽, 지각, 목통, 진피는 찬물에 깨끗이 씻어 건져둔다.
2. 유리병에 자소엽, 지각, 목통, 진피, 설탕을 넣고 소주를 붓는다.
3. 한 달 동안 두어 맛과 향이 우러나면 걸러서 맑은 술로 숙성시킨다.

■ 복용법

아침, 저녁 반주로 1잔(20~30ml) 정도 마시면 효능이 있다.

■ 특징 및 효능

자소엽은 꿀풀과에 속하는 1년생 초본식물인 차조기의 잎을 건조한 것으로 성(性)은 따뜻하고 무독하며 신미(辛味)가 있다. 신온(辛溫)하고 방향(芳香)이 있어 기(氣)를 잘 순환시키는 효과가 있다.
지각은 운향과에 속하는 탱자나무 열매를 7~8월에 채취하여 횡절(橫切) 한 후 음건(陰乾)한 것으로 행기관중(行氣貫中)시키는 작용이 있고 통변시키는 데 효과가 있다.
목통은 으름나무의 줄기를 건조한 것으로 9월에 경부(莖部)의 외피(外皮)를 제거하고 음건한 것으로 성(性)은 차고 무독하며 맛은 쓰다. 통리(通利)하여 청강(淸降)케 하므로 소변 배출을 잘 하게 해준다.
진피는 귤나무의 성숙한 과실인 귤의 껍질이며 습관적으로 오래된 것이 좋은 것으로 여겨 진피라고 부른다, 성질은 따뜻하며 독이 없고 맛은 맵고 쓰다. 이기건비(理氣健脾)·조습화담(燥濕化痰) 등의 효능이 있으며 소화불량에서 나타나는 복창완민(腹脹脘悶)·식욕부진·오심·구토 등 비위기체(脾胃氣滯)의 증상에 활용된다.
그러므로 자소엽, 지각, 목통, 진피 등이 통기(通氣)시켜주는 작용을 해서 변비를 잘 풀어 준다. 신경성으로 인한 변비에 효능이 있다.

7. 녹차 하수오주

- 고혈압에 좋은 차술

■ 재료 및 분량

멥쌀 1.5kg, 누룩 700g, 물 3L
백하수오 500g, 대추 3개, 녹차 생엽 20~30g

■ 만드는 방법

1. 백하수오는 씻어 건져서 가루로 빻아 준비해둔다.
2. 용수로 쓸 물은 끓여 식혀 분량의 누룩을 침국시켜 놓는다.
3. 멥쌀은 맑은 물이 나오도록 깨끗이 씻어 4~5시간 물에 담갔다 건져 한 시간 정도 물빼기를 한다(멥쌀의 양이 적으면 30분으로 충분하다).
4. 멥쌀을 가루로 빻아서 백하수오 가루와 섞어 찜통에 얹어 백설기를 40~50분 정도로 충분히 찐다.
5. 뜸들일 때 녹차 생엽을 얹어 찐다.
6. 끓여 식혀놓은 물에 (미리 침국시킨 누룩과 함께) 식힌 백설기가 잘 풀어지도록 버무리고, 대추를 함께 넣어 항아리에 담는다.
7. 23~25℃에서 발효시켜 완성되면 채주한다.

■ 복용법

1일 2회, 아침, 저녁으로 1잔(20~30ml) 정도 반주로 마시면 좋은 효능을 얻을 수 있다.

■ 특징 및 효능

하수오는 마디풀과에 속한 은초롱나무의 괴근(塊根)을 건조한 것으로 성(性)은 온(溫)하고 무독하며, 조삽(燥澁:파슬파슬함)하다. 익히면 맛은 감(甘)하며 몸을 보(補)한다.
하수오는 순환기계통의 질병 및 일체의 울혈, 원기회복에 좋으며, 장복할 경우 흰머리가 검게 되며, 심지어 백 삼십 살까지 장수한다고 동의보감에 기록되어 있는 약재이다.
대추도 하수오의 효과를 배가시키는 역할을 한다.

8. 창포 감로차주

- 건망증에 좋은 차술

■ 재료 및 분량

밑술 - 멥쌀 1.6kg, 누룩 1.2kg, 끓여 식힌 물 2.5~3L
덧술 - 찹쌀 3kg, 감로차 20~30g,
약재(원지 12g, 인삼 20g, 석창포 10g, 백복령 10g) 달인 물 4L

■ 만드는 방법

1. 밑술

① 멥쌀을 깨끗이 씻어 물에 4~5시간 담갔다 건져 고두밥을 찐다.
② 끓여 식힌 물에 분량의 누룩을 침국시켜 놓는다.
③ ①이 차게 식으면 ②와 잘 버무려 항아리에 담아 23℃ 정도에서 7일 정도 둔다.

2. 덧술

① 찹쌀을 깨끗이 씻어 물에 4~5시간 담갔다 건져 고두밥을 찐다.
② 미리 준비해둔 약재 달인 물과 식힌 고두밥, 밑술을 함께 버무리고, 이 때 감로차를 넣어 항아리에 담는다.
③ 23~25℃ 에서 2주일 정도 발효시킨다.
④ 맑은 술이 고이면 채주한다.

■ 복용법

[illegible]는 단오 무렵에 담가 마시는 절기주로, 아침, 저녁 반주로 20~30ml 마신다.

■ 특징 및 효능

건망증은 뇌의 기억력 감퇴증이다.
원지는 아기풀이라고 하는데, 동의보감에 생각이 잘 나게 해주고, 눈과 귀를 총명하게 해준다고 한다. 석창포는 오장을 보호해주고 구규(九竅)라고 해서 눈, 코, 입 등 아홉 곳의 소통을 원활하게 해준다. 백복령은 이뇨 작용과 심신을 편안하게 하고, 인삼은 오장육부를 보(補)하는 작용이 있다.
이러한 약재들을 복용하면 건망증은 물론 머리를 총명하게 해준다.

9. 송절주(松節酒)

- 관절염에 좋은 차술

■ 재료 및 분량

밑술 - 멥쌀 3kg, 누룩 2kg, 물 6~7L, 송절 500g, 당귀 250g
덧술 - 찹쌀 5kg, 멥쌀 1kg, 누룩 600g, 물 6~7L, 송절 500g, 당귀 250g

■ 만드는 방법

1. 봄철 새로 자란 소나무 가지를 마디 채 깨끗이 씻어 준비하고, 당귀도 씻어 (밑술, 덧술 용을 한꺼번에 준비할 수 있다) 전체 필요한 물의 양을 부어 1시간 정도 푹 끓여 놓는다.
2. 밑술

① 멥쌀을 씻어 물에 4~5시간 담갔다 건져 가루로 빻아 백설기를 40~50분 정도 충분히 찐다.
② 밑술 분량의 약재 달인 물에 누룩을 침국시킨 후, 차게 식힌 백설기를 섞어 잘 버무려 항아리에 담는다.

3. 덧술

① 일주일이 지난 후, 찹쌀과 멥쌀을 섞어 씻어 물에 4~5시간 담갔다 건져 고두밥을 찐다. 이 때 솔잎을 한줌 얹어 찐다.
② 식힌 고두밥과 분량의 누룩과 미리 준비한 약재 달인 물과 밑술을 모두 잘 섞어 항아리에 담는다.
③ 23~25℃ 에서 2~3주일 발효시킨다,
④ 맑은 술이 고이면 채주한다.

■ 복용법

임원십육지, 규합총서 등에 기록되어 있으며, 아침, 저녁 반주로 소량(20~30ml)씩 마시면 신경통, 관절염 등에 효능이 있다고 한다.

■ 특징 및 효능

송절은 소나무 마디이며 뼈에 해당되며, 풍습(風濕)으로 인한 근골(筋骨)의 모든 질환에 사용한다. 본초강목에는 "술로 만들어 마시면 다리가 약한 것과 골절에 풍기(風氣)가 있는 것을 다스린다"고 했다.
당귀를 첨가한 이 술은 담이나 풍, 관절염, 혈액 순환에 좋은 약술이다.

10. 오룡 산사주방(山查酒房)

- 비만증에 좋은 차술

■ 재료 및 분량

찹쌀 2kg, 누룩 700g, 물 3.5L, 산사육 20g, 진피 6g, 감초 9g, 금황녹차 5~10g

■ 만드는 방법

1. 찹쌀을 씻어 물에 4~5시간 담갔다 건져 고두밥을 찐다.
2. 누룩은 미리 분량의 물에 침국시켜 놓는다.
3. 식힌 고두밥과 재료들을 섞어 2)의 물에 잘 버무려 항아리에 담는다. 이 때 금황녹차를 넣는다.
4. 23~25℃ 에서 2주 정도 발효시켜 완성되면 채주한다.

■ 복용법

임원십육지에 기록되어 있으며, 반주로 조금(20~30ml)씩 마시면 소화를 돕고, 감미로워 취하지 않는다고 한다.

■ 특징 및 효능

산사는 장미과에 속하는 아가위나무의 열매를 건조한 것으로 심황색 혹은 적갈색을 띄고 있다. 성(性)은 따뜻하고 무독하며 맛은 산감(酸甘)하다. 산사는 비위(脾胃)의 기능을 돕고 소화를 촉진하는 효능이 있으며, 특히 고기를 잘 소화시키는 요약(要藥)이다.

감초는 콩과에 속하는 다년생 초본식물이며 뿌리를 건조시켜서 한약재로 사용하는데, 감미가 있는 글리시리진은 디프테리아 독소, 파상풍 독소, 염산 코데인, 초산 스트리키닌, 뱀독, 복어독 등을 해독하는 작용이 있으며, 항염증 작용이 있어 부종을 억제하는 효과도 있으며, 혈액 중의 콜레스테롤치를 내려주어 혈압강하의 효과가 있으며, 담즙의 분비를 촉진시키고 진해작용, 진통작용이 있음이 확인되었다.

진피는 귤의 껍질을 말린 것이며, 성질은 따뜻하며 독이 없고 맛은 맵고 쓰다. 주로 비경, 폐경(肺經)에 작용할 뿐만 아니라 간경, 위경(胃經)에도 작용한다.

이 처방은 많이 먹어 살이 찌는 사람에게 유효한 처방인데, 기 순환을 활발하게하여 담을 제거시켜서 효과를 보게 한다.

11. 우전 강하주(薑荷酒)

- 배에 가스 찰 때 좋은 차술

■ 재료 및 분량

찹쌀 1.6kg, 누룩 600g, 엿기름 100g, 물 2.5~3L
곶감 3개, 감초 3g, 계피 5g, 생강 100~150g
우전차 10g, 소주(25도) 1~1.5L

■ 만드는 방법

1. 찹쌀을 깨끗이 씻어 물에 4~5시간 담갔다 건져 고두밥을 찐다.
2. 식으면 누룩과 분량의 물을 버무리면서 부 재료들을 넣는다.
3. 항아리에 담아 23~25℃에서 10여일 발효시키고, 발효 중간에 우전차를 우린(30분 정도) 소주를 부어준다.
4. 발효가 완성되면 채주한다.

■ 복용법

저녁식사와 함께 반주로 한잔(20~30ml) 정도 마시면 효능을 볼 수 있다.

■ 특징 및 효능

엿기름은 보리에 물을 부어 싹을 내어 말린 식품으로 엿과 식혜를 만드는데 쓰인다.
곶감은 껍질을 벗겨 말린 감이며, 주성분은 수분 32%, 단백질 6.3%, 지방 0.44%, 탄수화물 44.8%, 섬유질 15%, 회분 1.99%로 되어 있다.
계피는 녹나무과에 속하는 상록교목인 생달나무(天竹桂)의 나무껍질로 만든 약재이며, 맛은 맵고 단맛이 나며 약성은 열성이다. 효능은 비위장의 기능을 활성화시키므로 복통 설사 등에 널리 이용된다. 그리고 풍습성(風濕性)으로 인한 사지마비와 동통을 그치게 하고, 허리나 무릎이 차고 시리면서 아픈 신경통과 관절 질환에도 널리 응용된다.
엿기름, 곶감, 생강 등이 모두 중초(中焦)를 따뜻하게 하며, 소화를 도와서 배에 가스 찰 때 좋은 차술이다.

12. 인삼 우전차주
-자주 체할 때 좋은 차술

■ 재료 및 분량

밑술 - 멥쌀 2kg, 누룩 700g, 수삼 100g, 물 3.5~4L
덧술 - 찹쌀 3kg, 누룩 300g, 수삼 100g, 물 4~4.5L
후박 8g, 진피 8g, 백출 8g, 생강 10g, 우전차 10g

■ 만드는 방법

1. 밑술
① 멥쌀을 씻어 물에 4~5시간 담갔다 건져 고두밥을 찐다.
② 식힌 고두밥과 미리 물에 침국해 놓은 누룩과 수삼 잘게 썬 것을 함께 버무려 항아리에 담는다.
2. 덧술
① 후박, 진피, 백출, 생강을 미리 물 4~4.5L에 넣고 끓인(1시간 정도) 후, 우전차를 넣어 식혀 놓는다.
② 찹쌀을 씻어 물에 4~5시간 담갔다 건져 고두밥을 찐다.
③ ②와 수삼 파쇄한 것과 미리 준비한 약재달인 물과 분량의 누룩을 버무리고, 미리 담근 밑술을 모두 섞어 항아리에 담아 발효시킨다.
④ 발효가 완성되면 채주한다.

■ 복용법

하루에 조금씩(20~30ml) 반주로 들게 되면 입맛을 돋우고 소화를 돕는다.

■ 특징 및 효능

인삼은 대보원기(大輔元氣)하며 생진지갈(生津止渴)의 효능이 있고, 안신익지(安神益智)의 효과가 있다.
후박은 후박나무의 껍질이며, 위한(胃寒), 곽란(亂), 구토, 설사 등의 치료 에 약으로 쓴다.
인삼과 백출은 위장의 냉기를 몰아내면서 위장의 기를 북돋아 주게 되고, 후박과 진피는 위장 내의 순환을 촉진시켜서 소화기능을 활성화시킨다. 위장이 차면서 소화기능이 떨어지는 사람에게 매우 좋은 차술이다.

13. 녹차 이화주(梨花酒)

■ 재료 및 분량

멥쌀 2kg, 쌀누룩 800g, 끓인 물 1.5L
엿기름가루 100g, 가루녹차 10~20g

■ 만드는 방법

1. 쌀누룩 만드는 법(겨울에 만든다)

① 멥쌀 1.6kg을 맑은 물이 나오도록 깨끗이 씻어 물에 4~5시간 담갔다 건져 물기가 빠지면 고운 가루로 빻는다.

② 송편 반죽보다 좀 되게 반죽을 하여 오리알 크기로 꼭꼭 뭉쳐 단단한 덩어리를 여러 개 만든다.

③ 볏짚이나 솔잎을 펴고 쌀누룩을 놓고 노란 곰팡이가 골고루 피어나게 따뜻한 아랫목(30℃ 전후)에서 14일 정도 띄운다. 이 때 하루에 한두 번 뒤집기를 해준다.

④ 다 띄워졌으면 햇볕에 바싹 말려 보관한다.

2. 이화주 담그기 전에 쌀누룩을 곱게 법제하여 가루로 빻아 놓는다.
3. 멥쌀을 씻어 물에 4~5시간 담갔다 건져 가루로 빻아 백설기를 찐다.
4. 3)의 백설기 찐 물을 조금씩 섞어 백설기를 풀어주고, 식으면 엿기름가루와 누룩가루를 버무린다.
5. 15~20℃ 에서 3~4주 발효시킨다.
6. 술이 완성되면 고운 녹차가루를 넣고 잘 섞어준다.
7. 술이 다 익으면 맛이 매우 달고 향기로우며 숟가락으로 떠먹기도 하고 냉수에 타서 마시기도 한다.

■ 특징 및 효능

배꽃이 필 때 담는 술이라 하여 이화주(梨花酒)라 하며 농도가 가장 진한 막걸리라 할 수 있다. 또 알콜 도수가 낮아 간식으로 먹을 수 있다. 쌀누룩으로 담는 특징이 있다.

녹차를 넣어서 담그면 술이 빨리 쉬지 않고 오래 보관이 되며 술맛이 담백하고 취하게 하지 않는다.

14. 녹차 동동주(일명 浮蟻酒)

■ 재료 및 분량

찹쌀 2.5lg, 누룩 1kg, 끓여 식힌 물 4~4.5L
녹차 생엽 30g

■ 만드는 방법

1. 술 담그기 전날, 물을 끓여 식힌 후 누룩가루를 미리 침국시켜 놓는다. 이것은 누룩 속에 있는 효소와 효모포자를 잘 용출시키기 위해서이다.
2. 찹쌀은 맑은 물이 나오도록 깨끗이 씻어 물에 4~5시간 담근다.
3. 담근 찹쌀을 건져 30분 정도 물빼기를 한 후, 찜통에 얹어 고두밥을 찌는데, 뜸 들일 때 녹차 생엽을 가지 채 따서 얹는다.
4. 김이 오르고 40~50분 정도 찐 다음. 고두밥을 차게 식힌다.
5. 침국시킨 1)의 누룩을 베주머니에 담아 누룩즙만 짜내고, 찌꺼기는 버린다.
6. 누룩즙에 식힌 고두밥을 버무려 항아리에 담는다.
7. 23~25℃에서 2주일 정도 발효시킨다.
8. 술이 다 되어 하얀 밥알이 뜨면, 용수를 항아리에 살며시 밀어 넣고 시원한 곳(15~20℃)에서 10여일 숙성시킨다.
9. 하얀 밥알이 떠올랐을 때 그대로 떠내면 동동주의 맛을 볼 수 있다.

■ 특징 및 효능

술이 다 되면 하얀 밥알이 위에 떠오르는데 그것이 마치 개미 유충 같다고 하여 일명 부의주(浮蟻酒)라고 한다.
손쉽게 담을 수 있는 술로서 많이 애용해 온 술이다. 여기에 녹차를 첨가해서 술을 담으면 술이 쉬 변하는 것을 막을 수 있고, 술을 해독시켜 깨게 하는 효과도 있어서 과음을 하고도 해를 입지 않는다.

15. 홍차 두견주(진달래꽃 술)

■ 재료 및 분량

밑술 - 멥쌀 1.6kg, 누룩 800g, 끓는 물 2L
밀가루 200g
덧술 - 멥쌀 1.5kg, 찹쌀 1.5kg
끓여 식힌 물 4L (홍차 5g 정도 우려낸다)
진달래꽃 100g (마른 것 20g)

■ 만드는 방법

1. 덧술 담글 용수는 끓여서 홍차를 10분 정도 우려내고 차게 식혀서 미리 준비해 둔다.
2. 밑술

① 멥쌀을 깨끗이 씻어 물에 4~5시간 담갔다 건져 30분 정도 물기를 빼고 가루로 빻는다.
② 빻은 가루를 펄펄 끓는 물로 익반죽한다.
③ 고두밥이 차게 식으면 누룩가루와 밀가루를 고루 섞어 항아리에 담는다.
④ 25℃ 에서 3~4일 발효시킨다.

3. 덧술

① 멥쌀과 찹쌀을 씻어 물에 4~5시간 담갔다 건져 고두밥을 찐다.
② 고두밥이 차게 식으면 미리 준비한 홍차 우린 물과 밑술을 섞어 항아리에 담는데, 진달래꽃을 켜켜로 넣는다.
③ 20여일이 지나면 맑은 술이 솟아나와 밥알과 꽃이 위에 잔뜩 뜬다.

■ 특징 및 효능

진달래꽃이 활짝 피면 꽃을 딴다. 꽃술은 떼어 버리고 꽃만 채취하여, 건조한 곳에서 바람에 말린다. 진달래술은 규합총서에 기록되어 있으며, 절기주로 삼월 삼짇날 진달래화전과 함께 낸다.

진달래는 민간약으로 기관지염과 천식에 효과가 있다고 알려져 있다. 그래서 봄이면 화전놀이를 하며 진달래꽃으로 전도 붙이고 술도 담가 먹는다. 우리민족과 함께한 꽃이다. 여기에 홍차를 함께 넣어 술을 담그면 빛깔이 매우 아름답다.

16. 둥굴레 작설차술

(五精酒)

■ 재료 및 분량

밑술 - 멥쌀 2kg, 누룩 1kg, 약재 달인 물 4L, 밀가루 200g
덧술 - 멥쌀 4kg, 누룩 200g, 약재 달인 물 4.5L
약재 - 둥굴레(황정) 100~200g, 천문동 30g, 백출 30g, 구기자 20g작설차 10g, 솔잎 약간(3g 정도)

■ 만드는 방법

1. 밑술과 덧술에 쓸 용수를 준비하는데, 모든 약재를 물 9~10L에 넣고 끓여(30분~1시간) 찌꺼기는 버리고, 맑은 물만 차게 식혀 준비한다.
2. 밑술
① 멥쌀은 씻어 물에 4~5시간 담갔다 건져 가루로 빻아 백설기를 찐다.
② 준비된 약재 달인 물에 분량의 누룩을 미리 침국시키고 여기에 백설기를 풀어준다. 이 때 밀가루를 같이 섞어 항아리에 담는다.
③ 23~25℃에서 3~4일 둔다.
3. 덧술
① 멥쌀은 씻어 물에 4~5시간 담갔다 건져 고두밥을 찐다. 이 때 솔잎을 얹어 찐다.
② 준비된 약재 달인 물과 식힌 고두밥을 버무리고 누룩, 밑술도 함께 섞어 항아리에 담는다. 이 때 작설차를 넣는다.
③ 23~25℃에서 2주일 정도 발효시켜 발효가 완성되면 채주한다.

■ 복용법

이 술은 수운잡방에 기록되어 있으며, 하루에 반주로 조금씩(20~30ml) 마신다.

■ 특징 및 효능

약명으로 황정(黃精)이라고 하는 것은 속칭 둥글레를 말한다 이것은 백합과에 속하는 다년생 초본(草本)으로 성(性)질은 평이하고 독이 없으며 맛은 달며 근골을 강하게 하고 심폐를 윤택하게 한다. 구기자는 신장을 보하고 천문동은 폐와 신장의 음허로 인한 열을 치료한다.

17. 우전 과하주

(過夏酒)

■ 재료 및 분량

찹쌀 2kg, 누룩 700g, 끓여 식힌 물 2.5~3L
소주(25도) 1.5~2L 우전차 10~20g

■ 만드는 방법

1. 7일 전에 분량의 소주에 우전차를 침출시켜 놓는다.
2. 찹쌀을 씻어 물에 4~5시간 담근다.
3. 담근 찹쌀을 건져 30분 정도 물기를 빼주고 찜솥에 얹어 40~50분 정도 충분히 익게 고두밥을 찐다.
4. 분량의 물에 누룩을 침국시키고, 식힌 고두밥을 고루 버무린다.
5. 항아리에 담아 23~25℃에서 발효시킨다.
6. 4~5일이 지나 단맛이 들고 쓴맛이 나면, 미리 준비된 우전차 우린 소주를 붓는다.
7. 발효가 완성되어 맑은 술이 고이면 채주한다.

■ 특징 및 효능

규합총서, 부인필지, 음식디미방, 증보산림경제 등 여러 문헌에 기록되어 있는 혼양주로 여름철을 지나도 변하지 않는다고 하여 과하주(過夏酒)라는 이름이 붙여졌다. 이 술은 여름 제주(祭酒)로 쓰면 좋다.
발효주는 알콜 도수가 20도 이하로 상온에서 오래 보관할 수 없다. 옛법에 술 담근 후 며칠 만에 맛을 보아 단맛이 들고 쓴맛이 나면 소주를 붓는다는 설명이 되어 있다. 이것은 술의 발효가 중간 정도를 지나고 있음을 표현한 것이다. 이 때 알콜 도수가 높은 소주를 부어 풍미를 높이고 양을 늘리며 오래 보관해도 변질이 되지 않는 격조 있는 술을 얻게 된다. 이것이 혼양주의 기법이다.

김천과하주라는 동명(同名)의 술이 있는데, 금릉(김천의 옛 이름)지방에 신기한 과하천이라는 우물이 있어 이 물로 빚은 술을 과하주라고 했다고 한다. 이 술의 명성이 자자해 돈을 크게 벌었으니 금이 솟아나오는 샘이 라는 뜻으로 김천(金泉)이라는 지명이 생기기도 하였다고 한다.

18. 금황녹차 소주

■ 재료 및 분량

멥쌀 4kg(혹은 찹쌀 3kg +좁쌀 1kg) 누룩 1kg, 물 5.5L
금황녹차 20g, 지초 10g

■ 만드는 방법

1. 찹쌀을 깨끗이 씻어 물에 4~5시간 담근다.
2. 담근 찹쌀을 건져 30분 정도 물기를 빼주고 찜솥에 얹어 40~50분 정도 충분히 익게 고두밥을 찐다.
3. 누룩을 미리 분량의 물에 불려 놓는다.
4. 고두밥이 차게 식으면 2)와 3)을 버무려 항아리에 담는다.
5. 23~25℃ 에서 1주일~ 10일 정도 발효시킨다.
6. 완성되면 채주하여 소줏고리로 증류한다.
7. 증류할 때 방울방울 떨어지는 증류주가 금황녹차와 지초를 담은 주머니를 통과하게 되면 붉은 색의 소주를 얻을 수 있다.

■ 특징 및 효능

지초는 지치과에 속한 다년생 초본인 지치의 뿌리를 건조한 것으로 성(性)은 차고(寒) 무독하고, 맛(味)은 달고(甘), 양혈(凉血)과 해독작용이 있다고 한다. 또한 아름다운 적색(赤色)의 색소를 가지고 있어서 소주를 내릴 때 지초를 잠시 담그면 그 색상을 취할 수 있어 진도 지방의 홍주 또한 이것을 이용한 것이다.
발효차인 금황녹차도 아름다운 색상을 우러나게 한다.
증류주는 오래 숙성시킬수록 고급술이 되며, 알콜 도수가 높아 장기 보관 이 가능하다.

19. 홍국주(홍국 오룡차술)

■ 재료 및 분량

밑술 - 멥쌀 2kg, 누룩 700g, 물 3L
덧술 - 찹쌀 3kg, 홍국쌀 150~300g, 오룡차 20g, 물 3.5~4L

■ 만드는 방법

1. 밑술
① 멥쌀을 씻어 물에 4~5시간 담근다.
② 담근 멥쌀을 건져 30분 정도 물기를 빼주고 찜솥에 얹어 40~50분 정도 충분히 익게 고두밥을 찐다.
③ 고두밥이 차게 식으면 누룩가루와 분량의 물에 버무려 항아리에 담는다.
2. 덧술
① 찹쌀을 씻어 물에 4~5시간 담근다.
② 담근 찹쌀을 건져 30분 정도 물기를 빼주고 찜솥에 얹어 40~50분 정도 충분히 익게 고두밥을 찐다.
② 고두밥이 차게 식으면 밑술과 분량의 물을 섞고 홍국쌀과 금황녹차를 섞어 항아리에 담는다.
③ 23℃에서 20여일 발효시킨다.
④ 발효가 완성되어 맑은 술이 고이면 채주한다.

■ 특징 및 효능

붉은 누룩이라는 홍국(紅麴)은 2200년 전 중국 한나라 황제 유방이 처음 황실음식으로 채택하여 혈행개선 한약 재료로 사용하다가 조선 중기 중국 사신에 의해 우리나라에 전래되어 한방에서 산후어혈제거제로 사용하였다고 한다.

조선시대 허준의 동의보감 탕액편 곡부에 홍국은 피를 잘 돌게 하고 음식을 소화하여 이질을 멎게 한다고 기술되어 있다.

홍국(紅麴)은 소화 흡수를 돕고 혈액순환을 좋게 하며, 콜레스테롤 수치를 저하시키고 혈압 강하와 성인병 예방에도 효과가 있다. 술의 빛깔도 아름다워 식욕촉진제로 쓸 수 있다.

20. 흑미 금황녹차술

■ 재료 및 분량

멥쌀 1.5kg, 흑미 찹쌀 500g, 누룩 800g, 물 3~3.5L
금황녹차 20g

■ 만드는 방법

1. 흑미 찹쌀을 깨끗이 씻어 용수로 사용하려는 분량의 물에 담금한 후 (4~5시간) 건져 분쇄기에 빻아 놓는다(이 때 담금수는 버리지 않고 용수로 쓴다).
2. 멥쌀은 씻어 물에 4~5시간 담근다.
3. 담근 멥쌀을 건져 30분 정도 물기를 빼주고 1)의 흑미찹쌀가루와 멥쌀을 같이 찜솥에 얹어 40~50분 정도 충분히 고두밥을 찐다.
4. 고두밥이 차게 식으면 누룩과 금황녹차, 1)의 흑미 우려낸 물을 함께 버무려 항아리에 담고 23~25℃에서 발효시킨다.
5. 발효가 완성되어 맑은 술이 고이면 채주한다.

■ 복용법

저녁 만찬 시(時) 와인대용으로 마실 수 있다. 또 저녁식사와 함께 반주로 1잔(20~30ml)씩 마시면 건강에 도움이 된다.

■ 특징 및 효능

흑쌀면(흑미)은 중국 이시진의 의서 내용 중 개위익중(介胃益中)과 자음 보신(姿蔭補腎)한다고 기재되어 있고, 현대 의학에서는 머리 어지러움증, 빈혈, 백발 예방치료와 눈병, 고혈압, 당뇨증, 변비증, 심혈관의 질병에 뚜렷한 효과가 있으며, 흑미를 상식하면 인체의 면역기능을 강화시키므로 노화방지와 질병 예방 및 여성의 미용에 효과가 있다고 알려져 있다. 또 한 흑미에는 암을 예방할 수 있는 셀레늄(Se)이 함유되어 있어 계속 장복하면 암 예방에 도움이 된다고 한다.
흑미에서 우러난 붉은 색소인 안토시안은 항산화물질로 노화를 방지하고 항암효과도 있다고 알려져 있다. 쌀와인이라고 할 수 있는 아름다운 색상과 향을 지닌 술로 식전주로 사용하면 식욕을 촉진해 준다.

약이 되는 차(藥茶)

우제민

1. 하고초차(夏枯草茶) - 고혈압에 좋은 약차(藥茶)
2. 향부자차(香附子茶) - 저혈압에 좋은 약차(藥茶)
3. 심안차(心安茶) - 스트레스해소에 좋은 약차(藥茶)
4. 상엽차(桑葉茶) - 얼굴이 자주 부을 때에 좋은 약차(藥茶)
5. 창이자차(蒼耳子茶) - 코막힘에 좋은 약차(藥茶)
6. 목통차(木通茶) - 소변 불통에 좋은 약차(藥茶)
7. 심평차(心平茶) - 가슴이 답답할 때에 좋은 약차(藥茶)
8. 원지차(遠志茶) - 건망증에 좋은 약차(藥茶)
9. 관동화차(款冬花茶) - 기관지 천식에 좋은 약차(藥茶)
10. 작약차(芍藥茶) - 냉증(冷症)에 좋은 약차(藥茶)
11. 강활차(羌活茶) - 목이 뻣뻣할 때에 좋은 약차(藥茶)
12. 대황차(大黃茶) - 변비에 좋은 약차(藥茶)
13. 자소엽차(紫蘇葉茶) - 비만증에 좋은 약차(藥茶)
14. 당귀차(當歸茶) - 빈혈에 좋은 약차(藥茶)
15. 백출차(白朮茶) - 손발이 저릴때에 좋은 약차(藥茶)
16. 요화차(腰和茶) - 요통에 좋은 약차(藥茶)
17. 후박차(厚朴茶) - 자주 체할 때에 좋은 약차(藥茶)
18. 호간차(好肝茶) - 지방간에 좋은 약차(藥茶)
19. 천궁차(川芎茶) - 편두통에 좋은 약차(藥茶)
20. 기건차(氣建茶) - 현기증에 좋은 약차(藥茶)

1. 하고초차(夏枯草茶)

- 고혈압에 좋은 약차(藥茶)

■ 재료 및 분량

하고초 8g, 두충잎 10g, 우슬 4g, 용담 6g, 녹차 2g, 물 700 ~ 800ml.

■ 만드는 방법

1. 탕관에 깨끗이 손질한 재료와 물을 준비한다.
2. 탕관에 준비된 물을 붓고 우슬과 용담을 먼저 넣고 중간 불로 끓인다.
3. 물이 끓기 시작하여 물의 양이 2/3 로 줄어들면 하고초와 두충잎을 넣고 중간 불에 계속 끓인다.
4. 탕관에 다려진 물의 분량이 총 물의 양에서 1/2 로 줄어들면 불을 끈다.
5. 끓인 물의 온도를 80도 이하로 식혀서 잘 다려진 약차(藥茶)에 녹차(綠茶)를 넣고 약 1 분여 동안 차(茶)가 우러나길 기다린다.
6. 차가 다 우러나면 재료를 거름망에 거른 뒤 우린 약차(藥茶)를 마신다.

■ 복용법

1. 한잔에 소인이나 여성은 약 120ml 남자성인은 약 150ml, 정도 분량으로 하루 2 ~ 3회 정도 차(茶)처럼 평상시에 마신다.
2. 약 2개월간 마시면 효과가 있다.

■ 특징 및 효능

하고초는 성질은 차고 맛은 쓰고 매운 편에 속하며, 주로 간경(肝經), 담경에 열이 울체되어 생기는 병에 주약으로 사용 된다. 약리적인 작용으로는 혈전 용해 작용과 심장과 관상 동맥 혈류량 증가작용을 한다.
두충(杜仲)은 항염증, 진정, 진통, 혈압강하작용 등에 효능이 있으며 혈압을 내려 줄 뿐만 아니라 피가 맑아지고 성인병에 특히 좋다고 하며 혈액중의 콜레스테롤을 낮춰주는 역할을 하므로 고혈압 질환에 있어서 예방이 되고 치료에도 좋은 효과를 보이며 이 때 용담은 두충의 효능을 더욱 보강시켜 줄 수 있는 작용이 있다.
우슬은 피를 삭히는데 좋은 약으로 마디의 모습이 마치 소의 무릎을 닮아 '우슬(牛膝)'이라 불리우며 맛은 약간 쓰고 시며 약리작용으로 콜레스테롤 강하작용, 이뇨작용, 혈당강하작용, 간기능 개선작용 등이 있으며 여기에 녹차를 가미하여 재료의 효능을 원활하게 도와주고 차(茶)의 맛을 좋게 하였다.

2. 향부자차(香附子茶)

- 저혈압에 좋은 약차(藥茶)

■ 재료 및 분량

향부자 4g, 당귀 4g, 백작약 4g, 녹차 2g, 물 700 ~ 800ml.

■ 만드는 방법

1. 탕관에 깨끗이 손질한 재료와 물을 준비한다.
2. 탕관에 준비된 물을 붓고 당귀와 백작약을 먼저 넣고 중간 불로 끓인다.
3. 물이 끓기 시작하여 물의 양이 2/3 이하로 줄어들면 향부자를 넣고 약한 불에 계속 끓인다.
4. 탕관에 다려진 물의 분량이 총 물의 양에서 1/2 로 줄어들면 불을 끈다.
5. 끓인 물의 온도를 80도 이하로 식혀서 잘 다려진 약차(藥茶)에 녹차(綠茶)를 넣고 약 1 분여 동안 차(茶)가 우러나길 기다린다.
6. 차가 다 우러나면 재료를 거름망에 거른 뒤 우린 약차(藥茶)를 마신다.

■ 복용법

1. 한잔에 소인이나 여성은 약 120ml 남자성인은 약 150ml 정도 분량으로 하루 3 ~ 4회 정도 차(茶)처럼 평상시에 마신다.
2. 약 2개월 이상 마시면 효과가 있다.

■ 특징 및 효능

향부자의 약리작용은 진통과 자궁근육을 이완시키는 작용을 하고 남녀를 불문하고 만성위염, 십이지궤양, 상부복통, 식욕부진, 구역증 등의 증상에도 효과가 있다. 또한 우울증을 해소 시키므로 일체의 정신신경성 질환에 쓰이기도 한다.

당귀는 돌아오기를 바란다는 뜻으로 '당귀(當歸)'라고 하여 기혈이 다시 제자리로 돌아온다 하여 붙여진 이름이며 부인의 냉증, 혈색 불량, 산전, 산후의 회복, 월경 불순, 자궁 발육 부진에 좋으며, 오랫동안 복용하면 손발이 찬 증상을 개선시킬 수 있다.

당귀와 백작약 향부자를 진하게 차(茶)처럼 달여 마시면 피가 부족해서 오는 저혈압에 많은 도움을 얻을 수가 있는데, 당귀는 피를 보호하는 약리적인 효능이 있고 백작약은 피를 양혈시키는 효능이 있어서 꾸준히 음용하면 효과를 볼 수 있다.

3. 심안차(心安茶)

- 스트레스해소에 좋은 약차(藥茶)

■ 재료 및 분량

용안육 5g, 맥문동 5g, 감초 5g, 대추 3개, 녹차 3g, 물 800 ~ 1000ml.

■ 만드는 방법

1. 탕관에 깨끗이 손질한 재료와 물을 준비한다.
2. 탕관에 물을 붓고 맥문동, 감초, 대추를 먼저 넣고 중간 불로 끓인다.
3. 물이 끓기 시작하여 물의 양이 2/3 로 줄어들면 용안육를 넣고 중간 불에 계속 끓인다.
4. 탕관에 다려진 물의 분량이 총 물의 양에서 1/2 로 줄어들면 불을 끈다.
5. 끓인 물의 온도를 80도 이하로 식혀서 잘 다려진 약차(藥茶)에 녹차(綠茶)를 넣고 약 1 분여 동안 차(茶)가 우러나길 기다린다.
6. 차(茶)가 우러나면 재료를 거름망에 거른 뒤 우린 차(茶)를 마신다.

■ 복용법

1. 한잔에 소인이나 여성은 약 130ml 남자성인은 약 180ml 정도 분량으로 하루 3 ~ 5회 수시로 차(茶)처럼 평상시에 마신다.
2. 이 차(茶)는 되도록 따뜻하게 데워서 음용하는 것이 효과가 좋다.

■ 특징 및 효능

용안육은 말 그대로 용의 눈이란 뜻으로 질감이 연하면서 점착성어 있고 맛이 달고 독특한 향이 있어 마음을 편안히 해 주는 진정효과가 있다.
맥문동은 인체 진액이 부족할 때 쓰이는 자양강장제로 진해, 거담, 해열에 사용 하며 청폐 보신시켜서 갈증을 없애주며 정신을 맑게 해준다.
감초는 모든 약의 독성을 조화시켜서 약효가 잘 나타나게 하며 맛은 달고 성질은 평하며 독성 물질의 해독에 좋고, 허약한 비위기능을 도우며 기침을 멎게 한다든지 정신을 안정시키는 효능이 있다.
감초와 대추는 오장육부를 보하고 긴장을 풀어주고 이완시켜서 정신적인 피로뿐만 아니라 육체적인 피로도 함께 풀어주는 좋은 차라고 생각된다.
용안육을 구입할 때는 검은색 보다는 백색에 가까운 것으로 구입하는 것이 효과가 더욱 좋다.

4. 상엽차(桑葉茶)

- 얼굴이 자주 부을 때에 좋은 약차(藥茶)

■ 재료 및 분량

상엽 10g, 옥수수수염 5g, 복분자 10g, 녹차 3g, 물 1000ml.

■ 만드는 방법

1. 탕관에 깨끗이 손질한 재료와 물을 준비한다.
2. 탕관에 준비된 물을 붓고 상엽과 복분자를 먼저 넣고 중간 불로 끓인다.
3. 물이 끓기 시작하여 물의 양이 2/3 로 줄어들면 옥수수수염을 넣고 계속 끓인다.
4. 탕관에 다려진 물의 분량이 총 물의 양에서 1/2로 줄어들면 불을 끈다.
5. 끓인 물의 온도를 80도 이하로 식혀서 잘 다려진 약차(藥茶)에 녹차(綠茶)를 넣고 약 1분여 동안 차(茶)가 우러나길 기다린다.
6. 차(茶)가 다 우러나면 재료를 거름망에 거른 뒤 우린 차(茶)를 마신다.

■ 복용법

1. 한잔에 소인이나 여성은 약 120ml 남자성인은 약 150ml 정도 분량으로 하루 2회 아침, 저녁으로 차(茶)처럼 마신다.
2. 약 2개월간 음용하면 효과가 있다.

■ 특징 및 효능

상엽은 뽕잎의 잎을 약용한 것으로 각기병과 몸이 붓는 증세와 소갈증에 탁월한 효능이 있으며 맛은 달고 쓰며, 성질은 차다. 두통, 발열, 기침 등의 치료에 효능이 있고 대장과 방광에 작용을 해서 대소변을 원활하게 배출 시켜 주며 인체의 신진대사 기능을 활발하게 보강 시켜 준다.

복분자는 요강이 소변 줄기에 뒤집어 진다고 하여 붙여진 이름이다. 그래서 '뒤집어 진다'는 뜻의 '복(覆)'과 '항아리'인 '분(盆)'을 합해 '복분자(覆盆子)'라는 이름이 생겼다고 한다.

옥수수수염은 콩팥의 사구체에 작용을 해서 소변을 여과 시키는 기능을 증강시키는 좋은 약재이다. 이러한 약재들은 단순히 소변만 여과시키는 것이 아니라 콩팥의 기능을 보강시키면서 소변을 잘 배출되게 도와주는 역할을 한다.

5. 창이자차(蒼耳子茶)

- 코막힘에 좋은 약차(藥茶)

■ 재료 및 분량

창이자 10g, 백지 16g, 신이 10g, 박하 6g, 녹차 2g, 물 800 ~ 1000ml

■ 만드는 방법

1. 창이자의 표면을 살짝 태워서 털 가시를 없애고 다른 재료들을 깨끗이 손질한다.
2. 탕관에 준비된 물을 붓고 백지, 창이자를 먼저 넣고 중간 불로 끓인다.
3. 물이 끓기 시작하여 물의 양이 2/3 로 줄어들면 신이를 넣고 끓인다.
4. 물이 끓기 시작하여 물의 분량이 총 물의 양에서 1/2로 줄어들면 박하를 넣고 약 5분간 계속 끓인다.
5. 불을 끄고 물의 온도가 80도 이하로 내려가면 잘 다려진 탕에 녹차를 넣어 차가 우러나면 재료를 거름망에 거른 뒤 우린 차(茶)를 마신다.

■ 복용법

1. 한잔에 소인이나 여성은 120ml 남자성인은 150ml 정도 분량으로 하루 3회 아침, 점심, 저녁식사이후 1시간 후에 차(茶)처럼 마신다.
2. 1 ~ 2주일 정도 음용하면 효과가 있다.

■ 특징 및 효능

창이자(도꼬마리)차의 처방은 창이자, 신이, 백지, 박하로 구성되어 있고 그 중 백지는 유행성 감기로 인한 두통, 코 막힘, 콧물을 다스리는 진통약이며 창이자는 풍한을 없애는 약재로 축농증, 비염, 두통, 발열, 기침, 사지동통마비, 굴신이 자유스럽지 못할 때, 피부가려움증, 중이염에 쓴다.

창이자는 9월 9일에 따서 사용하는데 그늘에 말린 것이 가장 약효가 좋다고 하며 창이자 씨를 살짝 볶아서 겉 부분의 가시부분을 없애고 약재로 쓴다.

신이는 목련의 꽃봉오리로서 코 속의 점막의 염증을 가라앉히고 혈액 순환을 개선시킴 으로써 코 막힘의 원인이 되는 풍, 한을 쫓아내고 코를 포함한 호흡기 계통을 순조롭게 해 주므로 코 막힘을 주요 증상으로 하는 코감기, 축농증 및 만성 비염 등에 유효한 효과를 낼 수 있다.

여기에 녹차를 첨가해 줌으로써 여러 가지 재료의 효능을 원활하게 도와주고 차(茶)의 맛을 좋게 해줌으로써 음료로서의 기능을 더해 주었다.

6. 목통차(木通茶)

- 소변 불통에 좋은 약차(藥茶)

■ 재료 및 분량

목통 8g, 적복령 8g, 차전자 4g, 구맥 4g, 녹차 2g, 물 600 ~ 800ml

■ 만드는 방법

1. 탕관에 깨끗이 손질한 재료와 물을 준비한다.
2. 탕관에 준비된 물을 붓고 목통, 적복령을 넣고 중간 불로 끓인다.
3. 물이 끓기 시작하여 물의 양이 2/3 로 줄어들면 차전자, 구맥을 넣고 끓인다.
4. 탕관에 다려진 물의 분량이 총 물의 양에서 1/2 로 줄어들면 불을 끈다.
5. 끓인 물의 온도를 80도 이하로 식혀서 잘 다려진 약차(藥茶)에 녹차(綠茶)를 넣고 약 1분여 동안 차(茶)가 우러나길 기다린다.
6. 차(茶)가 다 우러나면 재료를 거름망에 거른 뒤 우린 차(茶)를 마신다.

■ 복용법

1. 한잔에 소인이나 여성은 120ml 남자성인은 150ml 정도 분량으로 하루 3회 아침, 점심, 저녁식사이후 1시간 후에 차(茶)처럼 마신다.
2. 1 ~ 2주일 정도 음용하면 효과가 있다.

■ 특징 및 효능

소변을 봐도 시원치가 않고 자주 보는 증세가 나타나게 될 때 목통은 방광의 습열로 인한 신우신염, 방광염, 요도염으로 복수가 찰 때, 심화로 입안에 발진이 날 때, 가슴앓이, 소변이 붉을 때, 마비동통에 사용한다. 약리작용은 이뇨작용, 진균억제작용이 있다.
적복령의 복령은 소나무의 정기가 왕성하여 바깥으로 빠져나가 뭉쳐져서 만들어진 것으로 방광의 열을 없애 주는 약재이다.
차전자는 질경이라고도 하며 이뇨 작용이 있고, 설사를 멈추게 하며, 간기능을 활성화하여 어지럼증 · 두통에 효과가 있고, 폐열로 인한 해수에도 효과가 있다.
구맥은 습열로 인해 소변이 잘 나오지 않고 방광염, 요도염 등에 쓰며 이뇨시켜 주고 소변 분리를 잘 치료해 주는 약재이다.

7. 심평차(心平茶)

- 가슴이 답답할 때에 좋은 약차(藥茶)

■ 재료 및 분량

도라지 20g, 진피 20g, 생강 3쪽, 녹차 2g, 물 1000ml.

■ 만드는 방법

1. 탕관에 깨끗이 손질한 재료와 물을 준비한다.
2. 탕관에 준비된 물을 붓고 도라지를 먼저 넣고 중간 불로 끓인다.
3. 물이 끓기 시작하여 물의 양이 2/3 로 줄어들면 진피와 생강을 넣고 계속 끓인다.
4. 탕관에 다려진 물의 분량이 총 물의 양에서 1/2 로 줄어들면 불을 끈다.
5. 끓인 물의 온도를 80도 이하로 식혀서 잘 다려진 약차(藥茶)에 녹차(綠茶)를 넣고 약 1분여 동안 차(茶)가 우러나길 기다린다.
6. 차(茶)가 다 우러나면 재료를 거름망에 거른 뒤 우린 차(茶)를 마신다.

■ 복용법

1. 한잔에 소인이나 여성은 120ml 남자성인은 150ml 정도 분량으로 하루 3 ~ 5회 수시로 차(茶)처럼 마신다.
2. 1 ~ 2주일 정도 음용하면 효과가 있다.

■ 특징 및 효능

도라지는 길경이라고도 하고 도랒, 길경채, 백약, 질경, 산도라지라고도 하며 산과 들에서 자란다. 뿌리는 굵고 줄기는 곧게 자라며 자르면 흰색 즙액이 나온다. 도라지의 주용 성분은 사포닌이며 생약인 길경(桔梗)은 뿌리의 껍질을 벗기거나 그대로 말린 것이며 모든 약의 기능을 상승시켜서 가슴의 울기를 열어주고 진피는 비장과 위를 조화하며 생강은 위와 폐의 기능을 북돋아 준다.

한방에서 귤의 껍질을 귤피라고 하고 이것을 오래 저장하면 검게 되는데 이것을 약재료로 쓰며 진피라고 한다. 비위(脾胃)를 보하려면 하얀 속껍질을 제거하지 말고 쓰고, 만약 가슴에 막힌 기를 치료하려면 하얀 속껍질을 제거하고 써야한다. 생강은 한방에서 뿌리줄기 말린 것을 건강(乾薑)이라는 약재로 쓰는데, 소화불량 · 구토 · 설사에 효과가 있고, 혈액 순환을 촉진하며, 항염증과 진통 효과가 있다.

8. 원지차(遠志茶)

- 건망증에 좋은 약차(藥茶)

■ 재료 및 분량

원지 6g, 인삼 6g, 석창포 4g, 백복령 4g, 녹차 2g, 물 1000ml.

■ 만드는 방법

1. 탕관에 깨끗이 손질한 재료와 물을 준비한다.
2. 탕관에 준비된 물을 붓고 원지, 인삼, 백봉령을 넣고 중간 불로 끓인다.
3. 물이 끓기 시작하여 물의 분량이 총 물의 양에서 1/2 로 줄어들면 석창포를 넣고 약 5분간 계속 끓인다.
4. 끓인 물의 온도를 80도 이하로 식혀서 잘 다려진 약차(藥茶)에 녹차(綠茶)를 넣고 약 1분여 동안 차(茶)가 우러나길 기다린다.
6. 차(茶)가 다 우러나면 재료를 거름망에 거른 뒤 우린 차(茶)를 마신다.

■ 복용법

1. 한잔에 소인이나 여성은 100ml 남자성인은 130ml 정도 분량으로 하루 3회 차(茶)처럼 마신다.
2. 3 ~ 4주 정도 음용하면 효과가 있다.

■ 특징 및 효능

인삼은 예로부터 불로, 장생, 익기(益氣), 경신(輕身)의 명약으로 일컬어진다.

원지는 아기풀 이라고 하는데 동의보감에 의하면 생각하는 것을 잘 생각하게 해주고 눈과 귀를 총명하게 해 준다고 한다. 맛은 맵고 쓰며, 성질이 따뜻하고 잘 놀라면서 가슴이 뛸 때, 가래 섞인 기침을 할 때, 건망증 등에 쓰인다. 진정작용, 최면작용, 강심작용, 가래삭임작용, 용혈작용 등의 효능이 있다.

석창포는 오장을 보해주고 국유라고 해서 눈, 코, 입 등 아홉 군데 뚫린 곳의 소통을 잘해준다. 정유 성분은 모든 중추신경계통의 기능을 개선시키는 데에 도움 된다고 알려져 왔다. 차로 마실 때는 하루 4g 정도를 10분이내로 끓여 향을 살려 마신다.

백복령은 속이 흰 것은 백복령이라 하고 분홍빛인 것은 적복령이라고 하는데 백복령은 적송의 뿌리에 기생하고 적복령은 곰솔 뿌리에 기생한다. 이뇨작용이 있고 심신을 편안히 해 준다.

9. 관동화차(款冬花茶)

- 기관지 천식에 좋은 약차(藥茶)

■ 재료 및 분량

마황, 관동화, 행인, 감초, 생강 각 5g씩, 녹차 2g, 물 700 ~ 800ml.

■ 만드는 방법

1. 탕관에 깨끗이 손질한 재료와 물을 준비한다.
2. 탕관에 준비된 물을 붓고 마황, 감초를 먼저 넣고 중간 불로 끓인다.
3. 물이 끓기 시작하여 물의 양이 2/3 로 줄어들면 행인, 생강을 넣고 중간 불에 계속 끓인다.
4. 탕관에 다려진 물의 분량이 총 물의 양에서 1/2로 줄어들면 관동화를 넣고 5분간 계속 끓인다.
5. 불을 끄고 끓인 물의 온도를 80도 이하로 식혀서 잘 다려진 약차(藥茶)에 녹차(綠茶)를 넣고 약 1 분여 동안 차(茶)가 우러나길 기다린다.
6. 차가 다 우러나면 재료를 거름망에 거른 뒤 우린 약차(藥茶)를 마신다.

■ 복용법

1. 한잔에 소인이나 여성은 100ml 남자성인은 130ml 정도 분량으로 하루 2 ~ 3회 공복에 차(茶)처럼 마신다.
2. 3일 ~ 1주일 정도 음용하면 효과가 있다.

■ 특징 및 효능

관동화의 약리작용은 호흡기 분비물 증가로 진해작용, 호흡흥분과 광조불안, 혈관수축작용, 소아의 급성기관지염, 기관지천식, 인후통에 효과가 있으며 마황은 발한, 해열, 진해, 이뇨제의 효능이 있고 열병과 천식치료에 사용한다.

감초는 모든 약의 독성을 조화시켜서 약효가 잘 나타나게 하며 맛은 달고 성질은 평하며 독성 물질의 해독에 좋고, 허약한 비위기능을 도우며 기침을 멎게 한다든지 정신을 안정시키는 효능이 있다.

마황, 관동화, 행인은 거담, 정천, 지수, 지해작용이 있으며 생강, 감초는 보태, 윤태의 보조 작용으로 효과가 좋은 약이다. 그러나 마황의 에페드린은 혈압을 상승시키고 땀을 나게 하기 때문에 고혈압과 다한증 환자는 사용을 주의해야 한다.

10. 작약차(芍藥茶)

- 냉증(冷症)에 좋은 약차(藥茶)

■ 재료 및 분량

작약 20g, 건강 5g, 금황녹차 2g, 물 400ml.

■ 만드는 방법

1. 탕관에 깨끗이 손질한 재료와 물을 준비한다.
2. 작약과 건강을 볶는다.
3. 볶은 작약과 건강을 빻아서 가루를 낸다.
4. 탕관에 준비된 물을 붓고 끓인다.
5. 물이 끓으면 다관에 물을 붓고 금황녹차를 넣어 약 30여초 동안 차(茶)가 우러나길 기다린다.
6. 차가 다 우러나면 약제와 함께 먹는다.

■ 복용법

1. 가루를 나누어 아침, 저녁으로 따뜻하게 차와 같이 마신다.
2. 1 개월 정도 마시면 효과가 있다

■ 특징 및 효능

작약은 말초혈관과 소화관 점막에 분포된 혈관의 혈액순환을 원활히 하고 소화관 운동을 항진시켜 소화, 흡수를 촉진 하며 중추신경 흥분을 억제하여 진통, 진경, 진정작용을 한다.

작약의 주 효능은 피를 생성시키고 음기를 수렴한다. 간을 부드럽게 하며 통증을 멎게 할 뿐 아니라 여성들의 월경 부조와 냉 대하를 치료하고 생리통과 복통으로 인한 설사를 멎게 한다.

냉증이란 말 그대로 혈액순환 장애로 인한 몸이 차가운 증상을 말하는데 이는 체질적인 요인이나 스트레스, 운동부족, 여성의 임신, 출산 등이 원인이 되며 대부분 손발이 찬 수족냉증이나 항시 아랫배가 차가운 하복냉증이 많다.

한방적인 치료법으로는 몸을 따뜻하게 해서 혈액순환을 촉진하고 원기를 보해주는 이중탕, 당귀사역탕, 팔물탕 등이 활용될 수 있고 가정 에서는 건강과 작약을 달여서 복용하면 냉증으로 인한 통증에 많은 도움이 된다.

11. 강활차(羌活茶)

- 목이 뻣뻣할 때에 좋은 약차(藥茶)

■ 재료 및 분량

강활 8g, 독활 8g, 고본, 방풍, 감초 각 4g씩, 금황녹차 2g, 800 ~ 1000ml.

■ 만드는 방법

1. 탕관에 깨끗이 손질한 재료와 물을 준비한다.
2. 탕관에 준비된 물을 붓고 강활, 독활, 감초를 먼저 넣고 중간 불로 끓인다.
3. 물이 끓기 시작하여 물의 양이 2/3 로 줄어들면 고본, 방풍을 넣고 중간 불에 계속 끓인다.
4. 탕관에 다려진 물의 분량이 총 물의 양에서 1/2 로 줄어들면 불을 끈다.
5. 탕관에 바로 금황녹차를 넣어 약 30여초 동안 차(茶)가 우러나길 기다린다.
6. 차가 다 우러나면 재료를 거름망에 거른 뒤 우린 약차(藥茶)를 마신다.

■ 복용법

1. 한잔에 소인이나 여성은 약 120ml 남자성인은 약 150ml 정도 분량으로 하루 3회 식후에 마신다.
2. 약 1주일 이상 마시면 효과가 있다.

■ 특징 및 효능

강활은 맛은 쓰고 매우며 성질은 약간 따뜻하고 옛 부터 풍과 습을 없애고 마비된 것을 풀며 아픔을 멎게 하는 약으로 중요하게 써 왔다. 감기 몸살로 온몸이 아플 때, 열이 나면서 땀이 나지 않을 때, 뼈마디가 쑤시고 아픈 증세에도 쓴다.

강활과 독활은 해독시켜 주고 풍을 발산시켜 주는 역할을 하고 고본과 방풍은 맵고 달며 성질은 따뜻하고 독은 없고, 방광과 간과 비장에 작용한다. 추위로 인한 감기와 사지가 저리고 아픈 것을 호전시키며, 두통, 뼈마디 쑤시는 것, 목 뒷덜미가 뻣뻣한 것, 사지가 오그라드는 것과 해열, 진통작용이 있다. 특히 감초는 해독시켜주는 작용이 있어 이런 증상에 사용하는 처방 중 하나이다.

12. 대황차(大黃茶)

- 변비에 좋은 약차(藥茶)

■ 재료 및 분량

대황 4g, 불린 미역 10g, 감초 2g, 금황녹차 2g, 물 700 ~ 800ml.

■ 만드는 방법

1. 탕관에 깨끗이 손질한 재료와 물을 준비한다.
2. 탕관에 준비된 물을 붓고 대황, 미역, 감초를 넣고 중간 불로 끓인다.
3. 탕관에 다려진 물의 분량이 총 물의 양에서 1/2 로 줄어들면 불을 끈다.
4. 탕관에 바로 금황녹차를 넣어 약 30여초 동안 차(茶)가 우러나길 기다린다.
5. 차가 다 우러나면 재료를 거름망에 거른 뒤 우린 약차(藥茶)를 마신다.

■ 복용법

1. 한잔에 소인이나 여성은 120ml 남자성인은 150ml 정도 분량으로 하루 3 ~ 5회 수시로 차(茶)처럼 마신다.
2. 1 개월 정도 음용하면 효과가 있다.

■ 특징 및 효능

변비는 건강할 때에 비하여 변이 굳고 건조하며, 배변의 횟수와 변의 양이 감소되어 불쾌감이나 생리적 장애를 수반하는 증상이 있는 경우를 말한다.

대황은 사하작용으로 장위를 세척하고 대사를 촉진하며 열성변비와 복부창만을 치료한다. 화를 내려 두통, 충혈, 인후통, 변비, 이질 설사와 코피, 토혈, 종기, 허열에 효과가 있고 이뇨, 부종에도 사용한다.

약리작용으로 대장운동촉진, 사하작용, 해열, 체온강하, 담즙분비 촉진, 혈액응고시간 단축, 항균, 이뇨, 간 기능 보호 등이 있다.

성분은 여러 가지 중에서 세뇨사이드 A, B, E, F가 잘 알려져 있으며, 세뇨사이드류의 약류 효능은 장간 운동을 촉진시키는 것에 의한 완화작용이다.

미역은 식이섬유와 칼륨, 칼슘, 요오드 등이 풍부하여 신진대사를 활발하게 하고 산후조리, 변비, 비만 예방, 철분, 칼슘 보충에 탁월하여 일찍부터 애용되어 왔다.

13. 자소엽차(紫蘇葉茶)

- 비만증에 좋은 약차(藥茶)

■ 재료 및 분량

자소엽 2g, 상엽 4g, 생강 10g, 파의 흰부분 한쪽, 녹차 2g, 물 1000ml.

■ 만드는 방법

1. 탕관에 깨끗이 손질한 재료와 물을 준비한다.
2. 탕관에 준비된 물을 붓고 자소엽과 상엽을 먼저 넣고 중간 불로 끓인다.
3. 물이 끓기 시작하여 물의 양이 2/3 로 줄어들면 생강과 파를 넣고 중간불에 계속 끓인다.
4. 탕관에 다려진 물의 분량이 총 물의 양에서 1/2 로 줄어들면 불을 끈다.
5. 끓인 물의 온도를 80도 이하로 식혀서 잘 다려진 약차(藥茶)에 녹차(綠茶)를 넣고 약 1 분여 동안 차(茶)가 우러나길 기다린다.
6. 차가 다 우러나면 재료를 거름망에 거른 뒤 우린 약차(藥茶)를 마신다.

■ 복용법

1. 한잔에 소인이나 여성은 약 120ml 남자성인은 약 150ml, 정도 분량으로 하루 3번 식후에 한잔씩 마신다.
2. 약 2개월간 음용하면 효과가 있다.

■ 특징 및 효능

비만증에는 여러 가지 원인, 질환이 있기 때문에 원인을 잘 파악해야 하고 주로 체질적인 요인이 많다.

자소엽에 함유된 폴리페놀의 일종인 로즈마리산은 당의 소화흡수를 억제하는 작용을 하며 당이 지방으로 체내에 축적되는 것을 방지하는 효과가 있으며 자소의 향기 성분인 베릴알데히드 성분은 육류의 지방성분을 소화과정에서 배출하는 효과가 있으며 강한 방부력과 항균작용이 있다.

상엽차에는 비만체질을 개선하는 유효성분이 있으므로 살이 쪄서 걱정하는 사람이 장복하면 효과를 보며 약재들의 성분상 폐열을 제거해 주고 머리와 눈을 맑게 하며 소변에 이로운 건강차이다.

특히 자고 일어나면 손발이 붓고 몸이 붓는 비만인의 체내 수액대사를 조절해 주므로 장기복용하면 효과가 있다.

14. 당귀차(當歸茶)

- 빈혈에 좋은 약차(藥茶)

■ 재료 및 분량

당귀 10g, 구기자 5g, 대추 2개, 금황녹차 2g, 물 700 ~ 800ml.

■ 만드는 방법

1. 탕관에 깨끗이 손질한 재료와 물을 준비한다.
2. 탕관에 준비된 물을 붓고 당귀, 구기자를 먼저 넣고 중간 불로 끓인다.
3. 물이 끓기 시작하여 물의 양이 2/3 로 줄어들면 대추를 넣고 중간 불에 계속 끓인다.
4. 탕관에 다려진 물의 분량이 총 물의 양에서 1/2 로 줄어들면 불을 끈다.
5. 탕관에 바로 금황녹차를 넣어 약 30여초 동안 차(茶)가 우러나길 기다린다.
6. 차가 다 우러나면 재료를 거름망에 거른 뒤 우린 약차(藥茶)를 마신다.

■ 복용법

1. 한잔에 소인이나 여성은 120ml 남자성인은 150ml 정도 분량으로 하루 3 ~ 5회 수시로 차(茶)처럼 마신다.
2. 1 개월 정도 음용하면 효과가 있다.

■ 특징 및 효능

여성들은 출산이나 생리 등으로 인해 남성들보다 빈혈이 많다. 빈혈은 피의 부족 현상으로 나른하고 어지럽고 앉았다고 일어나면 현기증이 오며 귀가 울리고 가슴이 두근거린다고 호소하는 경우가 대부분이다.

당귀는 돌아오기를 바란다는 뜻으로 '당귀(當歸)'라고 하여 기혈이 다시 제자리로 돌아온다 하여 붙여진 이름이며 부인의 냉증, 혈색 불량, 산전, 산후의 회복, 월경 불순, 자궁 발육 부진에 좋으며, 오랫동안 복용하면 손발이 찬 증상을 개선시킬 수 있으며 보혈과 혈액순환을 잘 되게 해주고 맑고 신선한 피를 만드는 약으로 한방에서는 대표적인 약재이다.

구기자는 신경성 열을 해열시켜 주고 피부를 윤택하게 해 주며 대추는 풍부한 칼슘과 조혈작용을 하므로 빈혈에 좋다. 다만 혈압이 높은 분, 또는 상초에 열이 있는 분은 전문의의 자문을 받아서 복용하면 더 좋다.

15. 백출차(白朮茶)

- 손발이 저릴때에 좋은 약차(藥茶)

■ 재료 및 분량

백출 20g, 황기 20g, 방풍 10g, 금황녹차 2g, 물 700 ~ 800ml.

■ 만드는 방법

1. 탕관에 깨끗이 손질한 재료와 물을 준비한다.
2. 탕관에 준비된 물을 붓고 백출, 황기를 먼저 넣고 중간 불로 끓인다.
3. 물이 끓기 시작하여 물의 양이 2/3 로 줄어들면 방풍을 넣고 중간 불에 계속 끓인다.
4. 탕관에 다려진 물의 분량이 총 물의 양에서 1/2 로 줄어들면 불을 끈다.
5. 탕관에 바로 금황녹차를 넣어 약 30여초 동안 차(茶)가 우러나길 기다린다.
6. 차가 다 우러나면 재료를 거름망에 거른 뒤 우린 약차(藥茶)를 마신다.

■ 복용법

1. 한잔에 소인이나 여성은 120ml 남자성인은 150ml 정도 분량으로 하루 3 ~ 5회 수시로 차(茶)처럼 마신다.
2. 2 개월 정도 음용하면 효과가 있다.

■ 특징 및 효능

건강한 사람은 손발이 따뜻한데 비해 손발이 차거나 냉하고 저리면 몸의 상태가 좋지 않다는 것을 의미한다.
삽주는 몸 안에 있는 불필요한 수분, 습을 다스리는 중요한 약초이며 삽주의 뿌리를 안 벗겨서 검은색 그대로 이면 창출 이라 하고 벗긴 것을 백출이라 한다.
백출은 특이한 냄새가 있고 맛은 약간 쓰고 달며 씹으면 점성을 띠고 성질은 따듯하다. 비장과 위, 담을 보호하고 장기의 습을 내려주며, 황기는 성질이 약간 따뜻하고 맛은 달며 독이 없는 약재로 폐를 보하고 땀을 그치게 하는 약이며, 중추신경을 흥분시켜 말초 혈액순환장애를 제거시키며 방풍은 풍과 습을 제거하고 해표작용과 어지러움증을 해소하는 약이다. 황기와 방풍은 함께 사용하면 말초신경 순환장애를 치료하는 좋은 약이다.

16. 요화차(腰和茶)

- 요통에 좋은 약차(藥茶)

■ 재료 및 분량

오가피 4g, 적작약 4g, 대황 8g, 생강 2g, 금황녹차 2g, 물 700 ~ 800ml.

■ 만드는 방법

1. 탕관에 깨끗이 손질한 재료와 물을 준비한다.
2. 탕관에 준비된 물을 붓고 오가피, 적작약, 대황을 먼저 넣고 중간 불로 끓인다.
3. 물이 끓기 시작하여 물의 양이 2/3 로 줄어들면 생강을 넣고 중간 불에 계속 끓인다.
4. 탕관에 다려진 물의 분량이 총 물의 양에서 1/2 로 줄어들면 불을 끈다.
5. 탕관에 바로 금황녹차를 넣어 약 30여초 동안 차(茶)가 우러나길 기다린다.
6. 차가 다 우러나면 재료를 거름망에 거른 뒤 우린 약차(藥茶)를 마신다.

■ 복용법

1. 한잔에 소인이나 여성은 120ml 남자성인은 150ml 정도 분량으로 하루 3회 식전에 마신다.
2. 2주 정도 따뜻하게 음용하면 효과가 있다.

■ 특징 및 효능

요통은 허리에 기운이 제대로 순환되지 않아서 오는 증상이다. 동의보감에 보면 오가피는 간경, 신경, 강심, 강장, 음위증, 신경통, 관절염, 류마티즘성 관절염, 강정 등에 주로 사용하였다고 했으며, 차고 습한 기운을 제거해서 금부를 부드럽게 하는 작용이 있고, 적작약과 대황은 혈액의 정체로 생기는 어혈을 풀어주는 효능이 있다.
생강은 찬 기운을 몰아내서 혈행의 개선을 도와주기 때문에 이 네 가지 약재들을 같이 달여서 복용하면 차고 습한 기운에 의해 혈행이 되지 않아서 허리가 무겁고 뻣뻣하고 굽히고 펴기가 힘든 증상을 다스리는데 도움을 줄 수 있다. 하지만 약재 자체에 보하는 기능이 작기 때문에 기력이 약하거나 비경이 약해 소화가 안 될 때는 장기간 복용은 피하는 것이 좋다.

17. 후박차(厚朴茶)

- 자주 체할 때에 좋은 약차(藥茶)

■ 재료 및 분량

후박, 진피, 백출 각 8g씩, 인삼 4g, 생강 4g, 금황녹차 2g, 물 700 ~ 800ml.

■ 만드는 방법

1. 탕관에 깨끗이 손질한 재료와 물을 준비한다.
2. 탕관에 준비된 물을 붓고 후박, 진피, 백출, 인삼을 먼저 넣고 중간 불로 끓인다.
3. 물이 끓기 시작하여 물의 양이 2/3 로 줄어들면 생강을 넣고 중간 불에 계속 끓인다.
4. 탕관에 다려진 물의 분량이 총 물의 양에서 1/2 로 줄어들면 불을 끈다.
5. 탕관에 바로 금황녹차를 넣어 약 30여초 동안 차(茶)가 우러나길 기다린다.
6. 차가 다 우러나면 재료를 거름망에 거른 뒤 우린 약차(藥茶)를 마신다.

■ 복용법

1. 한잔에 소인이나 여성은 120ml 남자성인은 150ml 정도 분량으로 하루 3회 따뜻하게 차(茶)처럼 마신다.
2. 1 개월 정도 음용하면 효과가 있다.

■ 특징 및 효능

후박은 후박나무의 껍질을 약재로 쓰며 위한(胃寒), 곽란(霍亂), 구토, 설사 따위의 천식과 위장약의 치료에 쓰인다.
인삼은 위, 또는 간이 열한 사람은 사용을 금기하며 아기에게 젖을 물리는 부인은 젖을 마르게 할 수도 있으므로 사용에 주의해야 한다.
백출은 특이한 냄새가 있고 맛은 약간 쓰고 달며 씹으면 점성을 띠고 성질은 따듯하며 비장과 위, 담을 보호하고 장기의 습을 내려주며 위장의 냉기를 몰아내면서 위장의 기를 북돋아 주게 되고 후박과 진피는 위장내의 순환을 촉진시켜서 소화의 기능을 활성화 시킨다. 그래서 본 약차(藥茶)는 위장이 차면서 소화력이 떨어지는 사람에게 효과가 좋다.

18. 호간차(好肝茶)

- 지방간에 좋은 약차(藥茶)

■ 재료 및 분량

사철쑥 10g, 시호 5g, 감초 3g, 돌미나리 10g, 금황녹차 2g, 물 1000ml.

■ 만드는 방법

1. 탕관에 깨끗이 손질한 재료와 물을 준비한다.
2. 탕관에 준비된 물을 붓고 시호, 감초를 먼저 넣고 중간 불로 끓인다.
3. 물이 끓기 시작하여 물의 양이 2/3 로 줄어들면 사철쑥, 돌미나리를 넣고 중간 불에 계속 끓인다.
4. 탕관에 다려진 물의 분량이 총 물의 양에서 1/2 로 줄어들면 불을 끈다.
5. 탕관에 바로 금황녹차를 넣어 약 30여초 동안 차(茶)가 우러나길 기다린다.
6. 차가 다 우러나면 재료를 거름망에 거른 뒤 우린 약차(藥茶)를 마신다.

■ 복용법

1. 한잔에 소인이나 여성은 약 120ml 남자성인은 약 150ml, 정도 분량으로 하루 3번 식후에 한잔씩 마신다.
2. 약 3개월간 음용하면 효과가 있다.

■ 특징 및 효능

사철쑥의 약효는 습열(濕熱)로 인한 황달로 열이 나고 전신황색, 소변이 붉고 적은 증상, 급성간염에 탁월한 반응을 보이며 담낭염, 담낭결석에도 활용되며 습진, 옴, 버짐, 풍진 등의 피부 질환에도 널리 활용 되며 새순을 사용 하는 것이 좋다.

지방간은 육식을 자주하는 성인에게 많이 있는 증상이다. 이때에 사철 쑥과 돌미나리는 간장기능을 항진시켜주고 해열과 소염 그리고 각종 간장질환은 물론 특히 지방간증에 큰 효험이 있으며 콩팥과 방광 기능도 도와주고 있다. 이와 같이 이러한 것들은 지방간 증상에 큰 효과가 기대되나 체질에 따라서 다소 차이가 있으므로 전문의의 자문을 받아 치료하면 더욱 좋은 효과를 볼 수 있다.

시호의 뿌리에는 사포닌과 지방유 등이 들어 있어, 한방에서 해열, 진통, 강장제나 호흡기, 소화기, 순환기 질환에 약재로 쓴다.

19. 천궁차(川芎茶)

- 편두통에 좋은 약차(藥茶)

■ 재료 및 분량

천궁 12g, 당귀 12g, 백지 4g, 감국 2g, 금황녹차 2g, 물 1000ml.

■ 만드는 방법

1. 탕관에 깨끗이 손질한 재료와 물을 준비한다.
2. 탕관에 준비된 물을 붓고 천궁, 당귀, 백지를 먼저 넣고 중간 불로 끓인다.
3. 물이 끓기 시작하여 물의 양이 2/3 로 줄어들면 감국을 넣고 중간 불에 계속 끓인다.
4. 탕관에 다려진 물의 분량이 총 물의 양에서 1/2 로 줄어들면 불을 끈다.
5. 탕관에 바로 금황녹차를 넣어 약 30여초 동안 차(茶)가 우러나길 기다린다.
6. 차가 다 우러나면 재료를 거름망에 거른 뒤 우린 약차(藥茶)를 마신다.

■ 복용법

1. 한잔에 소인이나 여성은 약 120ml 남자성인은 약 150ml, 정도 분량으로 하루 3번 식후에 한잔씩 마신다.
2. 약 1 개월간 음용하면 효과가 있다.

■ 특징 및 효능

일반적으로 편두통의 원인은 뇌에 있는 동맥이 발작적으로 수축을 일으킨 다음 확장되기 때문인 것으로 알려져 있다.
여러 종류의 생약을 사용하여 끓인 복방약차(複方藥茶)의 하나로 혈액을 늘리고 어혈을 풀어 주며 각종 부인병을 치료하는 데에 효과를 나타낸다. 또한 자양, 강장 작용이 있어 원기를 회복시킨다.
천궁과 당귀는 간장과 심장의 기능을 활성화 시키는데, 이로 인해 뇌에 새로운 피를 공급하게 되므로 편두통을 해소하는데 유효하다.
이때 꿀이나 설탕을 넣어 마시거나 차게 식혀서 마시면 좋다. 당귀는 한방에서 승검초의 뿌리를 말하며, 피로회복과 식욕증진, 진정효과가 있다.
천궁의 뿌리 줄기는 진정과 진통, 강장 등에 효능이 있어 두통, 빈혈증, 부인병 등에 사용한다.

20. 기건차(氣建茶)

- 현기증에 좋은 약차(藥茶)

■ 재료 및 분량

복령 5g, 작약 3g, 생강 3g, 백출 3g, 금황녹차 2g, 물 1000ml.

■ 만드는 방법

1. 탕관에 깨끗이 손질한 재료와 물을 준비한다.
2. 탕관에 준비된 물을 붓고 복령, 작약, 백출을 먼저 넣고 중간 불로 끓인다.
3. 물이 끓기 시작하여 물의 양이 2/3 로 줄어들면 생강을 넣고 중간 불에 계속 끓인다.
4. 탕관에 다려진 물의 분량이 총 물의 양에서 1/2 로 줄어들면 불을 끈다.
5. 탕관에 바로 금황녹차를 넣어 약 30여초 동안 차(茶)가 우러나길 기다린다.
6. 차가 다 우러나면 재료를 거름망에 거른 뒤 우린 약차(藥茶)를 마신다.

■ 복용법

1. 한잔에 소인이나 여성은 120ml 남자성인은 150ml 정도 분량으로 하루 3 ~ 5회 수시로 차(茶)처럼 마신다.
2. 2 개월 정도 음용하면 효과가 있다.

■ 특징 및 효능

현기증이란 자신이나 주위의 것이 회전하고 있는 느낌이 드는 것으로 일상생활에서 자주 볼 수 있는 주관적인 증상이라 할 수 있다.
백색인 것을 백복령(白茯苓), 적색인 것을 적복령(赤茯苓)이라 하는데, 복령 속에 소나무 뿌리가 꿰뚫고 있는 것을 복신(茯神)이라고 한다. 모두 한약재로 강장, 이뇨, 진정 등에 효능이 있어 신장병, 방광염, 요도염에 이용한다.
작약의 뿌리는 진통, 복통, 월경통, 무월경, 토혈, 빈혈, 타박상 등의 약재로 쓰인다.
백출은 특이한 냄새가 있고 맛은 약간 쓰고 달며 씹으면 점성을 띠고 성질은 따듯하며, 비장과 위, 담을 보호하고 장기의 습을 내려주며 위장의 냉기를 몰아내면서 위장의 기를 북돋아 주게 된다. 생강은 찬 기운을 몰아내서 혈행의 개선을 도와준다.

약이 되는 다식

김선주

1. 하수오 녹차다식

- 고혈압을 다스리는 약초다식

■ 재료 및 분량 (100개 기준)

하수오가루 300g
대추가루 60g, 은행가루 60g, 녹차가루 30g, 꿀 180g

■ 만드는 방법

1. 하수오 뿌리를 얇게 저며 바짝 말린 후 곱게 빻는다.
2. 대추씨를 뺀 후 채 썰어 바짝 말려 곱게 빻는다.
3. 은행은 겉껍질을 벗긴 후 프라이팬에 노릇노릇 볶아 얇게 저며 바짝 말린 다음 곱게 빻는다.
4. 하수오가루와 은행가루, 대추가루, 녹차가루를 혼합해 놓는다.
5. 혼합된 가루를 덩어리지지 않도록 고운체에 내려놓는다.
6. 준비된 5의 재료에 꿀을 넣고 반죽 한다.
7. 다식판에 랩을 여유 있게 깔고 반죽을 적당량씩 떼어 다식판에 넣고 꼭꼭 눌러 찍어 낸다(랩을 팽팽하게 깔면 다식의 모서리가 둥글어져 모양이 예쁘게 나오지 않는다).

■ 특징 및 효능

하수오의 학명은 Pleuropterus multiflorus TURCZ이며 중국에서 들어와 우리나라에서도 오랫동안 재배 되어온 약용식물로 꽃은 8~9월에 백색으로 피고 가지 끝에 원추화서를 이룬다. 과실은 수과(瘦果 : 과피가 목질 또는 혁질을 이루고 속에 1개의 씨가 들어 있는 열매)이다. 한방에서는 덩이뿌리를 약재로 사용하며 약성은 온(溫)하고 감고(甘苦)하며 조삽(燥澁 : 파슬파슬함)하다. 강장, 강정, 양혈(養血), 보간, 거풍, 소종의 효능이 있다.

하수오는 순환기 계통의 질환에 좋은 효능을 가지고 있어 특히 혈압이 높은 사람에게 효과적이다. 장기 복용할 경우 흰머리가 검게 된다고 하여 하수오라고 하였으며, 먹기에 편리한 다식을 만들어 장기 복용 하면 하면 효과가 있다.

성인병 예방에 좋은 효과가 있는 대추와 은행, 녹차를 함께 사용하면 하수오의 효과를 배가 시킬 수 있다. 또한 녹차는 혈압을 낮추어 주는 탁월한 효능이 있어 고혈압 치료와 예방에 매우 좋은 재료이다.

2. 용안육다식

- 스트레스에 좋은 다식

■ 재료 및 분량

용안육가루 200g, 녹말가루 200g,
맥문동가루 30g, 떡차가루 30g, 꿀 180g

■ 만드는 방법

1. 압축된 용안육 덩어리를 잘게 쪼개 건조 시킨 후 녹말가루와 1:1로 혼합해 곱게 빻는다(용안육 가루만 빻을 경우 당분이 많아 끈적거리므로 빻아지지 않는다.).
2. 맥문동을 깨끗이 씻어 얇게 저민 후 바짝 말린다.
3. 맥문동을 분쇄기에 넣고 곱게 빻는다.
4. 떡차 역시 절구에 넣고 곱게 빻아 놓는다.
5. 완전 건조된 감초를 잘게 부숴 분쇄기에 곱게 갈아 놓는다.
6. 제조된 용안육가루에 맥문동 가루, 감초가루, 녹차가루를 함께 넣고 고운체에 내린다.
7. 준비된 5의 재료에 꿀을 넣고 반죽 한다.
8. 적당량씩 떼어 다식판에 넣고 꼭꼭 눌러 찍어낸다.
9. 반죽이 끈적거리고 딱딱 하므로 다식판에 넣고 방망이로 꼭꼭 눌러 찍어야 문양이 예쁘게 나온다.

■ 특징 및 효능

무환자나무과에 속하는 상록성의 큰 키나무인 용안(Euphoria longan STEUD)의 과육이며 대만과 중국 광동성 광서성 등지에서 생산된다.
진정작용이 현저하고 달아서 신경과민으로 인한 가슴 두근거림 증상, 불안, 초조와 공포, 놀람증, 우울증을 해소시키는데 좋은 약재이다.
복잡한 현대사회를 살아가는 사람들이 많이 받아야만 하는 스트레스를 해소 하는 데 용안육이 효과적이며 특히 긴장 속에서 생활하는 수험생들이 복용하면 마음이 편안해지는 진정작용과 집중력과 사고력을 향상시키고 건망증을 해소하는데 매우 효과가 있다.
맥문동은 청폐 보신시켜서 갈증을 없애주며 정신을 맑게 해주고, 감초는 오장육부를 보하고 긴장을 풀어 주며 이완 시켜서 정신적인 피로 뿐 아니라 육체적 피로도 풀어주는 좋은 재료이므로 용안육과 함께 다식을 만들어 복용하면 더욱 효과적이다.

3. 뽕잎다식

- 당뇨에 효과적인 다식

■ **재료 및 분량**

뽕잎가루 200g, 녹말가루 200g
녹차가루 50g, 꿀 180g

■ **만드는 방법**

1. 뽕잎은 연한 잎으로 골라 잘 손질한다.
2. 뽕잎을 깨끗이 씻어 완전 건조시킨 후 곱게 빻는다.
3. 뽕잎가루, 녹말가루, 녹차가루를 섞어 고운체에 내린다.
4. 준비된 3의 재료에 꿀을 넣어 반죽한다.
5. 뽕잎은 반죽이 단단하므로 오랫동안 손으로 주물러 부드럽게 만들어 주어야 다식으로 만들어 내기가 쉬워진다.
6. 적당량씩 떼어 다식판에 넣고 꼭꼭 눌러 찍어 낸다.

■ **특징 및 효능**

뽕나무는 한자어로는 상(桑)이라고 하며 학명은 Morus alba L이다.
뽕나무는 양잠과 함께 약재로 많이 쓰였다. 우리나라는 신라시대부터 재배한 것으로 알려져 있으며 조선시대에는 대농가는 300그루, 중농가는 200그루, 소농가는 100그루를 심게 하였다는 기록도 있을 만큼 우리 생활에 필수적인 것으로 재배를 권장 하였다.
뽕나무의 잎은 상엽(桑葉)이라 하여 발열, 감창, 두통, 해수, 안질, 수종(水腫), 각기, 구갈(口渴)등의 증상에 치료제로 쓰였다. 뽕나무의 열매인 오디는 맛이 달아 그대로 먹거나 술을 빚는다. 뽕나무 겨우살이는 상상기생(桑上寄生) 이라 하여 귀중한 약재로 취급된다. 백령도(白翎島)에서는 이것을 따로 임금의 약재로 썼다고 한다.
민간에서는 뽕잎과 누에똥을 고혈압에 복용하며 껍질을 달인 물에 고수머리(머리털이 곱슬곱슬한 머리)를 감으면 머리가 부드럽게 펴진다고 하여 많이 활용 했다.
상엽은 머리와 눈을 맑게 해주며 소변에 이로운 건강 음식이다. 구갈이 심한 당뇨에도 좋으며 또한 손발이 붓고 몸이 찌뿌둥한 비만인의 체내 수액대사를 조절해 주므로 장기복용 하 면 효과적이다.

4. 인삼다식

- 오장육부를 보하는 다식

■ 재료 및 분량

인삼가루 350g
떡차가루 100g, 꿀 180g

■ 만드는 방법

1. 인삼을 깨끗이 씻어 얇게 저민 후 바짝 말린다.
2. 바짝 말린 인삼을 절구에 곱게 빻고 체에 내려놓는다.
3. 인삼가루와 떡차 가루를 합쳐 덩어리 지지 않도록 고운체에 내린다.
4. 준비된 3의 재료에 꿀을 넣고 반죽한다.
5. 적당량씩 떼어 다식판에 넣고 꼭꼭 눌러 찍어 낸다.

■ 특징 및 효능

예부터 인삼은 보약으로 널리 쓰여 온 대표적인 약재이며 인삼으로 다식을 만들면 먹기에 편하므로 노약자에게 권하고 싶은 다식이다.
인삼의 학명은 Panax schinseng NEES이다. 인삼은 다른 나라의 약초와 구별하기 위하여 우리나라의 인삼을 고려인삼이라 하고 "蔘"으로 쓰며 외국삼은 "參"으로 쓴다.
개성삼은 백삼, 홍삼으로 나뉘는데, 백삼은 흙에서 캔 삼을 그대로 말린 것이며, 홍삼은 그것을 가마에 넣고 쪄서 붉은 빛이 나게 한 것이다. 한방에서 인정되는 인삼의 약효는 강장, 강심, 건위보정(健胃補精), 진정제로 널리 상용되고, 위장기능 쇠약에 의한 신진대사기능의 저하에 진흥약(振興藥)으로 사용되며 병약자의 위부정체감(胃部停滯感), 소화불량, 구토, 흉통, 이완성하리(弛緩性下痢), 식욕부진에 응용된다.
인삼약효의 주성분으로 알려져 있는 사포닌 배당체(配糖體) 물질은 항피로작용(抗疲勞作用), 작업능력증진작용, 성선(性腺 : 생식샘)의 발육촉진작용, 혈당치 강하작용 등이 증명되고 있으며 특히 인삼의 기본적 약리작용을 "적응소효과(adaptogen효과)"로 대표시키려는 학설이 유력하다.

5. 산약다식

- 위산과다에 효과적인 다식

■ 재료 및 분량

산마가루 300g, 녹말가루 70g
무우씨 50g, 녹차가루 30g, 꿀 180g

■ 만드는 방법

1. 산마뿌리를 깨끗이 씻어 얇게 저민 다음 바짝 말린다.
2. 바짝 마른 산마를 분쇄기에 넣고 곱게 갈아 놓는다.
3. 무우씨를 깨끗이 씻어 빠짝 말린 후 절구에 곱게 빻는다.
4. 산마가루에 무씨 가루, 녹말가루, 녹차가루를 섞어 고운체에 내린다.
5. 준비한 4의 재료에 꿀을 넣고 반죽 한다.
6. 적당량씩 떼어 다식판에 넣고 꼭꼭 눌러 찍어낸다.

■ 특징 및 효능

마과(一科 Disocoreaceae)에 속하는 덩굴성 다년생초인 참마 또는 마의 덩이뿌리. 성분은 전분, 점액질. 단백질, 지방, 알란토인, 아르기닌콜린 등과 다아스타제를 함유하고 있다.
성질은 온(溫)하고 평(平)하며 독이 없고 단맛이 난다.
주로 비장, 폐, 신장의 경락에 작용하며, 위나 간장의 경락에도 작용한다.
산약의 효능으로는 보비위(補脾胃), 익폐신조습리수(益肺腎燥濕利水) 등이 있다. 비장과 신장의 허증(虛症)에 일반적인 자양보양약물로 사용된다. 산약은 당뇨병에도 효과가 있어 장기간 복용 하는 것이 좋다
산약은 무신이라는 당 단백질을 많이 함유하고 있어 보혈, 자음약으로써 소화액 분비를 균형 있게 해 주고 소염작용도 있다.
무우씨 역시 소화액 분비를 촉진해 주고 해열 작용을 해 주므로 산약과 무우씨를 함께 해주면 더욱 효과가 있다.
당뇨치료에도 효과가 있는 산약에 녹차를 함께 넣어 다식을 만들어 놓고 항상 먹는 것은 편리한 복용 방법이다.

6. 당귀다식

- 원기회복에 효과적인 다식

■ 재료 및 분량

당귀가루 300g, 백작약 60g
녹말가루 60g, 향부자 30g, 꿀 180g

■ 만드는 방법

1. 당귀뿌리를 깨끗이 씻어 얇게 저민 후 바짝 말려 분쇄기에 곱게 간다.
2. 백작약을 깨끗이 손질하여 말린 후 곱게 빻는다.
3. 향부자도 깨끗이 손질하여 말린 후 꼽게 빻는다.
4. 당귀가루에 녹말가루와 백작약, 향부자를 섞어 고운체에 내린다.
5. 준비한 3의 재료에 꿀을 넣고 반죽한다.
6. 적당량씩 떼어 다식판에 넣고 꼭꼭 눌러 찍어낸다.

■ 특징 및 효능

산형과에 속하는 참당귀의 뿌리를 건조시킨 약재로 우리말로는 승엄초불휘라 하였다. 약성은 온화하고 맛은 달고 쓴데 방향성 정유와 서당, 비타민 E 등이 함유되어 있다. 한약재로 많이 쓰이는 재료로 보혈에 효과가 있어 기력이 떨어 질때 원기회복에 좋으며 월경을 조절하고 월경통을 제거해주는 효능이 있는데 이는 혈액순환을 촉진 시키고 진통 효과를 나타내기 때문이다. 보혈작용이 현저하여 빈혈에 유효하고 일반 타박상이나 혈전성동맥염의 치료에 응용되기도 한다. 만성 화농증에 사용하면 순환을 개선시키고 저항력을 증강시키며, 변비에 복용하면 장관운동을 원활하게 해주어 대변을 용이하게 해준다.

또한 당귀는 피를 보호하는 약리작용이 있고 백작약은 피를 양혈시키는 효능이 있기 때문에 당귀와 백작약을 함께 약재로 사용하면 피를 보혈하는데 많은 도움을 얻을 수 있으며 피가 부족해서 오는 저혈압에 좋은 효과를 얻을 수 있다. 향부자도 같이 넣어주면 피의 순환을 활발하게 해준다.

7. 홍화다식

- 어혈을 다스리고 관절에 좋은 다식

■ 재료 및 분량

홍화가루 200g, 녹말가루 150g
당귀 50g, 떡차가루 50g, 꿀 180g

■ 만드는 방법

1. 홍화씨를 깨끗이 씻어 살짝 볶는다.
2. 볶은 홍화씨를 분쇄기에 넣고 곱게 빻는다.
3. 당귀와 떡차도 곱게 가루내어 놓는다.
4. 홍화가루와 녹말가루, 당귀, 떡차가루를 모두 합쳐 고운체에 내린다.
5. 준비한 4의 재료에 꿀을 넣고 반죽한다.
6. 적당량씩 떼어 다식판에 넣고 꼭꼭 눌러 찍어 낸다.

■ 특징 및 효능

국화과에 속하며 학명은 Carthamus tinctorius이다.
이른 아침 이슬에 젖었을 때 꽃을 따서 말린 것을 홍화라 하며 홍화를 물에 넣어 황색소를 녹여낸 다음 물에 잘 씻어서 잿물에 담그면 홍색소가 녹아 나오는데 여기에 초를 넣어 침전 시킨 것은 연지라 하고, 천이나 종이를 염색하는 염료로 쓰이기도 한다.
한방에서 부인병, 통경, 복통에 쓰며 열매로 기름을 짜 등유나 식용으로 썼는데 기름에는 리놀산(linolic acid)이 많이 들어 있어 콜레스테롤 과다에 의한 동맥경화의 예방과 치료에 좋다. 특히 토종 홍화씨는 부러진 뼈를 이어주고 선천적으로 약한 뼈를 튼튼하게 해주며 골다공증의 예방과 치료에 큰 도움을 준다. 퇴행성 관절염에도 효과적이며 오래된 어혈을 풀어 준다. 뼈에 금이 가거나 골절이 되면 골절부위에 피가 몰려 혈종을 형성하는데 이때 생긴 사혈과 어혈은 항생제를 적절히 쓰지 않으면 골절부위에 염증을 일으키는데, 이런 경우 홍화씨를 복용하면 파혈, 생혈 작용 외에도 뼈를 붙이는 특별한 작용을 한다.
심한 골절이면 600g, 가벼운 골절이면 400g, 정도를 복용하면 된다. 많은 양을 복용하기 힘들 경우 다식을 만들어 먹는 것도 좋은 방법이다.
피를 원활하게 순환시켜 주는 당귀를 함께 사용하면 손발이 저린 증상을 해소할 수 있다.

8. 대추다식

- 빈혈에 좋은 다식

■ 재료 및 분량

대추가루 250g, 녹말 70g
구기자 70g, 당귀 30g, 녹차가루 30g, 꿀 45g

■ 만드는 방법

1. 대추를 깨끗이 씻어 씨를 뺀 후 얇게 저며 건조기에 말린다.
2. 대추를 분쇄기에 빻을 때 끈적거리므로 녹말을 섞어 함께 빻으면 쉽게 빻을 수 있다.
3. 구기자를 깨끗이 씻어 씨앗을 뺀 후 건조기에 말린다.
4. 당귀도 깨끗이 손질해 놓는다.
5. 대추가루에 녹말가루, 구기자가루, 당귀가루, 녹차가루를 합쳐 고운체에 내린다.
6. 준비한 5의 재료에 꿀을 넣고 반죽한다.
7. 적당량씩 떼어 다식판에 넣고 꼭꼭 눌러 찍어낸다.

■ 특징 및 효능

대추는 매나무과 속하는 낙엽교목으로,
학명은 Zizyphus jujuba MLLL이다.
붉은 대추는 찬 이슬을 맞고 건조한 것이라야 양질의 대추가 된다. 과육에는 주로 당분이 들어 있으며 점액질, 능금산, 주석산 등도 들어 있다. 씨에는 베툴린, 베투릭산, 지방 등이 들어 있어 한방에서는 이뇨강장, 건위진정, 건위자양의 약재로 널리 쓰인다. 대추는 풍부한 칼슘과 조혈작용을 하므로 빈혈에 좋다.
구기자는 신경성 열을 해열시켜 주고 피부를 윤택하게 해주며 당귀는 보혈과 혈액순환을 잘 되게 해주고 맑고 신선한 피를 만드는 약으로 알려져 있으니 모두 함께 넣어 다식을 만들면 좋은 영양식이 될 수 있다.
대추는 그 자체가 달기 때문에 꿀을 넣으면 지나치게 단맛이 많이 날 수 있기 때문에 녹차를 넉넉히 넣어 단맛을 조금 덜어 주는 것이 먹기에 좋다. 대추는 몸을 보할 뿐 아니라 스트레스에 좋은 음식이다.

9. 연자육다식

- 머리가 맑아 지는 다식

■ 재료 및 분량

연자육가루 300g, 녹말가루 100g,
떡차가루 50g, 꿀 180g

■ 만드는 방법

1. 연자육은 물에 담가 두었다가 껍질을 벗기고 건조 시킨다.
2. 청록색의 배아를 제거하고 육(肉)만 골라 볶는다.
3. 볶아 놓은 연자육을 절구에 곱게 빻아 고운체에 내린다.
4. 떡차도 절구에 빻아 고운체에 내린다.
5. 연자육가루에 녹말가루와 떡차가루를 합쳐 덩어리 지지 않도록 고운체에 내린다.
6. 준비된 5의 재료에 꿀을 넣고 반죽한다.
7. 적당량씩 떼어 다식판에 넣고 꼭꼭 눌러 찍어 낸다.

■ 특징 및 효능

연자육은 수련과에 속하는 다년생 초본식물이며 학명은 Nelumbo nucifera GAERTNER이다. 암회색 또는 흑갈색의 긴 타원형의 연열매를 쪼갠 것으로 길이는 1 ~ 1.5cm이다.
구성분으로는 탄수화물, 단백질, 무기질, 녹말, 지방, 칼슘 등이 있다.
성질은 평온하고 독이 없으며 맛은 달고 떫다. 심장과 신경(腎經)에 작용하며 비경, 위경, 폐경에 효능이 있다.
연자육은 특히 양심안신(養心安神 : 심혈이 허한 것을 다스려 정신을 안정 시키는 것), 익신고삽(益腎苦澁), 건비지사(建碑止瀉)등의 효과가 있으며 수렴, 진정, 작용과 약간의 자양작용을 한다.
심화(心火)를 맑게 하고 정신을 안정시킨다. 비위의 기가 허해서 생긴 식욕부진, 소화불량에는 인삼, 백출, 복령을 배합해서 다식을 만들어 먹는 것도 좋은 방법이다.
연자육으로 죽을 만들어 먹는 경우도 많으나, 다식을 만들어 장기적으로 먹는 것도 편리한 복용 방법이다.

10. 황기다식

- 원기 회복에 좋은다식

■ 재료 및 분량

황기가루 250g, 녹말가루 100g
당귀가루 60g꿀, 육계가루 40g, 꿀 180g

■ 만드는 방법

1. 황기뿌리를 깨끗이 씻어 잘게 잘라 바짝 말린다.
2. 바짝 마른 황기뿌리를 분쇄기에 갈아 고운체에 내린다.
3. 당귀가루와 육계가루도 준비해놓는다
4. 황기가루에 당귀가루, 육계가루, 녹말가루를 섞어 고운체에 내려 덩어리지지 않도록 한다.
5. 준비한 4의 재료에 꿀을 넣고 반죽한다.
6. 적당량씩 떼어 다식판에 넣고 꼭꼭 눌러 찍어 낸다.

■ 특징 및 효능

황기뿌리는 약재로 이용되며 성분으로는 교질, 점액질, 전분, 자당, 포도당, 섬유소, 비타민 B 등이 있으며 성질은 약간 따뜻하고 독이 없으며 맛은 달다.
황기의 효능으로는 보기승양(補氣升揚), 이수소종(利水消腫 : 배뇨를 원활하게 하여 부은 것을 가라앉게하는 치료법), 탁독배농(托毒排膿 : 기혈을 보익하는 약물을 사용하여 병독을 밖으로 밀어냄으로써 내부의 농을 배출하는 치료법)등에 쓰이며, 만성쇠약, 특히 비위기(脾胃氣) 허약에 효과가 있다.
쉽게 피로하고 힘이 약하며, 음성이 낮고 맥박이 연약하고 땀을 많이 흘리는 사람에게 현저한 효능이 있어 예로부터 인삼대용으로 많이 써왔다. 자궁하수, 위하수, 탈홍, 자궁출혈에도 널리 이용되며 체력을 항진시켜 주고 전신근육의 긴장도를 높여 주기도 한다.
말초신경마비, 뇌졸중의 후유증인 반신불수, 만성관절류머티즘, 결관절주위염 등에 사용하는데 이들은 기혈양허(氣血兩虛)로 인해 순환장애가 생기는 동통이나 혈비(血痺)이다.
장기간 다량 복용해야 효과가 있으니 보혈하면서 원기를 도와주는 당귀와 혈액순환을 원활히 하는데 촉진제인 육계를 함께 넣어 다식을 만들어 놓고 사용하는 것이 장기복용의 좋은 방법이 될 것이다.

11. 송화다식

- 머리를 맑게 하는 다식

■ 재료 및 분량

송화가루 450g, 꿀 180g

■ 만드는 방법

1. 송화를 채취해 깨끗이 헹군 후 24시간 이상 물에 담가 독소를 뺀다.
2. 물위에 뜨는 송화 가루를 나무 주걱으로 떠서 따뜻한 방바닥에 비닐을 깔고 널어놓는다.
3. 송화가루가 마르면 뭉쳐졌던 가루가 흩어지게 되는데 살살 비벼 얇게 펴 널어놓는다.
4. 건조된 송화가루를 고운체에 내려 뭉쳐 지지 않도록 한다.
5. 송화가루에 꿀을 넣고 반죽한다.
6. 적당량씩 떼어 다식판에 넣고 꼭꼭 눌러 찍어낸다.

■ 특징 및 효능

송화는 소나무의 꽃가루를 말하는데 빛이 노랗고 달짝지근한 향이 나는 것이 특징이다. 송화는 예부터 궁중음식으로 꼽혔으며 송화다식과 밀수로 유명한 음식이다.
또한 예전에 송화가루는 위의 도포제(지금의 겔포스나 암포젤엠)로 사용 했다.
송화는 중풍, 고혈압 및 심장병에 가장 좋은 음식이다.
송화가루에 함유된 칼슘, 비타민 B1, B2, 비타민 E는 인체에 혈관을 확장 시켜 혈액순환을 원활하게 해 주므로 치매예방과 고혈압에 효과가 있다.
송화는 인슐린의 분비를 촉진시켜 당뇨병에 좋다. 로열젤리와 화분은 고혈압, 동맥경화, 빈혈에 좋은데, 송화에는 로열젤리보다 더 많은 유효성분을 지니고 있다.
송화에 함유된 콜린은 죽순 콜린함량이 6800배나 되어 지방간을 해소 하는 특수물질이다.
비타민 C, E, 프로비타민 A 등 아미노산을 많이 함유하고 있어 노화방지, 피부미용에 좋으며 방향성이 있어 아로마 요법과 같이 머리를 맑게 해주고 감기 예방에 효과적이다.
시중에서 판매되는 송화가루는 중국산이 많아 모래가 씹히는 경우가 있는데, 송화가루를 물에 담가 깨끗이 헹군 다음 물위에 뜨는 송화가루를 나무주걱으로 떠 따뜻한 장판에 비닐을 깔고 널어 완전 건조한 후 사용한다.

12. 삼색다식

- 콜레스테레롤을 감소해 주는 청태다식

■ 재료 및 분량

청태가루 450g, 꿀 180g

■ 만드는 방법

1. 파란콩을 잘 익도록 볶아 껍질을 벗긴다.
2. 분쇄기에 갈아 고운체에 내린 후 남은 알갱이를 다시 한 번 분쇄기에 갈아 고운체에 내린다. 여러 번 반복해 곱게 만든다.
3. 파란콩가루에 정량의 꿀을 넣고 반죽 한다.
4. 적당량씩 떼어 다식판에 넣고 꼭꼭 눌러 찍어낸다.

■ 특징 및 효능

청태(靑太)는 열매의 껍질과 속살이 다 푸른색인 콩으로 필수아미노산인 리신이 풍부하다.
비타민C가 많이 들어 있어 피부미용에 좋으며 혈액 속 콜레스테롤 수치를 저하시킴으로써 심장질환에 효과적이다. 콩은 에스트로겐이 있어 골다공증에 좋으며, 콩 속의 제니스틴은 암을 비롯한 성인병 예방에 탁월하다. 콩 속의 식이섬유는 당뇨병을 억제하고 식물성 단백질은 혈압을 낮추며 혈압의 상승도 억제한다.

- 영양을 돕고 변을 부드럽게 하는 흑임자다식

■ 재료 및 분량

흑임자가루 450g, 꿀 120g, 설탕가루 50g

■ 만드는 방법

1. 흑임자를 살짝 김을 쏘여 쪄서 그늘에서 선풍기로 빨리 말리기를 세 번 반복한다.(불에 볶지 않는 것은 열에 의해 트랜스지방으로 변환 되는 것을 억제하기 위함이다)
2. 건조된 흑임자를 절구에 넣고 곱게 빻아 고운체에 내린다.
3. 흑임자가루에 꿀과 설탕을 넣어 반죽한다.
4. 적당량씩 떼어 다식판에 넣고 꼭꼭 눌러 찍어 낸다.

■ 특징 및 효능

흑임자는 메티오닌, 레시틴 등 필수 아미노산이 많아 허약한 체질을 강하게 하고 두뇌를 좋게 하며 치매를 예방 한다고 한다. 칼슘, 철분, 인, 비타민, 각종 미네랄과 섬유질이 들어 있어 근육과 뼈를 튼튼하게 하고 피부노화방지와 변비치료에 좋다.
우리 몸의 기와 관련된 폐와 간장, 신장을 보해 정력 감퇴에 효과가 있고 케라틴 성분으로 탈모치료와 흰머리를 검어지게 한다.

13. 감다식

- 감칠맛 나는 다식

■ 재료 및 분량

감말린가루 350g, 볶은 쌀 70g, 떡차가루 30g, 꿀 180g

■ 만드는 방법

1. 딱딱한 단감을 얇게 썰어 건조시킨 후 곱게 빻아 체에 내린다.
2. 쌀을 깨끗이 씻어 달구어진 프라이팬에 기름을 넣지 않고 볶는다.
3. 쌀이 불지 않았을 때 바로 볶아야 부서지지 않는다.
(쌀이 불었을 경우 부스러기가 가라 앉아 탈 염려가 있다)
4. 볶은 쌀을 분쇄기에 넣고 곱게 빻아 고운체에 내린다.
5. 알갱이가 없을 때 까지 빻아 고운 가루를 얻어야 한다.
6. 떡차도 곱게 빻아 놓는다.
7. 감가루, 쌀가루, 떡차가루를 함께 넣고 고운체에 내려 골고루 섞는다.
8. 준비한 7의 재료에 꿀을 넣고 반죽 한다.
9. 적당량씩 떼어 다식판에 넣고 꼭꼭 눌러 찍어 낸다.

■ 특징 및 효능

감나무는 한자어로는 시수(柿樹)라 한다. 학명은 Diospyros kaki THUNB이다.
감나무는 동양 고유의 과수이며 한국, 일본, 중국이 원산지이다. 우리나라에서 완전한 개량, 육성이 이루어진 유일한 고유의 과수이다.
과육에는 비타민 C가 30mg% 정도 함유 되어 있으며 잎에는 600mg% 정도가 함유 되어 있다. 주성분은 대부분이 포도당과 과당이며 감의 떫은맛은 디오스피린이라는 탄닌성분이다. 덜 익은 열매에서 뽑아낸 탄닌은 동상을 치료 하거나 중풍을 예방하는데 쓰여 지며, 설사를 막아 주는데 효과가 있으나 많이 먹으면 변비가 된다.
풋감으로는 감물을 만들어 방습제, 방부제, 염료로 사용한다. 고혈압에는 감잎이 효험이 있다하여 사용하기도 하였다.
궁중떡으로 알려진 석탄병(惜呑餠)은 차마 삼키기가 아까워 지어진 이름 이라고 한다.
석탄병의 재료를 활용 해 다식을 만들어 아이들 간식으로 먹게 하는 것도 좋은 방법이다.
감이 많이 나는 가을철에 단감을 말려 쌀가루와 함께 빻아 보관 했다가 떡을 하거나 다식의 재료로 사용하면 아주 좋다.

14. 황율다식

- 건강에 좋은 약다식

■ 재료 및 분량

황율가루 380g
인삼가루 50g, 떡차가루 30g, 꿀 180g, 소금 20g

■ 만드는 방법

1. 밤을 푹 삶아 껍질을 벗긴 후 잘게 쪼개어놓는다
2. 따뜻한 방바닥에 한지를 깔고 얇게 펴서 바짝 말린다.
3. 바짝 말린 밤을 분쇄기에 넣고 곱게 갈아 고운체에 내린다.
4. 마른 인삼을 분쇄기에 곱게 갈아 놓는다.
5. 떡차도 곱게 갈아 놓는다.
6. 밤가루에 인삼가루, 떡차가루를 넣고 고운체에 내려 골고루 잘 섞어 놓는다.
7. 준비한 6의 재료에 꿀을 넣고 반죽한다.
8. 적당량씩 떼어 다식판에 넣고 꼭꼭 눌러 찍어 낸다.

(황율다식은 당분이 많아 끈적거리므로 잘 뭉쳐 지지 않으니 다식판에 넣고 꼭꼭 눌러 매끈해 지도록 한다)

■ 특징 및 효능

밤은 한자어로 율자(栗子)라 하며 밤나무의 학명은 Castanea crenata Siebold & Zucc이다. 밤은 탄수화물과 단백질, 비타민이 풍부하고 칼슘, 철, 칼륨 등의 영양소가 들어 있어 허약한 사람들에게 좋은 영양원이 된다. 원기를 북돋우고, 소화기 계통을 튼튼하게 해 이유식과 환자 회복식재로 많아 사용된다. 또한 비타민 C가 풍부해 성장기 청소년에게 좋고 성인병 예방, 피부미용, 피로회복, 감기예방, 숙취 해소 등에 효과가 있다.

밤의 단백질은 체내에 빨리 흡수되기 때문에 근육을 많이 사용하는 사람들에게도 좋다. 한방 서적에는 "밤은 맛이 달고 성질이 따뜻하며 독이없다"고 기록 되어 있으며 동의보감에도 "밤은 기운을 돋우고 위장을 강하게 하며 정력을 보하고 사람의 식량이 된다"고 기록되어 있다. 밤의 과당에는 위장을 튼튼하게 하는 성분이 들어 있어 장기간 복용하면 위장 기능이 활발해 소화력이 왕성해진다. 하지만 변비가 있거나 몸에 열이 많은 사람이 한꺼번에 많이 먹으면 좋지 않다.

약재로 많이 사용되는 황률은 밤을 말린 것으로 오래 보관해 두었다 다식을 만들면 계절에 관계없이 사용 할 수 있어 좋다.

15. 오미자, 녹두녹말다식

- 더위를 견디고 갈증을 적게 해주는 다식

■ 재료 및 분량

녹두녹말 450g
오미자 우린액 150mg, 꿀 120g, 설탕가루 50g

■ 만드는 방법

1. 국산 오미자를 깨끗이 손질해 씻는다.
2. 오미자와 미지근한 물을 같은 분량으로 24시간 담가 진한색이 나오도록 우려낸다.
3. 녹말가루를 고운체에 내려 오미자 물과 혼합 한다.
4. 녹말가루에 오미자물이 골고루 들도록 살살 비벼준다.
5. 준비한 4의 재료에 꿀을 넣고 반죽한다.
6. 적당량씩 떼어 다식판에 넣고 꼭꼭 눌러 찍어 낸다.

■ 특징 및 효능

오미자는 목련과에 속하는 낙엽덩굴성 관목이며 학명은 Schizandra chinensis BAALL이다. 열매는 달고, 시고, 쓰고, 맵고, 짠 다섯 가지의 맛을 골고루 갖추고 있어 오미자라 한다. 신맛이 가장 강하며 신맛의 성분은 말산, 타르타르산 등이 들어 있다.
한방에서는 약재로 이용되고 있으며 동물 실험에서도 대뇌신경을 흥분시키고 강장작용이 나타났으며, 심장활동을 도와 혈압을 조절하고 간장의 대사를 촉진 시키는 효과가 인정되었다.
약성은 완만하고 시며 독성은 없다. 효능은 성신경의 기능을 항진 시키므로 유정(遺精), 몽정(夢精), 정력감퇴, 유뇨(遺尿) 등에 효과가 매우 크다.
당뇨 환자가 입이 마르고 갈증을 느낄 때 복용하면 갈증이 해소되고, 땀을 많이 흘리는 여름철에 사용하면 더위와 갈증을 해소 시켜 준다.
오래도록 치유되지 않는 해소에 사용하면 기침을 멈추게 하는 효과가 있지만 감기로 인한 기침에는 사용하지 않아야 한다.
녹말 중에 가장 으뜸이라 하는 녹두녹말에 새콤하고 향기로운 오미자 물을 들여 오미자다식과 오미자차를 마련해 여름철 더위를 이겨보는 것도 지혜로운 식생활이 될 것이다.

16. 호박떡다식

- 간식으로 좋은 다식

■ 재료 및 분량

호박떡가루 400g
금황녹차 50g, 꿀 180g

■ 만드는 방법

1. 호박쌀떡을 잘게 부수어 바짝 말린다.
2. 바짝 말린 호박쌀떡을 절구에 빻아 고운체에 내린다.
3. 알갱이가 남지 않도록 반복해 빻는다.
4. 금황녹차를 곱게 빻아 놓는다.
5. 호박떡 가루에 금황녹차 가루를 섞어 덩어리 지지 않도록 고운체에 내린다.
6. 준비한 5의 재료에 꿀을 넣고 반죽한다.
7. 적당량씩 떼어 다식판에 넣고 꼭꼭 눌러 찍어 낸다.

■ 특징 및 효능

본래 잘 익은 늙은 호박을 얇게 저며 바짝 말려 곱게 빻고 쌀가루도 볶아 곱게 빻아 함께 섞어 다식을 만드는 것이 일반적이지만 간편한 방법으로 먹다 남은 호박쌀떡을 잘게 부수어 바짝 말려 두었다 다식 재료로 사용 하면 편리하고 좋다.
호박은 박과에 속하는 덩굴성 1년생 초본 식물이며, 학명은 Cucurbita moschata DUCHESNE이다. 비타민 A를 풍부하게 함유하고 있으며 박과에 속하는 식물 중에서 영양가가 가장 높은 식품이다. 호박에는 비타민을 파괴하는 효소가 들어 있지만 가열하면 없어지기 때문에 반드시 익혀 먹어야 풍부한 비타민을 섭취 할 수 있다.
특히 애호박에 비타민이 많이 들어 있고, 기름에 볶으면 호박에 들어 있는 카로틴의 흡수율이 높아진다. 잘 익을수록 단맛이 듬뿍 배어나오는 호박은 소화 흡수가 잘 되어 위장이 약한 사람에게 더 없이 좋은 음식이다.

17. 흑미다식

- 신장을 보하는 다식

■ 재료 및 분량

흑미가루 360g, 떡차가루 90g, 꿀 180g, 소금 30g

■ 만드는 방법

1. 흑미를 깨끗이 씻어 잘 달구어진 프라이팬에 기름을 넣지 않고 볶는다.
(쌀을 씻을 때 불지 않도록 해야 부스러기가 없어 찌꺼기가 타지 않는다)
2. 볶은 흑미를 절구에 넣고 빻아 고운체에 내린다.
3. 여러 번 반복하여 알갱이가 없도록 곱게 빻는다.
4. 떡차도 분쇄기에 곱게 빻아 놓는다.
5. 흑미가루에 떡차가루를 넣어 고운체에 내려 덩어리 지지 않도록 한다.
6. 준비된 5의 재료에 꿀과 소금을 넣고 반죽 한다.
7. 적당량씩 떼어 다식판에 넣고 꼭꼭 눌러 찍어 낸다.

■ 특징 및 효능

흑미는 쌀의 한 종류로 겉은 검고 속은 희다. 학명은 Oryza sativa L이다. 성분은 단백질, 지질, 탄수화물, 섬유소, 화분, 칼슘, 인, 철, 나트륨, 칼륨, 비타민B1, 비타민B2, 나이신등이 들어 있다.
흑미는 소화를 돕고 신장 기능을 자양시켜 빈혈을 없애 주는데 효과가 있고, 어지러움증, 백발예방 및 치료, 눈병, 고혈압, 당뇨, 변비, 심혈관 등의 질병에 뚜렷한 효과가 있으며 장기적으로 상식하면 인체의 종합조절 기능을 개선하여 면역 기능을 강화시킴으로 노화방지와 질병예방 및 여성의 미용에 효과가 매우 높다. 특히 임산부의 빈혈에 특효가 있으며 어린아이 유아식에도 좋은 음식이다.
또한 암을 예방할 수 있는 셀레늄(selenium)이 함유되어 있어 계속하여 사용하면 암을 예방 할 수 있고 중국의 실크로드(Silk road)를 따라 가는 대상이나 신강성(新彊省) 주민들에게 타클라마칸 사막의 더위를 이기는 대표적인 식품이다.

18. 탈지분유다식

- 어린이 간식에 좋은 영양다식

■ 재료 및 분량

탈지분유 100g, 코코아가루 50g, 떡차가루 20g, 꿀 60g

탈지분유 100g, 딸기시럽 60g, 떡차가루 20g, 꿀 40g

탈지분유 100g, 치자물 60g, 떡차가루 20g, 꿀 50g

탈지분유 100g, 포도시럽 60g, 떡차가루 20g, 꿀 40g

■ 만드는 방법

1. 분유는 식성에 따라 지방이 없는 것을 원 할 경우 탈지분유를 사용하고 그렇지 않을 경우 지방을 빼지 않은 분유를 사용 한다.
2. 탈지분유에 코코아가루, 떡차가루를 넣고 고운체에 내려 덩어리 지지 않도록 한다.
3. 준비한 2의 재료에 꿀을 넣고 반죽 해놓는다.
4. 탈지분유에 떡차가루, 딸기시럽을 넣고 살살 비벼 색깔이 잘 나도록 혼합한다.
5. 준비한 4의 재료에 정량의 꿀을 넣고 반죽해 놓는다.
6. 탈지분유에 떡차가루, 치자 우린물을 넣고 살살 비벼 색깔이 잘 나도록 혼합 한다.
7. 준비한 6의 재료에 꿀을 넣고 반죽해 놓는다.
8. 탈지분유에 떡차가루, 포도시럽을 넣고 살살 비벼 색깔이 잘 나도록 혼합 한다.
9. 준비한 8의 재료에 적량의 꿀을 넣고 반죽해 놓는다.
10. 각각의 재료를 적당량씩 뭉쳐 각각 다른 문양의 다식판에 넣고 꼭꼭 눌러 찍어낸다.

■ 특징 및 효능

코코아는 스트레스를 막아주는 효과가 있으며 리그닌이라는 음식 섬유가 들어 있어 장내 환경을 개선 해 변비에 효과가 있고 콜레스테롤을 낮추는 기능이 있다. 또한 폴리페놀 성분이 들어 있어 순환기병, 당뇨병, 암 등의 원인인 활성산소를 억제하는 작용도 한다.

딸기에 많은 비타민C는 여러 가지 호르몬을 조정하는 부신피질의 기능을 활발하게 하므로 체력 증진에 효과가 있다. 우유와 곁들이면 딸기에 풍부한 구연산이 우유의 칼슘 흡수를 돕고 비타민 C는 철분의 흡수를 도와준다. 또 딸기 한 개당 200mg 정도의 안토시아니딘이 포함되어 있어 암세포의 성장을 중지시킨다.

포도는 비타민과 유기산, 구연산, 등의 각종 영양소가 풍부하여 근육과 골격을 튼튼하게 하고, 기를 돕고, 힘을 배증시켜 의지를 강하게 한다. 몸속의 독성을 배출하여 간세포를 재생 시키고 병든 세포를 제거하여 깨진 몸의 균형을 되찾아 체질을 개선해 준다.

치자나무는 꼭두서니과에 속하는 상록 관목으로 한방의 약재나 초나 재를 매염제로 하여 염료로 쓰거나 음식을 할 때 염료로 사용해 왔다. 치자는 소염제, 이뇨제, 지혈제로 사용 하거나 황달 치료에 효과적이다.

19. 백다식

- 담백하고 구수한 전통다식

전다식

■ 재료 및 분량

볶은 밀가루 200g, 계피가루 30g, 꿀 90g, 참기름 20mg, 소금 20g

■ 만드는 방법

1. 약한 불에 달구어진 프라이팬(코팅된 것 사용)에 밀가루를 넣고 나무 주걱으로 천천히 저어 가며 노릇노릇 구수한 맛이 날 정도로 볶는다.
2. 볶은 밀가루를 뜨거운 기운이 없어지도록 식힌다.
3. 볶은 밀가루와 계피가루를 합쳐 덩어리 지지 않도록 고운체에 내린다.
4. 준비한 3의 재료에 꿀과 참기름, 소금을 넣고 반죽 한다
5. 적당한 크기로 떼어 납작하게 원하는 모양을 만든 후 달구어진 프라이팬에 불을 약하게 하고 참기름을 발라 노릇노릇 구워낸다(전통방법은 기왓장을 팬으로 사용했고 코팅 대신 한지를 깔고 사용 했다).

진말다식

■ 재료 및 분량

볶은밀가루 200g, 계피가루 30g, 꿀 90g, 참기름 20mg, 소금 20g

■ 만드는 방법

1. 전다식과 같은 방법으로 밀가루를 볶는다.
2. 볶은 밀가루와 계피가루를 합쳐 덩어리 지지 않게 고운체에 내린다.
3. 준비한 2의 재료에 꿀과 참기름, 소금을 넣고 반죽한다.
4. 적당량씩 떼어 다식판에 넣고 꾹꾹 눌러 찍어낸다.

■ 특징 및 효능

가례를 집행하던 " 가례도감의궤(嘉禮都監儀軌)를 보면 가례 때 모든 상차림에 절개를 상징하는 백다식(白茶食)을 사용했다"고 하였으며 고임도 높게 올렸다 한다. 백다식은 밀가루의 하얀 빛깔이 순결과 결백을 의미하는 절개의 상징으로 왕실의 모든 가례(혼례)때 올렸던 것이다. 백다식은 벽돌에 구운 전다식과 다식판에 찍어 내는 다식, 두 가지의 전통 방법이 있다.

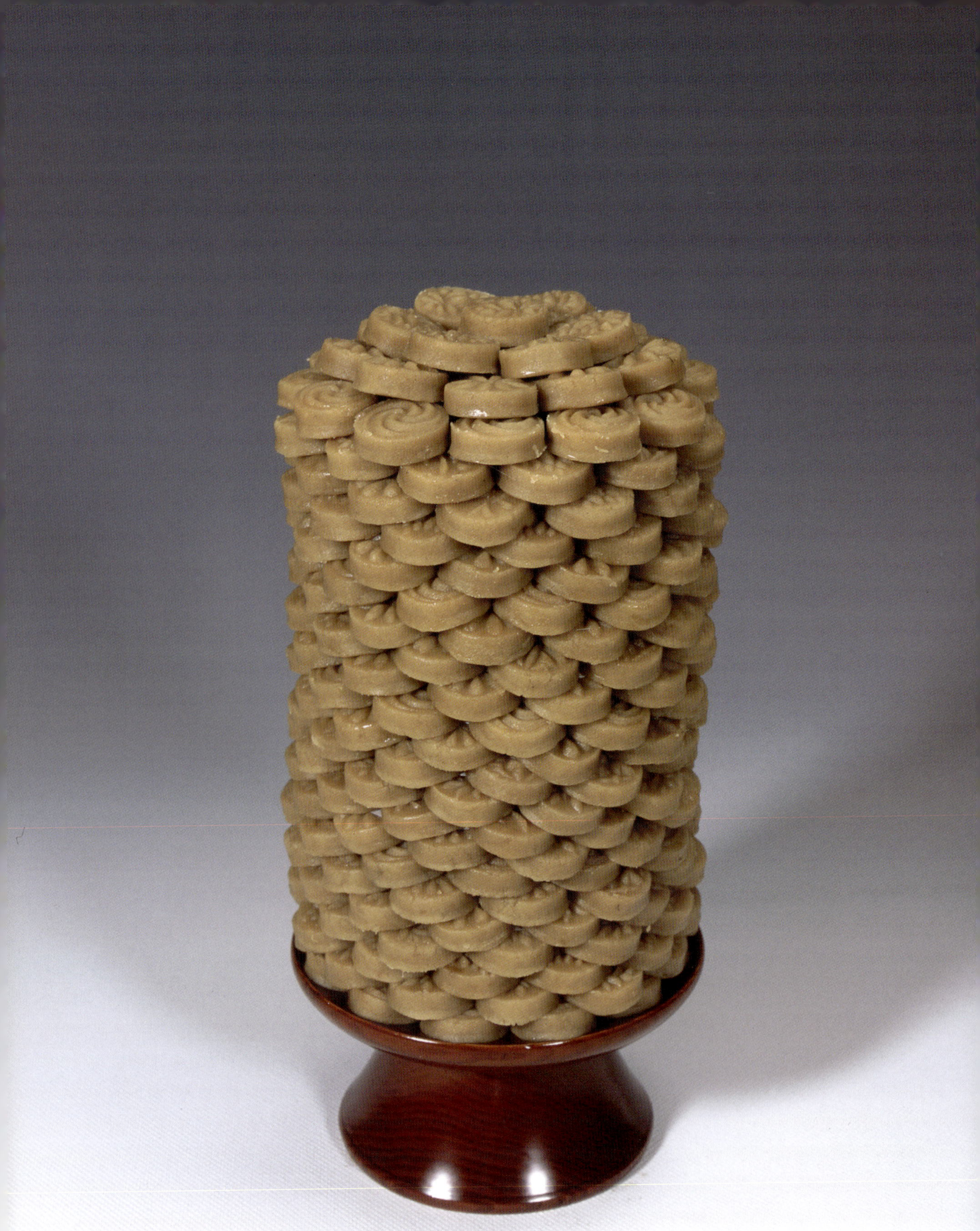

20. 보리다식

- 당뇨병, 비만에 좋은 다식

■ 재료 및 분량

보리가루 400g, 꿀 180g, 떡차가루 50g

■ 만드는 방법

1. 보리쌀을 깨끗이 씻어 불기 전에 달구어진 프라이팬에 볶는다.
2. 볶은 보리를 절구에 곱게 빻아 고운체에 내리고 알갱이는 다시 빻아 체에 내린다.
3. 반복해서 찌꺼기가 나오지 않도록 손질해 놓는다.
4. 떡차가루도 곱게 빻아 놓는다.
5. 보리가루에 떡차가루를 넣고 덩어리가 생기지 않도록 고운체에 내린다.
6. 준비한 5의 재료에 꿀을 넣고 반죽한다.

■ 특징 및 효능

보리는 한자로 대맥(大麥)이라고 하며 학명은 Hordeum vulgare L.이다. 예전에는 주곡으로 중요한 식량 이었다. 그러나 지금은 그 생산량이 감소하여 쌀보다 드문 곡식이 되었고 건강을 위한 특별식으로 바뀌었다.
보리에는 비타민 B1과 비타민 B2의 함량이 쌀보다 많아 각기병 등을 예방하는데 좋다. 또한 B-glucan이라는 식이섬유가 매우 풍부하여 당뇨병 환자나 과체중인 사람들의 건강식으로 매우 좋다.
이 밖에 싹이 튼 맥아는 엿기름이라 하여 곡물을 당화시키는 재료로 이용된다. 이 맥아는 강장제 및 각기병의 치료제로 이용되기도 한다.
당뇨병 예방과 비만에 효과적인 보리로 보리밥, 보리미수가루 뿐 아니라 보리다식을 만들어 변화 있는 식생활을 할 수 있다.

한국의 차음식

석용운 스님

한국의 차음식(茶飮食)

서론

음식(飮食)이란 무엇인가 - 정의 - 먹고(食) 마시는(飮) 것을 말함.
국어사전 - 음식[飮食] 〈명사〉 ① 사람이 먹을 수 있도록 만든 밥이나 국 따위의 물건.
요리(料理) - 조리(調理), 여러 가지 재료를 알맞게 맞추어 먹을 것을 만드는 것

후진국 음식 - 생존을 위해서 먹는 음식 - 생존음식 / 무 개념음식
- 인류는 먹는 문제를 아직도 다 해결하지 못했다.
- 15%(10억명) 정도가 굶주림.

선진국 음식 - 건강을 생각하는 음식 - 건강식품, 질병예방치료음식 - 맞춤형음식.
맞춤형 음식(Food on Demand)- 미래의 음식 / 21세기 음식

음식의 발전 단계 - 3단계
- 건강음식 - 건강을 위한 음식 / 기능성 음식, 약용 음식
- 예술음식 - 예술성을 살린 음식 / 작품성, 문화성, 예술성, 아름다운 음식
- 철학음식 - 철학이 있는 음식 / 종교성, 사상성, 철학성, 목적이 있는 음식

나의 음식관 - 음식이 인간의 성격을 지배 한다
- 정갈한 음식/ 맑은 정신, 정신건강
- 쟁이(기능공)를 예술가로 만드는 것이 내가 할 일이다.
- 음식에 문화, 예술, 철학을 도입하면 작품이 된다.

1 차 음 식

1. 차음식이란 무엇인가? - 정의 = 차 +음식 = 차음식
- 차를 이용하거나 차와 다른 식품과 조화를 시켜서 만든 음식이다.
- 기능성, 문화성, 예술성, 철학성, 정신성을 강조한 작품이다.
- 목적이 있는 음식이다.
- 음식에 차를 넣는다고 해서 모두 차음식이 되는 것이 아니다.
  차의 가치를 살려낸 음식이 차음식이다.
- 차(茶)자가 뒤에 들어가면 음료가 되고 앞에 들어가면 음식이 된다.
  차 = 인삼차, 떡차, 쌍화차. 음식 = 차음식, 차떡, 차밥.

2. 차음식의 역사
- 차를 먹기 시작하면서 시작 - 국, 나물, 반찬
- 소수민족 - 미엥차, 양반차. 타유차, 뢰차
- 안영 - 차 나물 / 촉나라 - 차떡

- 약용 - 한약재, 생강, 파 / 감기약

3. 차 음료의 발전
- 당, 송 시대에 마시는 음료로 발달했다.
- 차 음식은 쇠퇴했다.
- 티베트, 신강, 몽골, 원나라에서 차 음식이 되었다.

4. 한국의 차음식
- 음료 문화로 유입되었으며 마시는 차문화이다.
- 불교 음료로 유학승에 의해 유입되었다.
- 원나라 이후 차음식이 발달 되었다. - 음선정요(홀사혜 저)
- 고려 말 조선 시대에 궁중에서 약용으로 발달했다.
- 조선시대 선비, 선승들 사이에 차 음식 활용했다.
- 사월초파일 차떡(석남떡) 만들어 먹은 기록이 있다(동국세시기)
- 차 음식에 대한 기록은 거의 전해지지 않고 있다.
- 차 음식은 근래에 발달 했으며 다담지에 연재 되었다.

5. 차음식의 3대 정신
- 기능성 - 건강을 위한 음식 / 약용 음식
- 예술성 - 예술성을 살린 음식 / 작품성, 문화성
- 철학성 - 철학이 있는 음식 / 종교성, 사상성

6. 차음식의 문화
- 차음식이 식문화로 발전 - 먹는 문화
- 차음식이 예술문화로 발전 - 예술성
- 차음식이 의식문화로 발전 - 종교성
- 차음식이 전통문화로 발전 - 전통성

7. 차음식의 특징
- 차의 성분과 효능 - 기능성 차음식
- 차의 항산화작용 - 활성 산소 제거
- 차의 방부제효과
- 차와 전통 음식과 접목
- 차와 예술과의 접목

8. 차음식의 효과
차를 음식에 넣으면 다음과 같은 효과가 난다.
첫째 : 냄새를 제거해 준다. 생선의 비린내, 고기의 노린내를 없애준다.
둘째 : 소화를 촉진시켜 준다(고기를 부드럽게 하고, 떡을 먹을 때 생목 내리는 현상이 없음).
셋째 : 맛을 돋우어 준다(조미료 효과).
넷째 : 영양 성분을 보충해 준다(비타민, 미네랄 성분 등).
다섯째 : 질병 예방의 효과가 있다(항산화작용 등).

9. 차를 활용하는 방법
차를 음식에 사용하는 방법은 다음과 같다.

첫째 : 차를 가루로 내어 사용하는 방법
○ 미세한 고급 말차가루를 사용(고급 아이스크림 만들 때)한다.
○ 잎차가루 같이 거칠게 가루 내어 사용(떡 만들 때)한다.

둘째 : 잎차 그대로 사용하는 방법
○ 잎차를 한·두 번 우려낸 것을 사용하거나
○ 잎차(생엽) 자체를 조리할 때 넣기도 한다.

셋째 : 차를 우려내어 찻물을 조리할 때 넣기도 한다.
(밥을 지을 때, 칵테일 등을 만들 때)

10. 차 음식의 종류
1) 밥
(1) 식욕을 돋우는 차밥
(2) 녹차, 가루차 비빔밥
(3) 찻물에 만 밥(밤참용)
(4) 녹차 볶음밥 또는 녹차 비빔밥 전
(5) 녹차 오색 약밥
※ 차밥은 차맛이 나도록 찻물로 밥을 짓는다.

2) 죽
① 가루차 죽 ② 찻물 죽 ③ 가루차 잣죽 ④ 녹차 죽
※ 차죽은 차맛이 나도록 찻물이나 찻가루를 섞어 쑤거나 죽을 다 쑨 후 식기 전에 찻가루를 뿌리기도 한다.

3) 면과 만두, 떡국, 수제비
① 녹차 국수 ② 가루차 손국수
③ 가루차 콩국국수, 콩국녹차 국수 ④ 녹차라면 끓임
⑤ 가루차 만두 ⑥ 녹차 떡국 ⑦ 녹차 떡볶이
⑧ 녹차 조랭이 떡국 ⑨ 녹차 수제비 ⑩ 가루차 콩국 우뭇가사리
※ 국수나 흰떡을 만들 때 가루차를 섞어 만들기도 하고, 국물에 가루차를 섞거나, 찻물을 넣기도 한다.
※ 차고명으로 차움이나 찻가루, 또는 우려낸 찻잎을 양념하여 쓰기도 한다.

4) 조치 및 전골·탕류
① 녹차 새우젓찌개 ② 녹차 생선 고추장찌개 ③ 녹차 된장찌개
④ 녹차 김치찌개 ⑤ 녹차 곱창전골 ⑥ 차 삼계탕
⑦ 차곰탕 ⑧ 차 갈비탕 ⑨ 차 도가니탕
⑩ 차 꼬리곰탕 ⑪ 차 오리탕 ⑫ 차양탕
⑬ 차 해장국

5) 찜

① 차술 넣은 닭고기찜　② 차술 넣은 생선찜
③ 녹차 달걀찜　④ 차 연조찜

6) 조림

① 녹차 고등어조림　② 녹차 꽁치조림　③ 차술넣은 닭고기조림

7) 전류

① 말차생선 전유어　② 말차 조개 전유어　③ 말차 생굴 전유어
④ 말차 대하전　⑤ 말차 대합 전유어

8) 전과 적

① 말차 애호박전　② 말차 풋고추 전　③ 말차 양파전
④ 말차 두부전　⑤ 녹차 파적　⑥ 녹차 채소전
⑦ 말차 밀전병　⑧ 녹차 김치적

9) 구이 및 볶음, 튀김, 족편류

① 차양념 생선구이(차양념장 또는 가루차를 바르거나 뿌린 구이
○ 차양념 고등어구이　○ 차양념 꽁치구이　○ 차양념 조기구이
○ 차양념 도미구이　○ 차양념 장어구이　○ 차양념 전어구이
○ 차양념 병어구이　○ 차양념 청어구이　○ 차양념 갈치구이
○ 차양념 삼치구이
② 차양념 불고기(쇠고기, 돼지고기)
③ 우전차 제육볶음(곡우 이전에 딴 차)
④ 찻잎튀김(우리고 난 찻잎을 밀가루 반죽에 적시어 튀김)
⑤ 차순 튀김(차 날움을 밀가루 반죽에 적시어 기름에 튀김)
⑥ 녹차 멸치 튀김(찻잎과 멸치를 밀가루 반죽에 적시어 기름에 튀김)
⑦ 말차 닭튀김　⑧ 녹차 조갯살 튀김
⑨ 녹차 편육, 족편　⑩ 우전차 새우 볶음

10) 숙채

① 녹차무침(우려내고 남은 찻잎)　② 차양념 두부
③ 말차 구절판
※ 밀전병 : 밀가루 1.5C, 말차 1T.S, 소금 1/2T.S, 물 1.5C
④ 차나물 야채말이

11) 병이류(餠餌類)

① 가루차 설기(가루차를 섞어 만든 설기떡)　② 녹차 시루떡
③ 녹차 절편　④ 녹차 가래떡　⑤ 녹차 송편
⑥ 녹차 경단(찹쌀)　⑦ 녹차 인절미　⑧ 녹차 바람떡
⑨ 녹차 무지개떡　⑩ 가루차 고구마 삼색경단　⑪ 녹차 화전

12) 강정류

① 말차 매잣과　② 말차 만두과　③ 말차 다식
④ 말차 약과　⑤ 녹차 강정 또는 가루차 강정
⑥ 말차 엿(가루차를 넣어 만든 엿)

13) 음료 ·유제품·주류

① 녹차　② 말차 미수가루 또는 녹차 미수가루
③ 녹차 배화채　④ 녹차 삼색과일화채　⑤ 녹차술(회춘제)
⑥ 말차 사이다　⑦ 말차 우유(체력증강에 적당)
⑧ 말차 빙설(더위를 식히고 입안을 상쾌하게 함)　⑨ 말차 아이스크림
⑩ 차를 이용한 칵테일(녹차, 오룡차, 홍차에 위스키, 꼬냑 몇방울을 넣고 과당이나 설탕을 조금 넣음)
⑪ 말차 요플레　⑫ 말차 소주(2홉짜리 소주에 녹차 티백 2개)
⑬ 말차 요구르트　⑭ 따뜻한 크림차 또는 버터차
⑮ 말차 쥬스　⑯ 차술(겨울에 몸을 따뜻하게 해 줌)
⑰ 차꽃술(차꽃, 녹차)

14) 제빵류/기타

① 가루차 모닝빵　② 녹차식빵　③ 가루차 핫케익
④ 가루차 쿠키　⑤ 가루차 카스테라　⑥ 가루차 케익
⑦ 말차 스프　⑧ 말차 샌드위치　⑨ 가루차 우무
⑩ 녹차 옥수수스프　⑪ 녹차 오이소박이　⑫ 녹차젤리
⑬ 말차 밀전병, 구절판　⑭ 녹차 젤리　⑮ 녹차 라면
⑯ 가루차 마요네즈　⑰ 가루차 감자사라다　⑱ 녹차 젤리

5. 결 론

1). 철학이 있는 차음식 - 종교음식(사찰음식), 사상음식(제사음식),
2). 문화가 있는 차음식 - 전통음식(궁중음식), 민속음식(명절음식)
3). 예술이 있는 차음식 - 예술음식(모양, 색깔, 향기, 미각, 조화)
4). 궁합이 맞는 차음식 - 음양조화, 냉온조화,
5). 보약이 되는 차음식 - 보양음식, 약선음식, 약효, 효능, 성분

입맛에 맞아야 한다
체질에 맞아야 한다
소화가 잘돼야 한다

동서양 음식의 차이점
동양음식 - 성질에 맞는 음식 / 성질 중심 - 온냉, 약효,
서양음식 - 성분에 맞는 음식 / 성분 중심 - 비타민, 칼슘,

재료의 성질을 알고 맞춰서 요리를 해야 한다.

한국의 전통 차떡(茶餠)

서론

차떡(茶餠)이란 무엇인가 - 정의 = 차(茶) +떡(餠) = 차떡
국어사전 - 떡의 정의(定義)
- 떡(餠)이란, 곡식이나 곡식가루를 찌거나 삶거나 하여 치거나 빚어서 만든 음식. 편.
- 곡식가루를 찌거나 삶아 익힌 음식의 총칭.

어원(語源) / ᄯᅥᆨ, **편**
- 한글이 창제된 후 처음으로 한글로 표기된 떡의 글자 - ᄯᅥᆨ
- 15세기 중세문헌에 ᄯᅥᆨ으로 표기
 월인석보(月印釋譜) 권1, 42 - ᄯᅥᆨ,
 - 1459년(세조 5) 《석보상절》과《월인천강지곡》을 합하여 편찬한 책이다.
 훈몽자회(訓蒙字會) 中, 20
 - 1527년(중종 22) 최세진(崔世珍)이 어린이들의 한자(漢字) 학습을 위하여 지은 책이다.
 - 『餠: ᄯᅥᆨ병, 餌: ᄯᅥᆨ이, 餈: ᄎᆞᄯᅥᆨᄌᆞ, 餻: ᄯᅥᆨ고.』
 『병이(餠餌), 자고(餈餻), 병이자고(餠餌餈餻)』
- 심마니의 말에서 유래 - ᄯᅥᆨ = ㅅ, ㄷ, ㅓ, ㄱ. 합쳐 짐
 함경도 - 시덕, 평안도 - 시더구, 강원도 - 시더기.

- 편(片) - 떡을 편이라고도 한다 / 절편(折餠,切餠)의 준말.
 절병을 절편(切片)이라고 한다. 흰떡을 잘라서 판에 찍어낸 것이다.
 끊거나(切) 잘라서(折) 조각(편:片) 낸다는 의미로 후대에 생겨난 말이다.

결론

- 우리말로 왜 떡이라고 했는지 어원이 불확실하다. 떡은 순수한 우리말이다.
- 떡이란 말의 어원을 중국에서 빌려오지 않았다. 대다수가 중국말에서 유래를 찾음과 비교되는 것이다.
- 중국은 한자(漢子) 말로 빙(餠)이라고 한다.
 주례(周禮:戰國時代저술BC480-222)에서 유래되었다.
 구이분자(糗餌粉餈)가 어원이다.
- 이익의 성호사설 - 떡의 어원을 중국의 한문자에서 찾은 사람 / 모두 이를 답습함.
- 쌀 문화와 연계성이 있다 / 동남아시아 발원- 메콩강 상류, 난창강
- 떡 문화는 벼농사 문화와 함께 동남아시아에서 전해진 것인데, 형태 · 종류 · 민속 등에서 공통점이 많다.

차떡의 발전 단계 - 3단계

- 전통차떡 - 전통을 계승한 차떡 / 전통, 역사, 문화를 계승한 차떡
- 창작차떡 - 창조성을 살린 차떡 / 창조, 개발, 발전성이 있는 차떡
- 예술차떡 - 예술, 철학이 있는 차떡 / 예술, 철학이 있는 차떡 - 정신, 사상, 철학

맞춤형 차떡 - 미래의 차떡 / 기호성, 기능성, 예술성
- 차떡으로 질병을 예방, 치료하고 / 새로운 상품 개발, 세계성이 있는 차떡 개발

나의 차떡론 - 전통 떡에서 기능성, 예술성이 있는 차떡으로 개발.
- 전통성 / 우리나라 고유의 떡에서 역사와 정신을 계승 - 문화 계승
- 창조성 / 새로운 재료, 모양, 빛깔과 맛이 있는 창작 차떡 - 창조 발전
- 예술성 / 예술 차떡 개발, 차떡에 문화, 예술, 철학을 접목 - 세계화

1 차떡(茶餠)

1. 차떡이란 무엇인가? - 정의 = 차 +떡 = 차떡

- 차를 이용하여 다른 식품과 조화를 시켜서 만든 떡이다.
- 기능성, 문화성, 예술성, 철학성, 정신성을 강조한 차떡이다.
- 목적이 있는 음식으로 질병 예방과 치료에 사용된다.
- 떡에 차를 넣는다고 해서 모두 차떡이 되는 것이 아니며, 차의 효용과 가치를 살려낸 것이 차떡이다.
- 차(茶)자가 뒤에 들어가면 차(떡차)가 되고 앞에 들어가면 떡(차떡)이 된다.
- 차떡의 오덕(五德) - 모양(形), 미각(味), 특성(性), 향취(香), 빛깔(色)

2. 떡(餠)의 역사

1) 고조선시대 떡(BC5000년~BC100년)

고조선의 떡 / 갈돌, 갈돌대, 시루, 숟가락, 탄화미, 곡식 유물
갈돌/ 신석기, 청동기시대 곡식을 가루 내던 도구 - 궁산, 암사, 영암
시루/ 청동기 시대 곡식을 증기로 쪄서 익히는 도구 - 서포항, 초도 유적
숟가락/ 신석기, 청동기 시대 곡식을 떠서 먹 도구 - 함북 라진 초도유적
탄화미/ 청동기 시대(BC2000~BC1000) 발굴된 곡식 - 평양시 삼석 호남리
- 갈돌과 시루를 통해서 신석기, 청동기시대에 떡을 만들어 먹었을 것으로 사료된다.
- 신석기, 청동기유적지에서 탄화된 벼, 조, 수수, 콩, 기장등 곡식의 알맹이가 발견 되었다
- 시루와 숟가락을 통해서 신석기, 청동기시대에 곡식을 이용한 음식이다. 즉 밥이나 떡을 만들어 먹었을 것으로 사료된다.

2) 삼국시대 떡(BC100~AD900)

삼국시대의 떡 / 문헌, 유물, 시루, 멧돌, 화덕, 제사 때 사용. 선물로 사용
- 삼국시대 떡은 이름, 모양, 재료, 만드는 방법의 기록이 정확히 전해지지 않고 있다.
- 삼국시대 떡은 설병(舌餠)이라는 떡 이름이 전해진다.
- 삼국시대 떡은 삼국유사의 기록과 가락국기, 유물 등으로 전해지고 있다.

① 삼국유사(三國遺事)의 기록
1卷-1紀異-第二남해왕(南解王) - 병서(餠噬) / 탈해(脫解)

왕위 계승 결정 - 떡을 입으로 물어 시험해 보았다.
1卷-1紀異-第三노례왕(弩禮王) - 병험(餠驗) / 잇금
이가 많은 사람은 덕이 많다 - 매부 탈해보다 노례왕이 많음
2卷-2紀異-효소왕대(孝昭王代) 죽지랑(竹旨郞) - 설병일합(舌餠一合)
설병(舌餠)이라는 최초의 떡 이름 / 득오실을 대접 함
설기떡(雪餠)의 일종으로 보여짐 / 이두 음가(音價)로 해석

② 가락국기(駕洛國記)의 기록 / 수로왕릉의 제사에 떡을 올림
三國遺事2卷-2紀異-가락국기(駕洛國記) - 병반다과(餠飯茶菓)
최초로 제사에 떡을 올린 기록 - 기록상 661년 / 문무왕 -15대조

③ 유물의 출토
시루 - 밥이나 떡을 시루에 찌는 도구로 토기를 사용했다.
맷돌 - 쌀, 보리, 밀등의 곡식을 가루로 내는 도구이다.
벽화 - 고구려 벽화에 부엌에서 시루에 음식을 찌는 그림이 있다.

3) 고려시대 떡(AD918~AD1392)

고려시대의 떡 / 연회때 사용. 선물로 사용
- 고려 떡은 모양, 재료, 만드는 방법의 기록이 정확하게 전해지지 않는다.
- 조선시대의 떡을 통해서 재료(쌀, 밀가루), 형태 등을 추측해 볼 수 있다.
- 고려사에 광종 때 내도량(內道場)의 떡을 걸인(乞人)에게 나누어 주었다.
- 고려사절요에 역적 조이가 송고병(松膏餠)을 이야기 함

『원나라 승상(丞相) 안동(安童)이 김유(金裕) · 신백천(申百川) 등을 보내어 대령산(大嶺山)의 향백자(香柏子) · 비자(榧子) · 송고병(松膏餠), 지령동(智靈洞)의 전밀(全蜜) · 유체인삼(有體人蔘), 영동군(永洞郡)의 향누룩[香麴子], 남해도(南海島)의 실모송(失母松), 금강산의 석이(石耳) · 관음송상수(觀音松上水) · 풍면송엽(風眠松葉)을 요구하였다.』
- 이규보의 시문집에 보면 출생 3일후에 떡국이나 국수[湯麵]로 탕병회(湯餠會)를 한다고 되어있다.
- 목은 이색(李穡) 시문집(牧隱詩藁)에 9건의 떡 이야기가 나온다. 떡에 대한 시(詩)를 지은 것이 있다(餠餌, 雪餠, 油餠, 香餠, 燒餠, 月餠).
- 운곡 원천석(元天錫) 시문집(耘谷行錄)에 2건의 떡 이야기가 나온다(細餠, 青餠).
- 원(元)나라에서 월병(月餠), 상화병(霜花餠)이 들어 왔는데 밀가루로 만든 만두, 빵의 일종이다.

(1) **고려시대 떡 문헌**
- 고려시대 떡 문헌의 종류는 정사편, 시문집, 유물.

① 정사편 떡문헌
고려사(高麗史) - 3건
高麗史 93卷-列傳6 -崔承老 - 병(餠)
高麗史130卷-列傳43-叛逆4-趙彝 - 송고병(松膏餠)
高麗史132卷-列傳45-叛逆6-辛旽 - 병과(餠果)

고려사절요(高麗史節要) - 1건

고려사절요 제18권 원종 순효대왕 1(元宗順孝大王一) 무진 9년(1268) - 송고병(松膏餠), 승상(丞相) 안동(安童)이 김유(金裕) - 송고병에 대해 유가 또 말하기를, "소나무 위에서 저 절로 난다." 하였는데, 모두 속여서 한 말이었다.

② 시문집편 떡문헌

東國李相國全集 - 4건 / -湯餠, 一餠/떡차, - 呼餠, - 作餠

牧隱詩藁 - 9건 / - 餠, 餠餌, 雪餠, 油餠, 香餠, 燒餠, 月餠, 油餠

耘谷行錄 - 2건 / - 細餠, 青餠

1. 東國李相國全集卷第六 古律詩 九十二首 憶二兒 二首 - 湯餠
2. 東國李相國全集卷第十三 古律詩 腹用前韻贈之 - 一餠/떡차
3. 東國李相國後集卷第七 古律詩 九十七首 次韻李侍郎見和三首以四首答之 - 呼餠
4. 東國李相國後集卷第七 古律詩 九十七首 次韻李侍郎復見和 七首- 作餠
5. 牧隱詩藁卷之七 詩 謝希顏送新粒 - 餠
6. 牧隱詩藁卷之十五 詩 晩雨 -餠餌
7. 牧隱詩藁卷之二十二 詩 對雨 -餠餌
8. 牧隱詩藁卷之二十四 詩 詠流頭會 -雪餠 / 水團
9. 牧隱詩藁卷之二十八 詩 兒啼飢 一首 -油餠 /
10. 牧隱詩藁卷之二十八 詩 有感 三首 -油餠
11. 牧隱詩藁卷之三十五 長湍吟 縣令文君來訪 -香餠
12. 牧隱詩藁卷之三十五 長湍吟 三郎送燒餠酒甁 - 燒餠
13. 牧隱詩藁卷之三十五 長湍吟 庚午正月七日° 赤城僉判事° 以酒一甁, 月餠, 油餠同一器° 生鮮 一首 送至° - 月餠, 油餠
14. 耘谷行錄卷之四 詩 四月初六日° 別監夫婦設食° 六言四首 - 細餠
15. 耘谷行錄卷之五 詩 三月三日卽事 - 青餠
11. 牧隱詩藁卷之三十五 長湍吟 縣令文君來訪 -香餠

(2) 고려시대 떡 이름

- 고려시대 떡 종류는 율고, 청애병, 시고, 송고병, 유물.

송고병(松膏餠) - 高麗史130卷-列傳43-叛逆4-趙彝

설병(雪餠) - 牧隱詩藁卷之二十四 詩 詠流頭會

유병(油餠) - 牧隱詩藁卷之二十八 詩 兒啼飢 一首

소병(燒餠) - 牧隱詩藁卷之三十五 長湍吟 三郎送燒餠酒甁

월병(月餠) - 牧隱詩藁卷之三十五 長湍吟 庚午正月七日° 赤城僉判事° 以酒一甁, 月餠, 油餠同一器° 生鮮 一首 送至°

세병(細餠) - 耘谷行錄卷之四 詩 四月初六日° 別監夫婦設食° 六言四首

청병(青餠) - 耘谷行錄卷之五 詩 三月三日卽事 / 청애병(青艾餠)-어린 쑥

율고(栗餻) - 海東繹史, 韓致奫

4) 조선시대 떡(AD1392~AD1910)

- 조선시대에는 떡 문화가 가장 많이 발전하였다.

- 조선시대에 떡의 종류가 가장 많이 만들어 졌다
- 조선시대 떡을 모든 의식의 가장 중요한 위치에 올려놓았다.
- 조선시대 떡을 만드는 재료를 다양하게 개발하였다
- 귀한 산삼병(山蔘餠)과 흔한 백설기, 절편에 이르기 까지 다양하다
- 떡의 종류는 궁중 떡, 사원 떡, 민간 떡으로 나누어진다.
- 궁중에서는 의식용, 연회용, 선물용, 시식용으로 만들었다
- 사원 떡은 의식용, 선물용, 시식용으로 만들었다.
- 민간 떡은 의식용, 연회용, 선물용, 시식용으로 만들었다.
- 민간 떡은 지역적 특성을 가지고 발달하였다
- 조선시대 절편이 발달 되면서 떡살이 만들어 졌다
- 떡살은 임진란 직후부터 문헌에 등장하기 시작 한다
- 조선시대 떡 도구들이 만들어 졌다 - 떡살, 떡상, 떡칼, 떡시루, 떡판, 떡편틀

(1) **조선시대 떡 문헌**

- 조선시대 떡 문헌의 종류는 정사편, 의궤편, 일기편, 시문집, 고문서, 유물.

① 정사편 떡문헌

조선왕조실록(朝鮮王朝實錄) -117건
승정원일기(承政院日記) - 391건
일성록(日省錄) - 311건
고도서 상소류 - 15건

② 의궤편 떡문헌

진연의궤, 진작의궤, 진찬의궤, 궁중의식
가례도감의궤(嘉禮都監儀軌) - 1419건
궁중의식(宮中儀式) - 236건

③ 일기편 떡문헌

내각일기(內閣日記) - 35건
고도서 읍지류 - 18건
고문서 - 34건
근대정부기록류 - 31건
관보 - 8건

④ 시문집편 떡문헌

다산시문집(茶山詩文集) 정약용(丁若鏞) - 19
담헌서(湛軒書) 홍대용(洪大容) - 6건
동문선(東文選) - 15건
산림경제(山林經濟) 홍만선(洪萬選) - 7건
상촌집(象村集) 신흠(申欽) - 5건
성소부부고(惺所覆瓿藁) 허균(許筠) - 5건
성호사설(星湖僿說) 이익(李瀷) - 15건
순암집(順菴集) 안정복(安鼎福) - 5건
신증동국여지승람(新增東國輿地勝覽) 이행(李荇) - 12건
사가집(四佳集) 서거정(徐居正) - 7건
연원직지(燕轅直指) 김경선(金景善) - 6건
점필재집(佔畢齋集) 김종직(金宗直) - 6건

증정교린지(增正交隣志) 김건서(金健瑞) - 5건
청장관전서(靑莊館全書) 이덕무(李德懋) - 14건

⑤ 중국과의 떡 교류
계산기정(薊山紀程) - 4건
연행기사(燕行記事) 이갑(李갑) - 3건
연행록(燕行錄) 김정중(金正中) - 6건
연행일기(燕行日記) 김창업(金昌業) - 10건

⑥ 일본과의 떡 교류
동사상일록(東槎上日錄) 오윤겸(吳允謙) - 6건
부상록(扶桑錄) 이경직(李景稷) - 15건
해사일기(海槎日記) 조엄(趙曮) - 5건
해상록(海上錄) 정희득((鄭希得) - 5건

(2) 조선시대 떡의 용도
조선시대의 떡은 세 가지 용도 즉 의식용, 연회용, 예물용으로 사용 되었다.

① 의식에 쓰인 떡
조선왕조실록(朝鮮王朝實錄)에 117건, 승정원일기(承政院日記)에 391건, 일성록(日省錄)에 311건, 고도서 상소류에 15건등 수백건의 떡을 사용한 기록이 전한다.
세종 오례의 세종 오례 / 길례 서례 / 찬실도설, 친제 사직의
/ 진설, 제사직 섭사의 / 진설 / 협향종묘 섭사의 / 진설
/ 사시급납 친향 종묘의 / 진설 / 사시급납 향종묘 섭사의 / 진설
/ 사풍운뇌우 산천 성황의 / 진설 / 제악해독의 / 진설
/ 친향 선농의 / 진설 / 향선농 섭사의 / 진설
/ 향선잠의 / 진설 / 우사의 / 진설
/ 왕세자 석전 문선왕의 / 진설 / 유사 석전 문선왕의 / 진설
/ 향조선 단군의 / 진설 / 향고려 시조의 / 진설
세종 오례의 세종 오례 / 흉례 의식
/ 습전 / 조석곡전 급 상식의
/ 의정부 솔백관 진향의 / 흉례 의식 / 노제의
/ 흉례 의식 / 혼전 우제의 / 산릉의 사시 및 납일 · 정월 · 동지 · 속절의 제사 의식
/ 흉례 의식 / 산릉 친행 제의

- 세종 때 제정한 국가의식인 국조오례의에 의거해서 떡을 올렸으므로 모든 의식의 진설에는 당연히 떡을 올렸다.
- 일성록에 보면,
- 습전(襲奠), 소렴전(小斂奠), 대렴전(大斂奠), 성빈전(成殯奠), 성복전(成服奠), 삭망전(朔望奠) 5차례, 진향전(進香奠) 5차례, 상시책보전(上諡册寶奠), 계빈전(啓殯奠), 조전(祖奠), 견전(遣奠), 노제(路祭), 하산묘전(下山墓奠), 천전(遷奠), 입주전(立主奠), 안묘전(安墓奠), 합계 24전(奠) - 자박병(自朴餠)이 1기이고, - 가미는 4두 9승 5홉 5작이다. - 경단병(敬丹餠)이 1기이고, - 가미는 8두 5홉이다. - 송고병(松古餠)이 1

기이고, - 가미는 11두 6작이다.

- 혼궁에 대한 조석전 - 산삼병(山蔘餠)이 1기이고, - 지워 내렸다. ○ 가미는 11두 7승 2홉 5작이다. - 절병(切餠)이 1기인데, - 가미는 2두 3승 8홉이다. - 이에 대해 하교하기를, "구색병(九色餠)을 매 전에 1, 2기씩 돌려가며 진용(進用)하라."
- 혼궁에 대한 주다례 -병(餠 떡)이 2기인데, 그중 1기는 이번에 특별 하교로 감하하였다. 백자병(柏子餠 잣떡)이 1기이고, - 가미는 5두 2승 3홉 4작이다. 매일 1기씩 각색(各色)의 병을 때에 따라 돌려가며 수용(隨用)한다.
- 혼궁에 대한 해사제(解謝祭), 우제(虞祭) 5차례, 졸곡제, 삭망제 26차례, 오향제(五享祭) 5차례, 절제(節祭) 3차례, 소상(小祥)과 묘소에 대한 삭망제 21차례, 오향제 5차례, 절제 3차례, 소상, - 합계가 72제(祭)이다 - - 병이 1기이고, - 가미는 2두 5홉이다. - 송병(松餠 솔떡)이 1기이고, - 가미는 1두 2승 1홉이다. - 애청병(艾青餠)이 1기이고, - 가미는 1두 9홉이다. - 임자병(荏子餠 들깨떡)이 1기이고, - 가미는 1두 4승 2작이다. - 백자병이 1기이고, - 가미는 5두 2승 3홉 4작이다. - 수단병(水丹餠)이 1기이고, - 가미는 5두 3승 5홉이다. '병이 1기이고' 부터 '수단병' 까지는 지워 내렸다. ○ 이상 각색의 병(餠)은 때에 따라 돌려가며 쓴다.

② 연회에 쓰인 떡 - 의궤류

궁중에서 연회를 베푼 것은 주로 가례(嘉禮)와 빈례(賓禮)때였다. 조선의 가례나 빈례의식은 국조오례의가 찬정되기 전에는 고려의 제도를 따랐고 찬정된 후는 오례를 따라 올렸다.

가례를 집행하던「가례도감(嘉禮都監)」을 설치하여 '가례 때 모든 상차림에 떡을 사용했다' 하였고, '고임도 높게 올렸다' 했다.

- [孝宗寧陵]遷陵都監殯殿所儀軌 : 凶禮 : 山陵, 園所 顯宗14 康熙12, 1673년

自朴餠一器, 山蔘餠一器, 油餠一器, 松古餠一器, 敬丹餠一器, 油沙餠一器
切餠一器, 甫是餠一器, 牀花餠一器, 豆丹子餠一器

- [仁宣后]殯殿魂殿都監儀軌 : 凶禮 : 殯殿[殯宮], 魂殿[魂宮], 顯宗15, 康熙13, 1674년

敬丹餠一器, 油沙餠一器, 切餠一器, 甫是餠一器, 山蔘餠一器, 牀花餠一器
松古餠一器, 豆丹子餠一器

- [顯宗]殯殿都監儀軌 : 凶禮 : 殯殿[殯宮], 魂殿[魂宮] 肅宗01, 康熙14, 1675년

油餠一器, 丁含敬丹餠一器, 山參餠一器, 松古餠一器, 敬丹餠一器

- [肅宗]殯殿都監儀軌 : 凶禮 : 殯殿[殯宮], 魂殿[魂宮] 景宗00, 康熙59, 1720년

油餠一器, 松古餠一器, 敬丹餠一器, 甫是餠一器,
豆丹子餠一器, 牀花餠一器, 切餠一器, 油沙餠一器

- [仁敬王后]殯殿[魂殿]都監儀軌 : 凶禮 : 殯殿[殯宮], 魂殿[魂宮], 肅宗06, 康熙19, 1680년

山蔘餠一器, 油餠一器, 敬丹餠一器, 切餠一器, 松古餠一器, 甫是餠一器,
油沙餠一器, 豆丹子餠一器, 牀花餠一器

- [仁顯王后]殯殿都監儀軌 : 凶禮 : 殯殿[殯宮], 魂殿[魂宮], 肅宗27: 康熙40, 1701년

自朴餠一器, 山蔘餠一器, 油餠一器, 切餠一器, 松古餠一器, 甫是餠一器,
敬丹餠一器, 油砂餠一器, 豆丹子餠一器, 牀花餠一器

③ 예물에 쓰인 떡

- 대마도, 일본

조선시대에는 외국사신을 맞이하거나, 대마도주를 맞았을 때 접대 시 떡을 사용하고 떡을 하사하였다.
「조선왕조실록」에 처음으로 대마도주에게 떡을 하사(1454)함이 기록되고, 그 후 성종10년(1479) 2월까지

여러 차례 떡을 선물로 하사한 기록이 있다.

임란 후에는 일본의 통신사가 여러 차례 왔다. 그때마다 떡과 음식을 함께 대접했다.

임란이후 영·정조 시대에는 떡이 급격히 발전하여 고임이 더욱 높아져(1887년-1자3치, 1901년-1자3치, 1902년-1자5치) 궁중에서도 보통일이 아니었음으로 한때 물자부족으로 떡을 제하라는 왕명이 내렸으나, 오히려 더욱 성하여 고종·순종 때 까지도 많은 양이 사용되었고 각색으로 치장하며 보기 좋게 고였다.

- 단종 02갑술(1454, 경태 5) 2월 14일(을미) 일본국 대마주 태수 종성직이 사자를 보내 와서 토물을 바치고 글을 예조에 올리다
- 단종 02갑술(1454, 경태 5) 12월 7일(계미) 첨지중추원사 원효연을 대마주 경차관으로 삼다
- 세조 07신사(1461, 천순 5) 4월 22일(임진) 일본국 대마주 태수 종성직의 어미가 죽은 데에 대한 부의와 실화의 품목
- 세조 08임오(1462, 천순 6) 2월 16일(신사) 유구국 북쪽의 구미도에 표류하였다 돌아온 양성의 표류기
- 성종 07병신(1476, 성화 12) 2월 12일(병술) 대마도 선위사 김자정이 가지고 가는 예조의 서계
- 성종 10기해(1479, 성화 15) 1월 20일(정축) 예조에서 통신사의 사행에 필요한 여러가지 일들을 조목마다 아뢰다
- 성종 10기해(1479, 성화 15) 2월 9일(병신) 전 경력 이인규를 인견하여 일본의 풍속·학문·관대 등을 물어보다

(3) 떡의 종류

조선시대 떡의 종류가 대단히 많지만 그것을 모두 확인하는 것은 불가능하다.

① 송고병(松古餠) ② 자박병(自朴餠)
③ 경단병(敬丹餠) ④ 산삼병(山蔘餠)
⑤ 절병(切餠) ⑥ 구색병(九色餠)
⑦ 송병(松餠 솔떡) ⑧ 백자병(柏子餠 잣떡)
⑨ 애청병(艾青餠) ⑩ 임자병(荏子餠 들깨떡)
⑪ 수단병(水丹餠) ⑫ 증병(蒸餠)
⑬ 상화병(霜花餠) ⑭ 국병(菊餠)
⑮ 유사병(油沙餠) ⑯ 유병(油餠)
⑰ 보시병(甫是餠) ⑱ 상화병(牀花餠)
⑲ 두단자병(豆丹子餠) ⑳ 정함경단병(丁含敬丹餠)

(4) 떡의 가치 - 3대가치

- 전통성 - 전통을 계승한 떡 / 고려, 조선, 현대로 계승
- 의식성 - 제사, 의식적인 떡 / 진연의궤, 제사에 사용
- 예술성 - 떡 모양의 다양성 / 문양, 모양, 고임, 다식판의 예술성

(5) 떡의 문화

- 떡이 과자문화로 발전 - 과자나 빵의 문화
- 떡이 예술문화로 발전 - 문양, 색상의 아름다움
- 떡이 의례문화로 발전 - 제사, 혼례, 조사제
- 떡이 전통문화로 발전 - 전통성

(6) 떡 만드는 사람

- 궁중에서 떡 만드는 사람을 병색, 병모, 병공이라고 한다.

1) 병색(餠色) - 42건

일성록의 병색 - 총 3건

1. 정조 10년 5월 17일 : ...殯宮魂宮各色掌名色中蒸色二名銀器城上二名床排色二名餠色二名泡色二名合十名墓所各色掌名色中餠工庫城上泡...
2. 정조 10년 윤7월 4일 : ...沙用中沙用小沙用唜者涼盆斗以上如有殯宮時所用以此仍用司饔兼餠色所用大沙用東海盒煮小沙用斗升合自小沙...
3. 헌종 12년 윤5월 24일 : ...091柱炙色池弘璧帖加茶色李壽千等二人蒸色金命碩餠色宋燁別司甕趙龍哲木二疋布一疋照羅赤四名員役水工三...

내각일력의 병색 - 총 1 건

1. 정조 10년 五月월 十七日일:...傳于政院曰殯宮魂宮墓所名色皆依壬申年例爲之殯宮魂宮各色掌名色中蒸色二名銀器城上二名床排色二名餠色二名...

의궤의 병색 - 총 38건

1. [仁敬王后]殯殿[魂殿]都監儀軌책 : ...院軍士一名泡匠色軍士二名 餠色軍士一名...
2. [仁元王后]明陵山陵都監儀軌(下)책 : ...餠色所用四油芚一番高足牀上排六油芚一番四油芚一番典祀廳...
3. [景宗]殯殿都監儀軌책: ...敎是時大祭及輪三日祭奠卽今日氣漸寒乙仍于各色餠色果實湯菜...
4. [景宗]殯殿都監儀軌책: ...水味不好則餠色不精故近以司䆃寺內井汲來取用矣閪閪汲去乙仍于...
5. [景宗]魂殿都監儀軌책 : ...沙乷沙參部排目參介 餠色房仍修補所入沙乷沙貳部排目貳介...

2) 병모(餠母) - 109건

고도서 왕실자료(궁중의식)의 병모 - 총 2건

1. 궁중의식 乾隆二十二年三月日宗親府別進香 : ... 瓦署大火爐五中火爐十五烽爐四 漢城府隅板案板各十五杻籠五馱餠母十名燒木輸送載運焉...
2. 궁중의식 儐禮總覽 : ...名刑曹定送京婢房子七名雇立絃手四名宴享色定送架子軍隨其名數本寺貢人待令熟手三名餠母一名麪母一名該用...

의궤의 병모 - 총 107건

1. [孝宗寧陵]遷陵都監殯殿所儀軌책 : ...別報山陵都監云一奉常內資內贍禮賓熟手餠母等依所報自都監捧甘...
2. [孝宗寧陵]遷陵都監殯殿所儀軌책: ...三部硯甲六部合負持軍十三名一奉常內資內贍牒呈熟手餠母等料...
3. [孝宗寧陵]遷陵都監殯殿所儀軌책: ...寺內資內贍牒呈今番遷陵時各處祭奠時熟手餠母 及牀花匠麪匠磨鏡...
4. [孝宗寧陵]遷陵都監殯殿所儀軌책: ...後錄奉常寺舊陵熟手十名各七日料餠母八名牀花匠二名各六日料...
5. [孝宗寧陵]遷陵都監殯殿所儀軌책: ...名花匠一名磨鏡匠一名各六日料宿所熟手二名各一日料餠母二名麪...

3) 병공(餠工) - 157건

고도서 왕실자료(궁중의식)의 병공 - 총 3건

1. 궁중의식 端懿王后國恤謄錄 : .苑頭色一庫城上一酒色一湯色一炙色一進止飯工一蒸色一牀排色一餠工一木麥匠一銀器...
2. 궁중의식 迎接都監雜物色謄錄 : .爐一 陶東海一 木中盤一 丹幅紙二張 白瓶二馬尾篩一 ▬餠工二奉常寺奴吾

目天祥助役一坊民 ■長床一...

3. 궁중의식 迎接都監雜物色謄錄 : 及助役二坊民 ■床色二司導寺奴孝生館奴戒龍助役二坊民 ■湯浴色一館奴許弄助役一坊民 ■餠工二奉常寺奴...

일성록의 병공 - 총 2건

1. 정조 10년 5월 17일 : ...殯宮魂宮各色掌名色中蒸色二名銀器城上二名床排色二名餠色二名泡色二名合十名墓所各色掌名色中餠工庫城上泡...
2. 순조 23년 1월 11일 : ...一間祭物庫集禮門西行閣祭物熟設廳祭物陳設抹樓祭器庫泡匠間餠工砧間飯監酒色別司饔院房水剌飯工銀器城上...

내각일력의 병공 - 총 1 건

1. 정조 10년 五月월 十七日일 : ...各色掌名色中蒸色二名銀器城上二名床排色二名餠色二名泡色二名合十名墓所各色掌名色中餠工庫城上泡匠銀器城...

의궤의 병공 - 총 151건

1. [宣祖妃仁穆后]國葬都監儀軌책 : ...e〉長興庫〈/font〉 餠工色鍮東海一...
2. [宣祖妃仁穆后]國葬都監儀軌책: ...路不可不申明禁斷今見守陵員役單子則各色掌等十八名內餠工李 ...
3. [宣祖妃仁穆后]國葬都監儀軌책: ...餠工色所掌鍮東海一鍮中沙要一鍮小沙要一陶甑蓋具一鐵...
4. [仁穆王后]山陵都監儀軌책: ...一間飯監房溫突一間酒色房溫突一間別司饔溫突一間 餠工房溫突...
5. [孝宗寧陵]遷陵都監殯殿所儀軌책: ...一酒色執介一大樻鎖鑰具一湯色樻子一鎖鑰具刀子一餠工色案板一...

한국의 전통 차한과(茶漢果)

서론

차 한과란 무엇인가 - 정의 = 차(茶) +한과(漢果) = 차한과

국어사전 - 한과의 정의(定義)

- 한과(漢果)이란, 곡식이나 곡식가루를 찌거나 삶거나 하여 치거나 빚어서 만든 음식. 편.
- 곡식가루를 찌거나 삶아 익힌 음식의 총칭.
- 한과를 지칭하는 이름이 여러 가지 있다

한과(漢果), 한과(韓果), 과줄(果列), 조과(造果), 과정(果飣),

어원(語源) / 한과를 총괄하는 용어가 없었다.

- 유밀과(油蜜菓), 약과(藥果), 유과(油菓), 정과(正果), 다식(茶食), 강정 등으로 불린다.
- 한과(漢果), 한과(韓果), 과줄(果列), 조과(造果), 과정(果飣)등으로 불린다.
- 한과(漢果)는 중국의 과자에서 유래된 명칭이다.
- 한과(韓果)는 최근에 중국식 한과 표현에 반발해서 생겨난 용어이다.
- 과줄(果列)은 제물을 진설할 때 과줄에 한과를 올리기 때문에 붙여진 이름이다.
- 조과(造果)는 과일을 본떠서 만들었다고 해서 붙여진 이름이다.
- 과정(果飣)은 과자와 같은 종류, 등속으로 나뉘어진다고 해서 붙여진 이름이다.

과(果)와 과(菓)

과(果) - 열매과, 과일 과 - 생 과일(실과, 열매)을 말한다/ 고문헌에 등장

과(菓) - 실과과, 과자 과 - 만들은 과자(과자, 造菓)를 말한다/ 가락국기 등장

결론

- 한과를 총괄하는 명칭이 정리되지 않았다.
- 고려 때는 유밀과라는 한과 이름을 사용했다(중군인은 고려병이라 했음).
- 조선시대에 한과 문화가 발달하면서 다양한 한과 이름이 생겨났다.
- 한과의 명칭과 문화를 중국에서 찾으려는 사대주의적 경향이 많았다.
- 중국 과자 문화의 수입과 조선 사대주의로 한과(漢菓)라는 용어가 생겼다.
- 이익(李瀷 1681～1763(숙종7～영조39))의 성호사설(星湖僿說)
- 이규경(李圭景 1788～1856(정조12～철종7))의 오주연문장전산고(五洲衍文長箋散稿)
- 정약용 (丁若鏞 1762～1836(영조 38～헌종 2))의 아언각비 (雅言覺非)
- 대다수 한과의 이름은 중국에서 빌려오지 않았다.

차한과의 발전 단계 - 3단계

- 전통한과 - 전통을 계승한 한과 / 전통, 역사, 문화을 계승한 한과
- 창작차한과 - 창조성을 살린 차한과 / 창조, 개발, 발전성이 있는 차한과
- 예술차한과 - 예술, 철학이 있는 차한과 / 예술, 철학이 있는 차한과 - 정신, 사상, 철학

맞춤형 차한과 - 미래의 차한과 / 기호성, 기능성, 예술성
- 차한과로 질병을 예방, 치료하고 / 새로운 상품 개발, 세계성이 있는 차한과 개발

나의 차한과론 - 전통 한과에서 기능성, 예술성이 있는 차한과으로 개발.
- 전통성 / 우리나라 고유의 한과에서 역사와 정신을 계승 - 문화 계승
- 창조성 / 새로운 재료, 모양, 빛깔과 맛이 있는 창작 차한과 - 창조 발전
- 예술성 / 예술 차한과 개발, 차한과에 문화, 예술, 철학을 접목 - 세계화

1 차한과(茶韓菓)

1. 차한과란 무엇인가? - 정의 = 차 +한과 = 차한과
- 차를 이용하여 다른 식품과 조화를 시켜서 만든 한과
- 기능성, 문화성, 예술성, 철학성, 정신성을 강조한 차한과.
- 목적이 있는 음식 - 질병 예방과 치료
- 한과는 모든 의식에 가장 화려하게 많이 올라가는 제물이다.
- 제수 가운데 가장 많은 종류가 한과이다.
- 차한과의 오덕(五德) - 모양(形), 미각(味), 특성(性), 향취(香), 빛깔(色)

2. 한과(과줄)의 역사

1) 삼국시대 한과(BC100~AD900)
삼국시대의 한과 / 문헌, 제사때 사용.
- 삼국시대 한과는 이름, 모양, 재료, 만드는 방법의 기록이 정확히 전해지지 않음.
- 삼국유사 가락국기 - 다과로 제사 지냄

① 삼국유사(三國遺事) 가락국기(駕洛國記)의 기록 / 수로왕릉 제사에 떡 올림
三國遺事2卷-2紀異-가락국기(駕洛國記) - 병반다과(餠飯茶菓)
최초로 제사에 한과(茶菓)를 올린 기록 - 기록상 661년 / 문무왕 -15대조

② 유물의 출토
벽화 - 고구려 벽화에 무용총, 각저총에 다과 대접하는 그림

2) 고려시대 한과(AD918~AD1392)- 유밀과
고려시대의 한과 / 연회때 사용. 선물로 사용
- 고려 한과는 유밀과가 대표적이다.
- 유밀과의 모양, 재료, 만드는 방법의 기록이 정확하게 전해지지 않음.
- 조선시대의 유밀과를 통해서 재료, 형태 등을 추측해 볼 수 있다- 밀가루
- 고려때 유밀과를 연회에 사용- 연등회, 팔관회
- 고려때 유밀과를 금지하기도 했다 - 사치 풍조
- 유밀과 사용으로 물가가 폭등함
- 유밀과 대신 실과를 사용하도록 함
- 고려때 연회에 사용한 유밀과- 3그릇, 5그릇, 9그릇

- 찬(饌)은 3가지 이상 사용을 금함

(1) 고려시대 한과 문헌

- 고려시대 한과 문헌의 종류는 고려사, 고려사절요.

① 정사편 한과문헌

고려사(高麗史) - 8건

1. 高麗史22卷-世家22-高宗1- 十二年春正月- 연등팔관회에 유밀과상차림(燃燈八關油蜜果床)
2. 高麗史29卷-世家29-忠烈王2- 유밀과를 금지함(禁油蜜果)
3. 高麗史31卷-世家31-忠烈王4- 원나라연회에 고려유밀과사용(宴皆用本國油蜜果)
4. 高麗史38卷-世家38-恭愍王1- 물가폭등으로 유밀과 금지(物價騰湧禁公私用油蜜果)
5. 高麗史85卷-志39-刑法2-禁令- 유밀과를 금지하고 대신 실과를 사용하되 소는 3기, 중은5기, 대는 9기 찬를 쓰되 3품(三品)을 넘지 않는다(禁用油蜜果代以木實小不過三器中不過五器大不過九器饌亦不過三品)
6. 高麗史85卷-志39-刑法2-禁令-忠烈王八年九月- 유밀과를 금지함(禁油蜜果)
7. 高麗史85卷-志39-刑法2-禁令-忠宣王二年- 공사의 연회에 유밀과, 사화(絲花)를 모두 금지한다 위반자는 형벌로 다스린다(公私宴油蜜果絲花 皆禁之違者痛治)
8. 高麗史85卷-志39-刑法2-禁令-恭讓王 - 사신의 연회외에는 일체 유밀과사용을 금지한다(命使臣宴享外油蜜果一皆禁止)

고려사절요(高麗史節要) - 3건

1 고려사절요(高麗史節要) 卷13, 明宗光孝大王2, 22년-유밀과(油蜜果)를 쓰지 말고, 과실(果實)로써 대신
2 고려사절요(高麗史節要) 卷21, 忠烈王3, 22년- 본국의 유밀과(油蜜果)사용.
3 고려사절요(高麗史節要) 卷23, 忠宣王, 2년-연회에 유밀과(油蜜果)와 사화(絲花)를 사용 금지

1 고려사절요(高麗史節要) 卷之十三, 明宗光孝大王[二], [壬子二十二年]- 유밀과

○ 5월에 제(制)하기를, "지금 풍속이 부화(浮華)를 숭상하여 무릇 공사간(公私間)에 잔치를 베풀 적에는 남보다 낫기를 다투어, 곡식을 진흙과 모래같이 쓰고 기름과 꿀 보기를 뜨물찌꺼기같이 하며, 다만 외관의 아름다움을 위하여 낭비함이 한이 없다.

지금부터는 유밀과(油蜜果)를 쓰지 말고, 과실(果實)로써 대신하되, 작은 잔치에는 3그릇을 초과하지 말고, 중간 잔치에는 5그릇을 초과하지 말고, 큰 잔 치에는 9그릇을 초과하지 말게 하며, 찬(饌) 역시 3가지를 초과하지 말게 할 것이며, 만약 부득이하여 더 쓰게 되더라도 포(脯)와 젓[醢]을 번갈아 들여 정식(定式)으로 삼을 것이다. 영(令)과 같이 하지 않는 사람이 있으면 유사(有司)가 죄를 탄핵할 것이다." 하였다.

2 고려사절요(高麗史節要) 卷之二十一, 忠烈王[三], [丙申二十二年]

○ 세자가 백마 81필을 황제에게 폐백으로 드리고, 진왕(晉王) 감마랄(甘麻剌)의 딸 보탑실련공주(寶塔實憐公主 충선왕비가 된 계국대장공주(薊國大長公主))를 아내로 맞았다. 잔치에는 본국의 유밀과(油蜜果)를 썼다.

3 고려사절요(高麗史節要) 卷之二十三, 忠宣王, [庚戌二年]

○ 가을 7월에 공사(公私)의 연회에 유밀과(油蜜果)와 사화(絲花 색비단에 금실로 수놓은 조화(造花))를 사용하는 것은 모두 금지한다. 위반한 자는 엄중히 처벌하라." 하였다.

4) 조선시대 한과(AD1392~AD1910)

- 조선시대에는 한과 문화가 가장 많이 발전하였다.
- 조선시대에 한과의 종류가 가장 많이 만들어 졌다
- 조선시대 한과를 모든 의식의 가장 많은 종류가 올려졌다.
- 조선시대 한과를 만드는 재료를 다양하게 개발하였다
- 한과의 종류는 궁중한과, 사원한과, 민간한과로 나누어진다.
- 궁중에서는 제사용, 연회용, 선물용, 시식용으로 만들었다
- 사원한과는 의식용, 선물용, 시식용으로 만들었다.
- 민간한과는 제사용, 연회용, 선물용, 시식용으로 만들었다.
- 민간한과는 지역적 특성을 가지고 발달하였다
- 조선시대 약과, 유과, 산자, 강정이 발달 되면서 재료가 다양해 졌다

(1) 조선시대 한과 문헌

- 조선시대 한과 문헌의 종류는 정사편, 의궤편, 일기편, 시문집, 고문서.

① 정사편 한과 문헌

조선왕조실록(朝鮮王朝實錄) - 유밀과 70건, 약과 17건, 만두과 12건

승정원일기(承政院日記) - 유밀과 0건, 약과 85건, 만두과 17건, 사과 2건

일성록(日省錄) - 유밀과 42건, 만두과 71건, 다식과 5건, 약과 6건, 강정4건, 박계 12건, 사과 4건, 산자 22건, 정과 36건, 한과 15건

② 의궤편 한과 문헌

진연의궤, 진작의궤, 진찬의궤, 궁중의식

가례도감의궤(嘉禮都監儀軌) - 산자 735건, 박계 267건, 약과 39건, 만두과 5건, 정과 109건, 한과 2건,

궁중의식(宮中儀式) - 만두과 68건, 다시과 34건, 박계 25건, 사과 35건, 산자 86건, 정과 93건, 차수과 8건, 한과 32건

③ 일기편 한과 문헌

내각일기(內閣日記) - 약과 3건, 박계 1건, 산자 7건

근대정부기록류 - 2건

④ 시문집 한과 문헌

음애집(陰崖集) 미상(未詳)- 3건

송자대전(宋子大全) 송시열(宋時烈)- 2건

구당집(久堂集) 박장원(朴長遠)- 2건

성호전집(星湖全集) 이익(李瀷)- 3건

연경재전집(硏經齋全集)성해응(成海應)- 2건

퇴계집(退溪集) 이황(李滉)- 3건

노서유고(魯西遺稿) 윤선거(尹宣擧)- 3건

북헌집(北軒集) 김춘택(金春澤)- 2건

홍재전서(弘齋全書) 정조(正祖)- 2건

여유당전서(與猶堂全書)정약용(丁若鏞)- 2건

⑤ 중국과의 한과 교류

연행일기(燕行日記) 김창업(金昌業) - 18건

연원직지(燕轅直指) 김경선(金景善)- 4건

⑥ 일본과의 한과 교류

봉사일본시문견록(奉使日本時聞見錄) 조명채(曺命采) - 2건
해사일기(海槎日記) 조엄(趙曮) - 14건

(2) 조선시대 한과의 용도

조선시대의 한과는 3가지 용도로 사용 되었다 - 의식용, 연회용, 예물용

① 의식에 쓰인 한과

세종 오례의 세종 오례 / 흉례 의식
/ 습전 / 조석곡전 급 상식의
/ 의정부 솔백관 진향의 / 노제의
/ 혼전 우제의 / 산릉의 사시 및 납일 · 정월 · 동지 · 속절의 제사 의식
/ 산릉 친행 제의

- 세종때 제정한 국가의식인 국조오례의에 의거해서 한과를 올렸으므로 모든 의식의 진설에 당연히 한과를 올리는 것이었다.

② 연회에 쓰인 한과 - 의궤류

궁중에서 연회를 베푼 것은 주로 가례(嘉禮)와 빈례(賓禮)때였다. 조선의 가례나 빈례의식은 국조오례의가 찬정되기 전에는 고려의 제도를 따랐고 찬정된 후는 오례를 따라 올렸다.
가례를 집행하던 「가례도감(嘉禮都監)」을 설치하여 '가례 때 모든 상차림에 한과을 사용했다' 하였고, '고임도 높게 올렸다' 했다.

고도서 왕실자료 : 34건
제목: 外進宴設饌圖

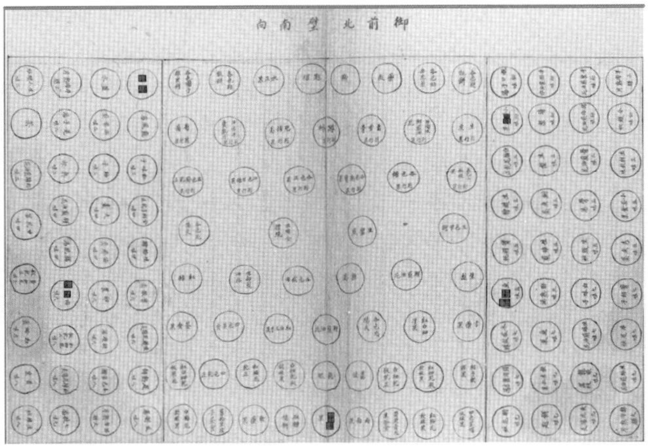

1. 궁중의식 慶嬪禮葬所謄錄 : …茶食果一器 中朴桂一器 兩色軟査果一器 …
2. 궁중의식 內外進宴謄錄 : … 茶食果一器眞末四斗 眞油一斗六升 清蜜一斗…
3. 궁중의식 內外進宴謄錄 : … 茶食果一器眞末四斗 眞油一斗六升 淸蜜一斗六…
4. 궁중의식 內外進宴謄錄 : … 初味 茶食果一器眞末四斗 …
5. 궁중의식 內外進宴謄錄 : … 初味 茶食果一器眞末四斗 眞油一斗二升 …
6. 궁중의식 內外進宴謄錄 : … 茶食果, 五色茶食 : 一器 眞末四升 眞…
7. 궁중의식 內外進宴謄錄 : … 各色茶食果一器茶食果眞末三升眞油一升二合淸…

8. 궁중의식 內外進宴謄錄 : ... 茶食果各色茶食一器茶食果...
9. 궁중의식 內外進宴謄錄 : ... 方藥果一器 茶食果一器 ...
10. 궁중의식 內外進宴謄錄 : ... 方藥果一器 茶食果一器 ...

3. 한과의 종류

한과류 - 총 254종 / 조선시대 문헌에 등장한 한과류
유밀과류 - 37종, 유과류 - 68종, 다식류 - 28종
전과류 - 51종, 과편류 - 11종, 엿강정류 - 6종
당류 - 53종.
한과의 종류가 대단히 많지만 모두 확인이 안 된다.

1). 유밀과류(油蜜果類) - 기름에 지지는 한과

- 약과, 만두과, 다식과, 박계, 매작과, 차수과, 채소과, 요화과, 계강과

밀가루를 주재료로 하여 꿀 · 기름을 부재료로 넣고 반죽하여 여러 가지 모양을 만들어 기름에 지진 것으로 약과 · 연약과 · 만두과 · 다식과 등을 말한다.

기름에 지질 때에는 기름이 약과에 속속들이 배어들도록 130℃ 전후의 온도에 지져야 하며, 다시 꿀에 재어 꿀이 배어들도록 한다. 약과류의 단면은 여러 켜로 포개어진 듯하고 그 사이에 기름과 꿀이 배어 있는 것이 특징이다.

고려시대에는 새 · 붕어 · 과일 등의 모양으로 만들었는데, 조선 시대에는 모나게 썰거나 판에 찍어 국화문양으로도 만들었다.

- 박계류(朴桂類) - 대박계, 중박계

밀가루에 소금 간을 하고 꿀을 섞어 되게 반죽하여 높은 온도의 기름에 지진 것으로 대박계 · 중박계 등이 있다. 기름을 섞어 반죽한 것이 아니므로 단면에 여러 켜가 생기지 않고, 또 높은 온도에서 지진 것이므로 속에 기름이 배어 있지도 않다. 잔치에서 보다 제향음식으로 쓰인다.

- 다식류- 다식과, 각종다식

쌀 · 깨 · 밤 등의 가루나 송화가루 등을 꿀로 반죽하여 판에 찍어 낸 것으로 밤다식 · 송화다식 · 흑임자다식 · 잡과다식 · 용안육다식 · 녹말다식 등이 있다. 고려시대에는 차를 즐겨 마셨는데, 후세에 내려와서는 차 대신에 가루를 뭉쳐서 꽃 · 나뭇잎 · 물고기 · 나비 등의 문양을 넣어 다식이라 하고 제향에 쓰기도 하였다.

- 약과류- 대약과, 소약과, 모약과
- 만두과, 연약과, 매작과, 차수과,

2). 강정류- 기름에 튀기는 한과

- 산자류- 매화산자, 밥풀산자, 묘화산자, 메밀산자, 연사과, 빈사과
- 강정류- 깨강정, 잣강정, 계피강정, 송화강정, 콩강정,

산자와 강정은 모두 찹쌀가루에 술과 꿀을 섞어 찐 것을 공기가 섞이고 끈기가 생길 때까지 쳐서 갸름하게 썰어 말렸다가 기름에 튀겨 고물을 묻힌 것이다. 산자에는 밥풀산자 · 매화산자 등이 있고, 강정에는 깨강정 · 계피강정 · 잣강정 · 송화강정 등이 있다. 산자와 강정은 연하고 속이 비어 있어, 씹으면 바삭 하는 소리가 날만큼 튀겨야 좋다.

3). 정과류- 꿀에 조리는 한과

- 정과류- 동아정과, 연근정과, 생강정과, 행인정과, 수삼정과, 모과정과, 살구정과, 도라지정과, 맥문동정과, 천문

동정과, 유자정과, 귤정과, 청매정과, 복숭아정과, 수박정과, 산사정과, 건정과

- 숙실과류- 밤초, 대추초, 생란, 조란, 율란
- 과편류- 앵두편, 모과편, 복분자편, 산사편, 살구편, 오미자편, 생강편

과실이나 연근 · 생강 · 도라지 등을 꿀에 졸여 만든 것으로 모과정과 · 유자정과 · 생강정과 · 천문동정과 · 연근정과 · 도라 지정과 등이 있다. 꿀 대신 조청이나 설탕을 쓰기도 하며 졸여진 상태가 윤이 흐르고 쫄깃쫄깃 해야 맛이 있다.

정과(正果) 전과(煎果)

견과 · 생과 · 근채 등에 설탕물 또는 꿀을 넣고 조리거나 잰 음식. 전과(煎果)라고도 한다. 정과류는 당도가 65% 이상으로 저장성이 있어서 제철의 생과 · 근채 · 견과 등을 비축하기 위해 개발된 음식이다. 밀전과정은 꿀에 조린 정과를 말하는데, 큰상 · 장국상 · 제례음식에 꼭 쓰인다. 꿀에 재거나 조려 만든 정과는 건더기를 꿀물에 띄워 수정과(水正果)를 만들어 음료로 쓰기도 하며, 과일로 즙을 내어 거기에 꿀을 넣고 조리다가 녹말가루를 섞고 식혀서 묵처럼 엉기면 편상(片狀)으로 썰어 밀전편(蜜煎片)을 만들기도 한다. 정과의 재료로는 인삼 · 산사(山査) · 천문동(天門冬) 등 약재나 유자 · 모과 등 독특한 향미를 가진 과일, 배와 무 · 연근 · 생강 등 근채를 별미롭게 하여 쓰기도 한다.

밀정과에는 재료에 따라 유자정과 · 모과정과 · 연근정과 · 동아정과 · 선동아정과 · 천문동정과 · 생강정과 · 향설고 · 산사정과 · 인삼정과 · 밤초 · 대추초 · 달래정과 · 도라지정과 · 들쭉정과 · 산포도정과 · 복숭아정과 등이 있고,

음료로 쓰이는 수정과에는 곶감수정과 · 선동아수정과 · 향설고수정과 · 복숭아수정과 등이 있으며, 밀전편에는 앵두편 · 산사편 · 복분자딸기편 · 모과편 등이 있다.

동아정과 (－正果)

전라도 음식의 하나. 늙은 동아의 속을 두께 5㎜, 길이 40~50㎝로 길게 썰어 꼬막을 구워서 만든 꼬막가루를 고물 묻히듯이 발라 하룻밤 재운 뒤 찬물에 우린다. 이때 2~3일 동안 물을 갈아 부으면서 횟물을 충분히 우려내도록 한다. 독기가 빠지면 끓는 물에 데친 뒤 꿀을 넣고 천천히 졸이면 발그스레한 빛이 나는 동아정과가 된다. 동아정과는 끓인 설탕물에 그대로 담가 꼭 봉해 두고 쓸 때마다 한 토막씩 꺼내 사용한다.

감자정과 (柑子正果)

귤을 이용한 한국 음식의 하나.

만드는 법에 따라 3종류가 있다.

① 귤을 통째로 8㎜ 정도의 두께로 썰어 꿀이나 물엿에 잰 정과

② 귤의 속쪽을 곱게 다듬어서 꿀에 잰 정과

③ 귤의 껍질을 잘게 썰어 꿀에 담갔다가 살짝 볶은 정과 등이다.

후식 · 간식으로 먹을 만하다.

숙실과

율란 · 조란 · 밤초 · 대추초 등이 있다. 과실 중에서 밤과 대추를 제모 양대로 꿀에 넣어 졸인 것을 밤초 · 대추초라 하며, 밤을 삶아 으깨서 꿀 · 계피가루에 버무려 다시 밤모양으로 만든 것을 율란(栗卵), 대추를 쪄서 그 살을 으깨어 계피가루를 섞고 대추 모양을 만들어 잣을 끝에 꽂은 것을 조란(棗卵)이라 한다.

과편

과일즙에 녹말을 섞어 굳힌 것으로 앵두편 · 녹말편 · 산자편 등이 있다.

4). 엿강정- 엿에 버무리는 한과

- 쌀엿강정, 땅콩엿강정, 콩엿강정, 잣엿강정, 깨엿강정, 들깨엿강정, 흑임자엿강정, 호두엿강정, 대추엿강정

엿을 부재료로 쓰고, 주재료는 호두 · 깨 · 땅콩 · 볶은 콩 등을 버무린 것이다. 깨엿강정 · 호두엿강정 · 땅콩엿강정 등이 있다.

엿

조청 · 강엿 · 깨엿 · 생강엿 등이 있다.

5). 규합총서(閨閤叢書) 의 한과 종류 - 빙허각(憑虛閣)이씨(李氏)

권1. 과줄붙이(餠果諸品) 과줄 - 27가지

대추조악, 약과(유밀과), 강정

매화산자 - 밥풀산자, 묘화산자

메밀산자, 감사과, 연사, 연사라교

계강과, 밤조악, 산사편,

산사쪽정과, 앵도편, 복분자딸기편

모과 거른정과, 모과쪽정과, 살구편

벗편, 유자정과, 연근정과, 익힌동과정과

선동과정과, 천문동정과. 생강정과, 왜감자정과

향설고, 유리유정과, 순정과

6). 궁중의식의 한과 종류 - 의궤(진연, 진작, 진찬), 왕실기록

약과(藥果), 중박계(中朴桂), 홍산자(紅散子), 량색세반료화(兩色細飯蓼花)

홍백세반료화(紅白細飯蓼花), 각색조악화전(各色助岳花煎), 다식과(茶食果),

량색연사과(兩色軟査果), 방약과(方藥果), 만두과(饅頭果), 숙실과(熟實果),

각색숙실과(各色熟實果), 홍백세한과(紅白細漢果), 각색정과(各色正果),

홍차수과(紅叉手果), 백차수과(白叉手果), 백자연사과(栢子軟絲果),

홍매화연사과(紅梅花軟絲果), 백매화연사과(白梅花軟絲果), 사색감사과(四色甘絲果),

감사과(甘絲果), 홍매화건정(紅梅花乾正), 백매화건정(白梅花乾正),

홍세건반건정(紅細乾飯乾正), 백세건반건정(白細乾飯乾正), 량색건정(兩色乾正),

사색건정(四色乾正), 오색건정(五色乾正), 계피말건정(桂皮末乾正),

백자말건정(栢子末乾正), 오색령건정(五色鈴乾正), 령건정(鈴乾正), 홍세반건정(紅細飯乾正)

당귀말건정當歸末乾正), 백세반건정(白細飯乾正), 백자건정(栢子乾正),

홍백대립모빙사과(紅白大笠帽氷絲果), 홍빙사과(紅氷絲果), 백빙사과(白氷絲果),

청황립모빙사과(青黃笠帽氷絲果), 색립모빙사과(四色笠帽氷絲果), 청빙사과(青氷絲果),

황빙사과(黃氷絲果), 홍세건반연사과(紅細乾飯軟絲果), 백세건반연사과(白細乾飯軟絲果),

홍세건반료화(紅細乾飯蓼花), 백세건반료화(白細乾飯蓼花)

4. 한과의 가치 - 3대가치

- 전통성 - 전통을 계승한 한과 / 고려, 조선, 현대로 계승
- 의식성 - 연회, 의식적인 한과 / 진연의궤, 연회에 사용
- 예술성 - 한과 모양의 다양성 / 문양, 모양, 고임, 색상의 예술성

5. 한과의 문화

- 한과가 과자문화로 발전 - 과자나 빵의 문화
- 한과가 예술문화로 발전 - 문양, 색상의 아름다움
- 한과가 의례문화로 발전 - 제사, 혼례, 연회
- 한과가 전통문화로 발전 - 전통성

6. 한과를 의식에 사용하는 사례

- 궁중에서 각종의식에 사용하는 한과의 수량과 재료.

1). 궁중의식- 경빈예장소등록(慶嬪禮葬所謄錄)

각종제사에 올린 한과(祭奠器數, 各奠에 그릇수는 동일함)

藥果一器 中朴桂一器 紅散子一器 兩色細飯蓼花一器 截肉一器 丹杏一器 黃栗一器 大棗一器
各色正果一器 花菜一器 千葉煎油花一器 雜蒸一器 三色炙一器 秋鰒食醢一器 雜湯一器 麵一器
白淸一器 醋醬一器 甘醬一器 淸酒一瓶 紅燭一雙

삭망전에 올린 한과(朔望奠, 別奠도 동일함)

茶食果一器 中朴桂一器 兩色軟查果一器 兩色乾正一器 各色截肉一器 各色茶食一器 生梨一器
生栗一器 大棗一器 各色正果一器 花菜一器 雜果蕉豆粘甑餠一器 雜果當歸粘甑餠一器 雜果綠豆甑餠一器 石茸團子一器 靑艾團子一器 大棗煮朴餠一器 熟實果一器 藥食一器 各色華陽炙一器 生鮮煎油花一器 胖煎油花一器 片肉一器 各色生菜一器 魚炙一器 牛炙一器 足炙一器 全體首一器 秋鰒食醢一器 胖湯一器 錦中湯一器 雜湯一器 麵一器 白淸一器 醋醬一器 芥子一器 淸酒一瓶 紅燭一雙

2). 궁중의식- 내외진연등록(內外進宴謄錄)

어전대탁상(御前大卓床)에 올린 한과(一坐), 25器(높이: 1자2치)의 상수와 재료

各色助岳花煎一器[粘米十斗 當歸末五升 眞油四斗 大棗二斗 淸蜜九升 白荏子五升 栢子五合 桂皮末二兩]

各色團子雜果餠一器[粘米十二斗 黑豆四斗 石耳末五升 生栗一斗五升 大棗一斗五升 淸蜜八升 當歸末七升 實栢子八升 桂皮末一兩]

饅頭果一器[眞末四斗 眞油一斗六升 淸蜜一斗六升 栢子三合 大棗六升 黃栗五升 胡椒末三兩 桂皮末三兩 砂糖二元]

軟藥果一器[眞末四斗 眞油一斗六升 淸蜜一斗六升 栢子三合 胡椒末五分 桂皮末五分 砂糖二元] 兩面果一器[眞末四斗 眞油一斗六升 淸蜜一斗六升]

黃栗靑太茶食一器[栗末一斗五升 靑太末一斗五升 當歸末六升 淸蜜一斗七升]

薑粉黑荏茶食一器[薑粉末五升 菉末一斗 黑荏子末一斗五升 淸蜜一斗七升 栢子二合]

紅梅花軟絲果一器[軟絲果六百五十箇]

白梅花軟絲果一器[軟絲果六百五十箇]

栢子軟絲果一器[軟絲果一千箇]

紅細飯軟絲果一器[軟絲果八百箇]

白細飯軟絲果一器[軟絲果八百箇]

紅白細飯蓼花一器[蓼花一千五百箇]

四色笠帽氷絲果一器[氷絲果四百箇]

四色乾正一器[紅細飯乾正三百箇 當歸末乾正三百箇 白細飯乾正三百箇 栢子乾正三百箇]

紅梅花乾正一器[乾正一千二百箇]

白細飯乾正一器[乾正一千二百箇]

砂糖橘餠一器[砂糖一百元 橘餠一百五十元]
水正果一器[山査五合 白淸五合 五味子一夕 栢子一夕]
肝煎油花一器[肝十五部 木末八升 眞油一斗 鹽一升 白荏子五升]
冬苽花陽炙一器[花陽炙一千串]

찬안상(饌案床)에 올린 한과 一坐 15器(높이: 1자2치)
方藥果一器[眞末四斗 眞油一斗六升 淸蜜一斗六升 胡椒末五夕 桂皮末五夕 砂糖二元 栢子三合]
茶食果一器[眞末四斗 眞油一斗六升 淸蜜一斗六升 桂皮末五夕 胡椒末五夕 砂糖二元 栢子三合]
四色茶食一器[栗末七升五合 松花七升五合 黑荏子七升五合 白淸一斗 菉末七升五合 臙脂一宗子 五味子五合]
紅白細漢果一器[眞末四斗 眞油一斗 淸蜜一斗六升 芝草三斤 出油三升 白淸二升]
紅白叉手果一器[紅叉手果三百箇 白叉手果三百箇]

별행과상(別行果床)에 올린 한과 一坐, 15器(높이: 1자2치)
五色小軟絲果一器[紅細飯軟絲果五百箇 黃細飯軟絲果五百箇 白細飯軟絲果五百箇 當歸軟絲果五百箇 黑荏子末軟絲果五百箇]
五色鈴乾正一器[乾正十三篩]
四色甘絲果一器[甘絲果十三篩]
各色熟實果一器[栗末二斗 大棗二斗 生薑十斤 實栢子二斗 淸蜜一斗 白糖五斤 胡椒末三兩 桂皮末五兩 菉末五升 五味子三合 臙脂半宗子]
各色糖一器[八寶糖十二封 玉春糖十二封 壽玉糖六斤 蜜棗十封 仁蔘糖十封 金箋餠十匣 靑梅糖十封 榛子糖五封 搥茸糖十二封 五花糖五封 御菓子二匣 雪糖二封]
各色正果一器[蓮根三升 生薑十斤 生吉更八斗 靑梅三封 杏仁糖半封 門冬二封 菓莧二封 乾葡萄一封 白淸二斗]
査果一器[査果四百箇]
霜雪膏一器[生梨三十箇 龍腦五分重 砂糖二元 橘餠二元 白淸二升 實栢子二合 通胡椒一戔重]

미수구미매미(味數九味每味)에 올린 한과 7器(높이: 1자2치)
초미(初味)
小饅頭果一器[眞末四斗 眞油一斗六升 淸蜜一斗六升 黃栗五升 砂糖二元 大棗七升五合 胡椒末三兩 桂皮末二兩 栢子三合]
千葉煎油花一器[千葉十部 鷄卵一貼 眞油五升 眞末一斗 白鹽五合]

이미(二味)
紅味子一器[眞末四斗 眞油一斗 淸蜜一斗六升 芝草三斤 出油三升 白淸二升]
生小螺炒一器[生小螺三百箇 生肉二斤 栢子三合 艮醬三合 胡椒末五戔]
熟卵一器[鷄卵五貼]

삼미(三味)
白梅花乾正一器[乾正一千二百箇]

사미(四味)
栢子乾正一器[乾正一千五百箇]

오미(五味)
小茶食果一器[眞末四斗 眞油一斗六升 淸蜜一斗六升 胡椒末五戔 栢子三合 桂皮末五戔 砂糖二元]

육미(六味)
黃細飯乾正一器[乾正一千二百箇]
卵裵一器[鷄卵一貼 業支潤一部 猪肉一脚 眞油一升 蕈古三合 栢子二合 胡椒末五戔 荏子末二合 生蔥三本 艮醬一夕]

칠미(七味)
白味子一器[眞末四斗 眞油一斗 淸蜜一斗六升 白淸一升]
實栢子一器[栢子四斗 翠月一甁 北紅一甁]
冬苽紋珠一器[冬苽十箇 鷄卵十箇 蕈古二合 石耳二升 黃花五兩 通苦草一升 生蔥二本 木耳五兩 菉末五升 栢子一合]

팔미(八味)
紅細飯乾正一器[乾正一千二百箇]

구미(九味)
軟杏仁果一器[眞末四斗 眞油一斗六升 淸蜜一斗六升]

3). 정조 19년 6월 18일에 올린 진찬상(進饌床) 82品 - 明政殿 - 慈宮
-진찬상(進饌床) 82品중에 한과는 31器/약45%가 한과이다.
- 백설기, 절편, 증편- 4器
- 五色水團 - 6器 高九寸
- 七色造岳五色花煎, 各色山蔘雜果糕, 當歸葉煎, 菊葉煎- 合3器
- 藥果 一器高一尺二寸
- 饅頭果, 茶食果- 2器高一尺二寸
- 松花茶食등 각종다식- 6器高九寸
- 紅義手, 白義手- 2器高一尺二寸
- 五色强精, 三色梅花强精- 2器高九寸
- 三色蓼花一器高一尺
- 人蔘糖玉春糖御菓子, 八寶糖, 砂糖, 五花糖, 橘餅閩薑, 各色糖 - 6器高六,七寸
- 各色正果- 四器高五寸
- 梨熟, 水正果, 水霜花, 林檎, 査果, 李實, 六月桃, 紫桃 - 8器 高九寸
- 福盆子, 靑葡萄, 西果, 眞瓜, 生梨, 松柏子, 實胡桃, 蒸黃栗, 蒸大棗- 9器
- 各色切肉, 片肉, 鷄煎蛤煎, 生鮮煎, 胖煎, 肝煎, 全鰒 海蔘 紅蛤 炒- 8器
- 各色花陽炙, 魚菜, 引鰒膾, 生鰒膾, 生鰒熟, 雜湯, 七雞湯, 生雉湯, 胖胞湯, 千葉湯, 足湯, 䲙鰒湯, 猪肉湯, 饅頭- 14器
- 家獐蒸, 鮒魚蒸, 軟雞蒸, 乫非蒸, 白淸, 芥子, 醋醬, 燒酒三鐥- 8器
- 雕刻心紅邊黑大圓盤一雕刻柒中挾盤五大 水波蓮一中 水波蓮四小 水波蓮九三色
牡丹三月桂二四桂二 紅桃三枝建花二十四 紅桃別建花二十三 紅桃別間花十五

한국의 전통 차술(茶酒)

서론

차술(茶酒)이란 무엇인가- - 정의 = 차(茶) +술(酒) = 차술

사전 - 술의 정의(定義)

- 알코올성분이 들어 있어 마시면 취하게 되는 음료를 통틀어 이르는 말이다.
- 주세법(酒稅法)에 알코올성분이 1% 이상 들어 있는 음료를 말한다.

어원(語源) / 술, 술쥬(酒)

- 한글이 창제된 후 처음으로 한글로 표기된 술의 글자는『술』이다.
- 16세기 중세문헌에 『술』로 표기 되었다.

훈몽자회(訓蒙字會) 中, 21

- 1527년(중종 22) 최세진(崔世珍)이 어린이들의 한자(漢字) 학습을 위하여 지은 책이다.
- 『酒: 술쥬, 醴: 둔술례, 俗呼 舌甘酒, 醱:젼술발, 醅:젼술빅』:

『醪: 탁쥬료, 酶:술믿믹』

- 계림유사(鷄林類事), 손목(孫穆)- 고려 숙종(肅宗)8년(1103)6월- 353개어 수록

『酒日 蘇孛』- 『주왈 소발(수블)』 = 수블〉 수울〉 술〉 로 변천되었다.

『술』의 고어는 『숟』이다.

『술』은 『수(水)』와『블(火)』의 합성어『수+블』로 볼 수 있다.

『수블』이 『수울』을 거쳐서 『술』로 변한 것이다.

『술』은 『물(水)』에서『블(火)』일어나는 현상이다(발효작용).

- 조선관역어(朝鮮館譯語)에는 『수본(數本)』으로 되어 있다
- 조선시대 문헌에는 『수울』 또는 『수을』로 기록되어 있다
- 술쥬(酒) - 술을 한자어로 쥬(酒)라고 했다 / 홍몽자회 중 21뒤.

한자어 표기는 술 쥬(酒)자 이다.

한자어의 술 쥬(酒)자는 은왕조 때부터 나온다.

결론

- 우리말로 왜 『술』이라고 했는지 어원이 불확실하다.
- 『술』은 순수한 우리말이다.
- 최초로 표기한 한글에 『술』이라고 표기 했다.
- 『술』이란 말의 어원은 중국에서 빌려오지 않았다.
- 중국은 한자(漢子) 말로 주(酒:쥬)라고 한다.

주정(酒精)이란?

술의 '精'(Spirit), 주정(酒精)은 에틸알코올(Ethyl Alcohol) 또는 에탄올(Ethanol)을 말한다.

순수한 에틸알코올은 무색, 무취, 무미의 유동성 액체이며 특유의 방향과 자극성을 가지고 있고, 태우면 파란 불꽃으로 타고, 무독성이며, 인체에 흡수되면 정신안정 작용하고 과도 흡수하면 중추신경을 마비시킬 수 있으나, 한편

으로는 인체 내에 칼로리를 공급하는 열원으로서 일종의 식품으로 작용하기도 한다.

차술의 발전 단계 - 3단계
- 전통차술 - 전통을 계승한 차술 / 전통, 역사, 문화을 계승한 차술
- 창작차술 - 창조성을 살린 차술 / 창조, 개발, 발전성이 있는 차술
- 예술차술 - 예술, 철학이 있는 차술 / 예술, 철학이 있는 차술 - 정신, 사상, 철학

나의 차술론 - 전통 술에서 기능성, 예술성이 있는 차술으로 개발.
- 전통성 / 우리나라 고유의 술에서 역사와 정신을 계승 - 문화 계승
- 창조성 / 새로운 재료, 모양, 빛깔과 맛이 있는 창작 차술 - 창조 발전
- 예술성 / 예술 차술 개발, 차술에 문화, 예술, 철학을 접목 - 세계화

차술(茶酒)

1. 차술이란 무엇인가? - 정의 = 차 +술 = 차술
- 차를 이용하여 다른 술과 조화를 시켜서 만든 술이다.
- 기능성, 문화성, 예술성, 철학성, 정신성을 강조한 차술
- 질병 예방과 치료 목적이 있는 음식이다.
- 차술의 오덕(五德)은 해독(解毒), 소화(消化), 순환(順換), 향취(香), 빛깔(色) 등이다.

2. 술(酒)의 역사

1) 고조선시대 술(BC5000년~BC100년)

고조선의 술 / 술병, 술잔, 시루, 곡식 유물
- 술병, 술잔, 시루를 통해서 신석기, 청동기시대에 술을 만들어 마셨을 것으로 사료된다.
- 신석기, 청동기유적지에서 탄화된 벼, 조, 수수, 콩, 기장등 술 재료 곡식이 발견 된다.
- 위지(魏志) 동이전(東夷傳)에 영고(迎鼓), 동맹(東盟), 무천(舞天)의 군중대회에서 밤낮으로 식음(食飮)하였다고 한다.
- 곡주를 주로 제조했는데 제조방법은 알 수 없으나 누룩을 사용한 것 같은 흔적 보인다.
- 마한(馬韓)시대부터 한 해의 풍성한 수확과 복을 기원하며 맑은 곡주를 빚어 조상께 먼저 바치고 춤과 노래와 술 마시기를 즐겼다고 한다.

술병 : 신석기, 청동기시대 술을 담아두던 병이다.
술잔 : 신석기, 청동기시대 술을 마시던 잔이다.
시루 : 신석기, 청동기시대 곡식을 쪄서 익히던 시루다.
탄화미 : 청동기 시대(BC2000~BC1000) 발굴된 곡식 - 평양시 삼석 호남리

2) 삼국시대 술(BC100~AD900)

삼국시대의 술 / 문헌, 유물, 시루, 술병, 술잔, 제사때 사용. 선물로 사용
- 삼국시대 술은 이름, 모양, 재료, 만드는 방법의 기록이 정확히 전해지지 않는다.
- 삼국시대 술은 新羅酒, 玄酒, 羊酒, 社日酒등의 이름이 전해지고 있다(계원필경).
- 술을 다루는 관직으로 國子祭酒가 전해진다(계원필경).

- 술 세금제도를 논한 내용(榷酒務)이 전해진다(계원필경).
- 삼국시대에 나라 이름을 붙인 술이 있었다.
- 해동역사(海東繹史), 지봉유설에 옥계생(玉溪生)의 시구에 '한 잔 신라주(新羅酒)의 기운이 새벽바람에 쉽게 사라질까 두렵구나.'
- 삼국사기 고구려 본기 대무신왕 11년에 지주(旨酒 ; 맛 좋은 술이란 뜻)가 나온다.
- 중국의 제민요술(齊民要術) 술 빚기가 우리나라에 전파 되었다.
- 고구려를 세운 주몽(朱蒙)의 건국 전설에 보면 천제의 아들인 해모수가 능신 연못가에서 하백의 세 딸을 취하려 할 때, 미리 술을 마련해 놓고 먹여 취하게 한 다음 수궁으로 들어가지 못하게 하여 세 처녀 중의 큰딸인 유화(柳花)와 인연을 맺어 주몽을 낳았다고 한다.
-「위지(魏志)」 '고구려전' 에 '선장양(善藏釀)' / 고구려에서 술을 비롯한 발효제품
- 고사기에 따르면 일본에도 전해져 일본술의 발달에 크게 기여하였다고 한다.
- 삼국시대의 술은 주(酒)와 례(醴, 감주) 두 종류가 있었다.
- 발효원인 주국(酒麴)과 맥아(麥芽)로 빚어지는 주(酒)와 맥아로만 빚어지는 례(醴, 감주)가 있다.
- 다주론(茶酒論)이 생겼다- 설총의 화왕계, 돈황 발굴의 다주론/ 차와 술의 논쟁, 물의 화해
- 해동역사(海東繹史),한치윤(韓致奫), 곡류(穀類), 술[酒]- 고구려(高句麗)는 술을 잘 빚는다.《삼국지》
- 삼국시대 술 문헌은 삼국사기, 삼국유사, 계원필경, 25사 동이전의 기록과 유물이 전한다.

(1) 삼국사기(三國史記)의 기록 - 42건
- 품격- 旨酒, 酒色, 茶酒, 酒饌
- 하사품- 賜老人酒食/경노, 米・酒・油・蜜・醬・脯/폐백으로 사용,
- 지명- 酒桶村, 酒泉, 水酒郡, 酒泉縣, 酒淵縣
- 술문화- 强酒, 飮酒, 勸酒, 酒盃,
- 관직명- 酒多/ 角干이라 칭함
- 금주령- 우리나라 최초의 금주령 - 百濟, 多婁王 11년, - 禁 釀酒
가울, 곡식이 여물지 않자, 백성이 사사로이 술을 빚는 것을 금했다(禁百姓私釀酒).
-당시에 백성들 사이에 양주법이 유행했다는 반증이다-

(2) 삼국유사(三國遺事)의 기록 - 10건
1. 제1권, 기이(紀異)제1, 내물왕(奈勿王)과 김제상(金(朴)堤上) - 進酒三行,
2. 제1권, 기이(紀異), 제1, 태종(太宗) 춘추공(春秋公)- 술 여섯 말,
3. 제2권, 기이(紀異), 제2, 효소왕대(孝昭王代)의 죽지랑(竹旨郞)-술 한병
4. 제2권, 기이(紀異), 제2, 신무대왕(神武大王)과 염장(閻長)과 궁파(弓巴)-設酒,
5. 제2권, 기이(紀異), 제2, 처용랑(處容郞)과 망해사(望海寺)- 酒色
6. 제2권, 기이(紀異), 제2, 김부대왕(金傅大王)- 醉酒
7. 제2권, 기이(紀異), 제2, 후백제(後百濟)의 견훤(甄萱)- 釀造
8. 제2권, 기이(紀異), 제2, 가락국기(駕洛國記) - 酒, 단술, 酒食
9. 제3권, 탑상(塔像), 제4, 미륵선화(彌勒仙花)・미시랑(未尸郞)・진자사(眞慈師)- 設酒,
10. 제4권, 의해(意解), 제5, 이혜동진(二惠同塵)- 酒

(3) 시문집(詩文集)에 나온 술 문헌 - 19건
① 계원필경집(桂苑筆耕集) 최치원(崔致遠) - 14건
② 고운집(孤雲集) 최치원(崔致遠) - 5건

- 술이름 / 玄酒, 天酒, 羊酒, 社日酒
- 관직명 / 國子祭酒
- 주세법 / 榷酒務
- 술문화 / 酒賦, 詩酒
- 술도구 / 酒甕, 酒杯, 酒盃

(4) 유물의 출토

시루 - 술밥을 찌는 시루- 토기
술병 - 술을 나누어 담는 병- 토기
술잔 - 술을 마시는 잔, 은잔, 토기잔

3) 고려시대 술(AD918~AD1392)

고려시대의 술 / 의식, 연회때 사용. 선물로 사용
- 고려 술은 모양, 재료, 만드는 방법의 기록이 정확하게 전해지지 않는다.
- 조선시대의 술을 통해서 재료, 형태 등을 추측해 볼 수 있다
- 고려 왕실에서 시용하는 술을 관리하는 관청, 관직이 있다
- 고려의 술은 토산 술과 외국에서 유입된 술 두 종류가 있다.
- 고려에서 자유로이 술을 제조하여 국력이 낭비되자 금주령을 내렸다.
- 송, 원나라의 양조법 도입
- 궁중에 양온서(釀醞署) 설치하여 청주, 법주 주조 관리하였다.
- 사찰 숙박지 역할을 했으며 술을 제조, 판매하던 풍속이 있었다.
- 현종(顯宗: 1140년)때 사원 양조 금지령을 내렸다.
- 고려 후기 증류주(소주) 유입 되었는데 몽고 침입(1274년)과 관련이 있다
- 몽골군 주둔지- 소주 성행/ 개성, 안동, 제주도
- 술 재료로는 평안도/ 수수, 황해도, 전라도/ 쌀, 제주도/좁쌀을 사용했다.
- 노주(露酒: 밑술을 고아서 받아낸 술) 발달했다.
- 국(麴 ; 누룩)의 종류도 소맥국(小麥麴)과 미국(米麴)이 있다.
- 황금주(黃金酒), 백자주(栢子酒), 송주(松酒)- 술의 재료, 특성 술이 발달했다.
- 「고려사」, 고려 문종 때 양온서를 두고, 청주와 법주의 두 종류 질항아리에 넣고 명주로 봉하여 저장했다.

(1) 고려시대 술 문헌

- 고려시대 떡 문헌의 종류는 정사편, 시문집, 유물.

① 정사편 술 문헌

고려사(高麗史) - 719건
- 술이름 / 勸花酒, 문종-杏仁煮法酒一十瓶, 燒酒, 羊酒, 栢子仁酒, 酒饌, 旨酒, 金帶美酒, 蒲萄酒- 元帝賜忠烈王蒲萄酒, 玄酒, 淸酒., 福酒, 明水酒, 香酒, 法酒, 沽酒, 宣花酒, 御酒, 翰林別曲- 黃金酒, 柏子酒, 松酒, 醴酒, 竹葉酒, 梨花酒, 五加皮酒, 嗜酒, 桂香御酒, 白酒,
- 관직명 / 國子祭酒, 成均祭酒, 酒務, 左右酒務, 酒食店,
- 지 명/ 酒泉縣, 酒淵縣, 水酒縣
- 하사품/ 賜酒食, 贈金酒器, 賜花酒, 獻羊酒, 賜酒果,

- 주 점/ 成宗-酒店六所, 妻善釀酒, 李齊賢-晩年閑居對客置酒商,
- 술문화 / 賜酒, 賜酒食, 賜酒果, 置酒, 勸酒, 酒饌, 飮酒, 獻酒, 酒色, 酒醉, 行酒, 酒三行, 進茶行酒, 酌酒, 酒樂, 外有無職僧俗酒六盞果五區, 鄕飮酒禮, 飮酒賦, 酒賦, 醉酒, 酒祀神之物, 布可充酒價, 嗜酒
- 술도구 / 酒甕, 酒杯, 金酒器重七, 銀酒器, 金銀酒器, 酒鍾, 酒尊,
- 금주령/ 顯宗-寺僧犯禁釀酒, 茶酒稅, 旱禁酒, 禁僧尼釀酒, 禁寺院釀酒, 禁諸寺僧飮酒作樂, 仁宗九年- 內外寺社僧徒賣酒,

고려사절요(高麗史節要) - 186건
- 술이름 / 羊酒, 花酒, 酒甜, 葡萄酒, 白酒, 上尊酒, 甘酒, 燒酒,
- 관직명 / 國子祭酒, 成均祭酒, 奠米酒祭天,
- 하사품/ 賜酒果, 賜酒食布貨, 勸花酒, 贈金酒器,
- 주 점/ 酒店六所, 茶酒諸店,
- 술문화 / 詩酒, 酒五百甕, 酒二百榼,
- 술도구 / 金酒器, 金銀酒器,
- 금주령/ 禁僧尼釀酒, 莊義, 三川, 青淵等寺僧 犯禁釀酒- 三百六十餘石

고려도경(高麗圖經) 서긍(徐兢) - 29건
- 술의 도구 - 酒榼, 酒尊, 酒杯, 酒注, 酒尊之狀如瓜
- 술의 술이름 - 淸酒, 法酒, 酒醴
- 술의 품질 - 旨酒, 酒味甘色重, 酒色味皆勝, 酒色重味烈
- 술의 의식 - 酒行, 酒饌, 勸酒, 酒止十五行, 酒禮, 酌酒吹笛, 飮酒
- 술의 재료 - 酒米

② 시문집편 술 문헌

서하집(西河集)임춘(林椿) - 32건
익재난고(益齋亂藁) 이제현(李齊賢) - 44건
가정집(稼亭集) 이곡(李穀) - 78건
둔촌잡영(遁村雜詠) 이집(李集) - 35건
원재고(圓齋稾) 정추(鄭樞) - 30건
척약재학음집(惕若齋學吟集)김구용(金九容)- 67건
쌍매당협장집(雙梅堂篋藏集)이첨(李詹) - 28건
동국이상국집(東國李相國集)이규보(李奎報)-425건
급암시집(及菴詩集) 민사평(閔思平) - 44건
설곡집(雪谷集) 정포(鄭誧) - 24건
목은고(牧隱藁) 이색(李穡) - 627건
포은집(圃隱集) 정몽주(鄭夢周) - 26건
운곡행록(耘谷行錄) 원천석(元天錫) - 89건
도은집(陶隱集) 이숭인(李崇仁) - 42건

(2) 고려시대 술 종류

- 고려시대 술 이름 -고려의 술, 외래의 술

① 고려시대 술이름
- 상용약주- 청주(淸酒), 유하주(流霞酒), 방문주(方文酒), 동동주, 녹파주(綠波酒)
- 특수고급약주- 춘주(春酒), 천일주(千日酒), 신라주(新羅酒)
- 향양주(香釀酒)- 송주(松酒), 국화주, 두견주, 계향어주(桂香御酒), 화주, 죽엽주, 포도주
- 탁주(濁酒)- 백주(白酒), 이화주, 황금주(黃金酒)
- 약양주(藥釀酒)- 오가피주, 백자주(柏子酒), 창포주(菖蒲酒), 자주(煮酒), 도소주(屠蘇酒)
- 구황주(救荒酒)- 천금주(千金酒: 붉은 나무인 천금목의 껍질로 빚은 술)

② 고려시대 외래술

고려시대 발효주

- 행인자법주(杏仁煮法酒)- 문종32년(1078) - 양주(羊酒)- 숙종2년(1107)
- 계향어주(桂香御酒)- 예종12년(1117) - 화주(花酒)- 숙종3년(1103)
- 동락(湩酪)- 고려후기 - 마유주(馬乳酒)- 고종18년(1231)
- 포도주(葡萄酒)- 충렬왕12년(1302) - 상존주(上尊酒)- 충선왕원년(1309)
- 백주(白酒)- 충렬왕때 - 중산주(中山酒)- 고려 중기

고려시대 증류주 - 고려후기/ 몽골

- 소주(燒酒), 아자길주(阿剌吉酒), 아라키주, 노주(露酒:화주(火酒)),
- 홍로(紅露:홍노), 홍소주(紅露酒, 紅燒酒), 감홍로(甘紅露)

4) 조선시대 술(AD1392~AD1910)

- 조선시대에는 술 문화가 가장 많이 발전하였다.
- 조선시대에 술의 종류가 가장 많이 만들어 졌다.
- 조선시대 술을 모든 의식의 가장 중요한 위치에 올려놓았다.
- 조선시대 술을 만드는 재료를 다양하게 개발하였다.
- 귀한 약재를 사용하여 약용술을 발달 시켰다.
- 술의 종류는 궁중술, 민간술으로 나누어진다.
- 궁중에서는 의식용, 연회용, 선물용, 시식용으로 만들었다.
- 민간술은 의식용, 선물용, 시식용으로 만들었다.
- 민간술은 지역적 특성을 가지고 가용주로 발달하였다
- 조선시대 술 도구(술독, 용수, 술체, 주정. 술상, 누룩, 술병, 술잔 등)들이 만들어 졌다.
- 제조법이 최고로 발전되었으며, 명주들이 이때 만들어 졌다.
- 술의 고급화되었다. 제조 원료도 멥쌀에서 찹쌀로 바뀌고 발효기술도 단사입에서 중양법을 사용했으며, 양보다는 질 좋은 술을 제조했다.
- 조선의 명주로는 양반주로 삼해주, 백로주, 이화주, 부의주, 하향주, 춘주, 국화주 등 이었다.
- 증류주 수출이 성행했다. 일본, 중국 등에 수출이 빈번했으며 특히 중국은 관이 제조를 독점하여 술 제조가 자유롭지 못했으므로 수출이 용이했다.
- 조선 후기 지방주가 전성기를 맞이했다. 지방 특색, 멋과 맛, 가진 술들이 발전하기에 이른 것이다.
- 명주로 서울의 약산춘, 아산의 호산춘, 충청의 노산춘, 평안의 벽향주, 김천의 청명주, 전라도의 이강주, 김천의 과하주 등이 유명하다.
- 조선시대 외래주로는 천축주(天竺酒), 미인주(美人酒), 황주(黃酒), 섬라주(暹羅酒), 녹두주(綠豆酒), 동양주(東陽酒), 금화주(金華酒), 무술주(茂戌酒), 계명주(鷄鳴酒), 정향주(程香酒) 등이 있다.

(1) 조선시대 술 문헌

- 조선시대 술 문헌의 종류는 정사편, 의궤편, 일기편, 시문집, 고문서, 유물.

① 정사편 술 문헌

조선왕조실록(朝鮮王朝實錄) -8,528건 승정원일기(承政院日記) - 6,346건

일성록(日省錄) - 2,466 건 고도서 상소류 - 15건

비변사등록 - 252건 각사등록 - 543건

② 의궤편 술 문헌

각종의궤편 - 2,011건

진연의궤, 진작의궤, 진찬의궤, 궁중의식

가례도감의궤(嘉禮都監儀軌)

궁중의식(宮中儀式)

③ 일기편 술 문헌

내각일력(內閣日歷)- 433건	고도서 왕실자료- 1,478건
고도서 읍지류 - 347건	고문서 - 203건
고도서 상소류 - 424건	근대정부기록류- 156건
관보 - 379건	

④ 시문집(詩文集)편 - 술 문헌 / 1,472책 / 총 37,234건

여유당전서(與猶堂全書)	정약용(丁若鏞)	806건	사가집(四佳集)	서거정(徐居正)	779건
연경재전집(硏經齋全集)	성해응(成海應)	485건	염헌집(恬軒集)	임상원(任相元)	429건
송자대전(宋子大全)	송시열(宋時烈)	425건	삼연집(三淵集)	김창흡(金昌翕)	370건
호곡집(壺谷集)	남용익(南龍翼)	366건	해좌집(海左集)	정범조(丁範祖)	363건
청장관전서(靑莊館全書)	이덕무(李德懋)	359건	홍재전서(弘齋全書)	정조(正祖)	354건
추재집(秋齋集)	조수삼(趙秀三)	339건	동악집(東岳集)	이안눌(李安訥)	331건
겸재집(謙齋集)	조태억(趙泰億)	327건	저촌유고(樗村遺稿)	심육(沈錥)	321건
월사집(月沙集)	이정구(李廷龜)	303건	서파집(西坡集)	오도일(吳道一)	277건
용재집(容齋集)	이행(李荇)	277건	희암집(希菴集)	채팽윤(蔡彭胤)	251건
뇌연집(雷淵集)	남유용(南有容)	249건	모재집(慕齋集)	김안국(金安國)	248건
백곡집(柏谷集)	김득신(金得臣)	245건	백헌집(白軒集)	이경석(李景奭)	245건
유하집(柳下集)	홍세태(洪世泰)	244건	백주집(白洲集)	이명한(李明漢)	244건
동주집(東州集)	이민구(李敏求)	239건	정유각집(貞㽔閣集)	박제가(朴齊家)	234건
두타초(頭陀草)	이하곤(李夏坤)	229건	귀록집(歸鹿集)	조현명(趙顯命)	225건
이이엄집(而已广集)	장혼(張混)	225건	번암집(樊巖集)	채제공(蔡濟恭)	224건

⑤ 중국과의 술 교류

계산기정(薊山紀程)미상(未詳)- 43건/葡萄酒, 羊酒, 香爐酒,

반계수록(磻溪隨錄)유형원(柳馨遠)- 39건/醴酒, 酒匠各一, 掌酒, 玄酒

산림경제(山林經濟)홍만선(洪萬選)- 137건/釀酒, 黃酒, 苦酒, 淸酒, 硫黃酒

오주연문장전산고(五洲衍文長箋散稿)이규경(李圭景)- 325건/露酒, 燒酒, 社酒, 美酒, 羊酒, 千金酒, 曼陀酒, 灑酒, 蔥酒, 醋酒, 醇酒, 蜜淋仙酒, 煮酒, 淸明酒, 當歸酒, 煙酒, 無灰酒, 濁酒, 白酒, 藥酒, 猿酒, 黃精酒, 燒灰酒, 醋酒, 瀝酒, 玄酒, 御廚酒,

연원직지(燕轅直指)김경선(金景善)- 35건/羊酒, 淸酒, 沽酒.

연행일기(燕行日記)김창업(金昌業)- 76건/燒酒, 羊酒, 沽酒, 桂糖酒,

조천기(朝天記)허봉(許篈)- 59건/煮酒, 南京酒, 露酒, 玄酒, 沽酒, 牛峰酒,

지봉유설(芝峯類說)이수광(李睟光)- 65건/栢葉酒, 新羅酒, 沽酒, 飄零酒, 苦酒, 西瑤瓊酒, 春酒, 沽酒,

해동잡록(海東雜錄)권별(權鼈)- 86건/錢沽酒, 春酒, 千日酒, 薄酒, 花酒, 燒酒,

⑥ 일본과의 술 교류

동사록(東槎錄)강홍중(姜弘重)- 47건/持酒

동사록(東槎錄)조경(趙絅)- 19건/ 美酒, 痲姑酒, 蒲萄酒, 忍冬酒, 羊酒, 黃花酒

동사록(東槎錄)홍우재(洪禹載) - 36건/三原酒, 海鼠酒, 杉重酒
동사일기(東槎日記)임수간(任守幹)- 32건/燒酒, 忍冬酒
봉사일본시문견록(奉使日本時聞見錄)조명채(曺命采)- 56건/梅酒, 薄酒, 淸酒
부상록(扶桑錄)이경직(李景稷)- 45건/南蠻酒, 燒酒, 梨酒, 美酒
부상록(扶桑錄)남용익(南龍翼)- 58건/燒酒, 白酒, 忍冬酒, 法酒, 蠻酒,
일사집략(日槎集略)이헌영(李헌永)- 44건/淸酒, 黃色酒, 葡萄酒,
해사록(海槎錄)경섬(慶暹)- 35건/納庭實酒, 五香酒., 燒酒, 銀子酒,
해유록(海游錄)신유한(申維翰)- 47건/白酒, 火酒, 桑落酒, 蠻酒,

(2) 조선시대 술의 용도
조선시대의 술은 크게 3가지용도(의식용, 연회용, 예물용)로 사용 되었다.
① 의식에 쓰인 술
- 세종 때 제정한 국가의식인 국조오례의에 의거해서 술을 올렸으므로 모든 의식의 진설에 술잔을 올리는 것이 당연시 되었다.
- 조선의 가례나 빈례의식은 국조오례의가 찬정되기 전에는 고려의 제도를 따랐고 찬정된 후(세종)는 오례를 따라 올렸다.

국조오례의 길례의식 국조오례의 흉례의식
국조오례의 빈례의식 국조오례의 가례의식
국조오례의 군례의식

② 연회에 쓰인 술 - 의궤류
궁중에서 연회를 베푼 것은 주로 가례(嘉禮)와 빈례(賓禮)때였다.
가례를 집행하던「가례도감(嘉禮都監)」을 설치하여 '가례 때 모든 상차림에 술을 사용했다'
③ 예물로 쓰인 술
- 중국, 일본, 대마도주
- 문무백관 신료들에게 하사
- 사신에게 하사
- 기로소 노인에게 하사

3. 조선시대 술의 분류와 종류
조선시대 술의 종류가 대단히 많지만 모두 할 수는 없다. 지금까지 확인된 것은 639가지이다.

1). 술의 분류
서유규, 1827년 - 임원16지/ 11종류로 분류
이성우, 1984년 - 한국식품문화사/ 10종류로 분류
주세법(주정구분)- 양조주, 증류주, 재제주/ 3종류로 분류

임원십육지(서유구)	한국식품문화사(이성우)
이류(酏類)	상용약주(常用藥酒)
주류(酎類)	특용약주(特用藥酒)
시양류(時釀類)	
향양류(香釀類)	가향주(加香酒)
과나양류(菓蓏釀類)	과실주(果實酒)

순내양류(旬內釀類)	속성 발효주(速成 醱酵酒)
재차류(醍醝類)	홍주(紅酒), 백주(白酒)
앙료류(醠醪類)	탁주(濁酒)
예류(醴類)	감주(甘酒)
소로류(燒露類)	소주(燒酒)
의주(醫酒)	약용소주(藥用燒酒), 약용약주(藥用藥酒)

가. 양조곡주(釀造穀酒)- 순곡주류(純穀酒類), 혼양곡주류(混釀穀酒類)

(1) 순곡주류(純穀酒類)- 2종류

1 거르는 방법 - 濁酒, 淸酒(藥酒).

탁주 - 일반탁주(밀누룩 사용). 특별탁주(쌀누룩 사용).

2 빚는 방법- 일반주, 이양주(異釀酒).

일반주- 單釀酒, 二釀酒, 三釀酒, 四釀酒, 五釀酒.

(2) 혼양곡주류(混釀穀酒類)- 4종류

1 약용곡주류(藥用穀酒類) - 2종류

① 약용주

② 곡물과 약재로 빚은 약용주(單釀, 二釀)

2 가향곡주류(加香穀酒類) - 百香酒

① 가향주/ 單釀, 二釀, 三釀, 四釀, 五釀.

3 과실주(果實酒) - 2종류

① 술에 과일은 넣은 과일주,

② 곡물과 과일을 넣은 과일주.

4 혼성주(混成酒) - 곡물에 소주를 넣어 빚은 술.

(3) 증류주(蒸類酒)- 2종류

1 순곡증류주(純穀蒸類酒)- 단양증류주, 이양증류주, 삼양증류주

2 약용증류주(藥用蒸類酒)- 2종류

① 소주에 약재를 약용증류주.

② 곡물과 약재를 넣은 약용증류주- 단양약용증류주, 이양약용증류주.

2). 술의 종류

가. 양조곡주(釀造穀酒)

(1) 순곡주류(純穀酒類)- 빚는 방법

1 단양주(單釀酒) - 덧술을 하지 않고 밑술로만 빚은 술.

감저주, 급시주, 급주, 급청주, 납주, 내국향온법, 무국주, 백수환동주, 백화춘방, 벼락술, 보경가주, 부렵주, 부의주, 사절칠일주, 삼구주, 삼일주, 소서주, 시급주, 여름디주, 왜례주, 왜미림주, 왜백주, 유학주, 이화주, 일야주, 일일주, 점감주, 점감청주, 주부본법, 지황주, 찹쌀청주, 천대홍주, 청감주, 청서주, 청주, 추모주, 춘주, 칠석주, 탁주, 편주, 하삼청, 하일점주, 하일청주, 하절주, 하절삼일주, 황하주, 향설주

2 이양주(單釀酒)- 밑술에 1번 덧술하여 빚은 술.

감주, 감향주, 건조향주, 녹자주, 녹파주, 경면녹파주, 경액춘, 경장주, 광제주, 급수청방, 남성주, 남경주, 내주, 노산춘, 댓잎술, 동양주(冬陽酒), 동양주(東陽酒), 동정춘, 동하주, 두강주, 두광주, 당백화주, 목욕주, 모주(보리주), 무시주, 백로주, 백하주, 벽향주, 벽매주, 백환주, 별향주, 부의주, 분국백료주, 사시주, 사시통음주, 사오주, 삼칠일주, 삼월주, 성탄향, 세신주, 소곡주, 사절소곡주, 삼칠소곡주, 신상주, 석탄주, 십일주, 아황주, 약산춘, 어전향주, 유하주, 오두주, 오병주, 오호주, 유화주, 육병주, 인유향방, 일두사병주, 일해주, 저주, 절주, 점주, 정향주, 죽엽춘, 진상주, 진장주, 집성향, 천대홍주, 천일주, 천강주, 청명주, 층층지주, 칠두주, 칠일주, 하동이백주, 하양주, 하일락법, 하일약주, 하향주, 행화춘주, 햅쌉술, 향교방, 향로주, 향온주, 혼돈주, 홍나주, 화국주, 황감주, 황금주, 회산춘

3 삼양주(三釀酒)- 밑술에 2번 덧술하여 빚은 술.
건창홍주, 갱미주, 구기오가피삼두주, 당양주, 동미명주, 두강주, 무릉도원주, 벽향주, 별주, 법주, 백일주, 사절주, 삼선주, 삼오주, 석술, 삼해주, 소곡주, 속미주, 순향주, 아황주, 일년주, 잡곡주, 청명주, 칠두오승주, 향훈주, 호산춘, 해일주

4 사양주(四釀酒)- 밑술에 3번 덧술하여 빚은 술.
도화주, 삼오주

5 오양주(五釀酒)- 밑술에 4번 덧술하여 빚은 술.
동파주.

6 이양주(異釀酒)- 술항아리에 담아 빚은 술이 아니고, 소나무, 대나무통을 땅에 묻어 익힌 술, 동과에 담은 술, 소나무(관솔) 통에 담은 술등
와송주, 죽통주, 지주, 동과주, 신선벽도춘(松腹釀), 분주(糞酒)

(2) 혼양곡주류(混釀穀酒類)- 4종류

1 약용곡주류(藥用穀酒類) - 술에 약재를 넣은 약용주
강주, 거승주, 계피주, 고본주, 과라양, 괴지주, 구기주, 남등주, 녹용주, 당귀주, 도소주, 도인주, 마인주, 무술주, 무회주, 미골주, 백부주, 백엽주, 복령주, 복분주, 봉래주, 사근주, 생강주, 서여주, 선령비주, 선묘주, 선장주, 섬라소주, 소병주, 소자주, 송액주, 신선주, 양고주, 어아주, 엽감주, 오미자술, 온눌제주, 요주, 우방주, 우슬주, 임삼주, 의이인주, 자소주, 장송주, 장춘주, 정향주, 준순주, 중산주, 차조기술, 차주법, 천문동주, 청고주, 초백주, 축사주, 출주, 치산박주작호주, 해조주, 홍국주, 황정주, 회향주

① 단양 약용주- 곡물과 약재를 넣어 짖은 약용주
건주계명주, 노주, 녹두주, 만전향주, 문동주, 밀주, 백령등주, 백주, 백출주, 산사주, 신선고본주, 오가피주, 오종주, 인동주, 인진주, 창출주, 창포주, 척근주, 천금주, 천리주, 치황주, 통초주, 한산춘, 호골주,화사주

② 이양 약용주- 곡물과 약재로 빚은 약용주(二釀)
문장주, 상실주, 오정주, 옥지주

2 가향곡주류(加香穀酒類) - 술에 각종 향기를 넣은 술

① 單釀가향주- 국화주, 두견주, 매화주, 민괴주, 송국주, 송령주,
송엽주, 송자주, 연엽주, 하엽청

② 二釀가향주- 경향옥액주, 닥주, 도로양방, 도화주, 송절주, 송지주, 송순주(松笋酒),
송순주(松荀酒), 복사꽃술, 연화주, 죽엽주, 송화주, 방문주

③ 三釀가향주- 백화주

④ 四釀가향주- 도화주

3 과실주(果實酒) - 술에 과일을 넣어 빚은 과일주

① 술에 과일은 넣은 과일주- 유자주, 임금주

② 곡물과 과일을 넣은 과일주
단양과일주- 포도주, 백자주
이양과일주- 포도주, 핵도주(호도주)

4 혼성주(混成酒) - 곡물에 소주를 넣어 빚은 술.
과하주

나. 증류주(蒸類酒)- 2종류

1 순곡증류주(純穀蒸類酒)- 곡물로만 빚어서 증류한 소주
① 단양증류주- 교맥노주, 국미주, 모미소주, 삼오노주, 소맥노주(밀소주), 수수소주, 옥수수소주, 이모로주, 진맥소주
② 이양증류주- 노주이두방, 모소주, 사철소주, 찹쌀소주, 소주특방
③ 삼양증류주- 모소주

2 약용증류주(藥用蒸類酒)- 2종류
① 소주에 약재를 약용증류주.
감홍로, 관서감홍로, 관서계랑주, 내국홍로주, 노주소독방, 우담소주, 이강주,
진라주, 포도소주, 상심주
② 곡물과 약재를 넣은 약용증류주
- 단양약용증류주- 삼합주, 소주, 오향소주, 삼오노주
- 이양약용증류주- 자주, 적선소주방

3 기타 - 이름만 전하는 증류주
- 왜소주, 홍주, 홍소주, 황소주

4. 술 만드는 사람과 장소

- 궁중에서 술 만드는 사람을 주색, 주모 그리고 술 만드는 곳 주방이 있다.

1) 주색(酒色) - 256건

일성록의 주색(酒色) - 총 33건
1. 정조 3년 1월 17일 에서 : 13건
2. 순조 4년 3월 24일 에서 : 12건
3. 철종 1년 5월 12일 에서 : 8건

의궤의 주색(酒色) - 총 192건
1. [宣祖妃仁穆后]國葬都監儀軌책 [0001책 : 193 장] 에서 : 2건
2. [仁穆王后]山陵都監儀軌책 [0001책 : 188 장] 에서 : 2건
3. [孝宗]國葬都監都廳儀軌(下)책 [0002책 : 355 장] 에서 : 4건
4. [仁宣后]殯殿魂殿都監儀軌책 [0001책 : 084 장] 에서 : 3건
5. [顯宗]國葬都監都廳儀軌(2)책 [0002책 : 281 장] 에서 : 9건
6. [明聖王后]殯殿[魂殿]都監儀軌책 [0001책 : 065 장] 에서 : 6건
7. [肅宗]國葬都監都廳儀軌(下)책 [0002책 : 343 장] 에서 : 11건
8. [仁敬王后]國葬都監都廳儀軌(下)책 [0002책 : 305 장] 에서 : 13건
9. [仁顯王后]國葬都監都廳儀軌(下)책 [0002책 : 332 장] 에서 : 8건
10. [仁元王后]國葬都監二房儀軌(下)책 [0001책 : 127 장] 에서 : 6건

11. [景宗]國葬都監都廳儀軌(下)책 [0002책 : 342 장] 에서 : 9건
12. [端懿嬪]魂宮都監儀軌(上)책 [0001책 : 007 장] 에서 : 10건
13. [宣懿王后]國葬都監儀軌(下)책 [0002책 : 309 장] 에서 : 13건
14. [英祖]魂殿都監儀軌책 [0001책 : 145 장] 에서 : 5건
15. [貞聖王后]國葬都監都廳儀軌(下)책 [0002책 : 168 장] 에서 : 4건

고도서 왕실자료(궁중의식)의 주색 : 31 건
1. 궁중의식 儺禮廳謄錄 에서 : 21건
2. 왕실의 연원 東編 에서 : 10건

2) 주모(酒母) - 6건

고도서 왕실자료(궁중의식)의 주모 - 총 1건
1. 왕실의 연원 東編 에서 : 酒母

일성록의 주모(酒母) - 2건
1. 순조 26년 2월 27일 에서 : .酒母
2. 고종 15년 4월 4일 에서 : .酒母

의궤의 주모(酒母) - 총 3건
1. 樂器造成廳儀軌책 [0001책 : 135 장] 에서 : .醸酒是在同酒母 一名
2. 迎接都監米麵色儀軌책 [0001책 : 023 장] 에서 : 酒母
3. 迎接都監米麵色儀軌책 [0001책 : 051 장] 에서 : .內資寺酒色 酒母禮香.

3) 주방(酒房) - 484건

고도서 왕실자료(궁중의식)의 주방(酒房) - 26건
1. 궁중의식 國朝喪禮補編 에서 : 19건
2. 왕실의 연원 列聖誌狀通紀④ 에서 : 7건

내각일력의 주방(酒房) - 4건
1. 정조 14년 八月월 二十九日일 에서 : 1건
2. 순조 21년 九月월 二十日일 에서 : 1건
3. 헌종 1년 十一月월 十四日일 에서 : 1건
4. 철종 1년 六月월 初六日일 에서 : 1건

일성록의 주방(酒房) - 85건
1. 영조 47년 1월 1일 에서 : 1건
2. 정조 1년 3월 5일 에서 : 7건
3. 순조 0년 11월 8일 에서 : 17건
4. 헌종 1년 1월 14일 에서 : 10건
5. 철종 1년 6월 6일 에서 : 12건
6. 고종 1년 4월 10일 에서 : 9건
7. 건양 1년 8월 20일 에서 : 2건
8. 광무 1년 8월 21일 에서 : 27건

의궤의 주방(酒房) - 369건

1. [眞宗孝純后]嘉禮都監儀軌책 [0001책 : 037 장] 에서 : 10건
2. [莊祖獻敬后]嘉禮都監儀軌책 [0001책 : 049 장] 에서 : 12건
3. [宣祖妃仁穆后]國葬都監儀軌책 [0001책 : 209 장] 에서 : 4건
4. [孝宗寧陵]遷陵都監殯殿所儀軌책 [0001책 : 065 장] 에서 : 2건
5. [仁宣后]殯殿魂殿都監儀軌책 [0001책 : 148 장] 에서 : 14건
6. [顯宗]國葬都監都廳儀軌(2)책 [0002책 : 299 장] 에서 : 24건
7. [明聖王后]殯殿[魂殿]都監儀軌책 [0001책 : 082 장] 에서 : 13건
8. [肅宗]殯殿都監儀軌책 [0001책 : 097 장] 에서 : 13건
9. 肅宗魂殿都監儀軌책 [0001책 : 096 장] 에서 : 6건
10. [仁敬王后]殯殿[魂殿]都監儀軌책 [0001책 : 148 장] 에서 : 18건
11. [仁顯王后]殯殿都監儀軌책 [0001책 : 088 장] 에서 : 15건
12. [仁元王后]魂殿都監儀軌책 [0001책 : 099 장] 에서 : 2건
13. [景宗]殯殿都監儀軌책 [0001책 : 105 장] 에서 : 13건
14. [端懿嬪]殯宮都監儀軌(下)책 [0001책 : 097 장] 에서 : 11건
15. [宣懿王后]殯殿都監儀軌책 [0001책 : 126 장] 에서 : 14건
16. [英祖]殯殿都監儀軌책 [0001책 : 124 장] 에서 : 6건
17. [貞聖王后]殯殿都監儀軌(上)책 [0001책 : 108 장] 에서 : 2건
18. [貞純王后]殯殿魂殿都監儀軌(1)책 [0001책 : 036 장] 에서 : 10건
19. 獻敬惠嬪殯宮魂宮都監儀軌(2)책 [0001책 : 214 장] 에서 : 6건
20. 正宗大王殯殿魂殿都監儀軌(1)책 [0001책 : 151 장] 에서 : 11건
21. [孝懿王后]殯殿魂殿都監儀軌(1)책 [0001책 : 133 장] 에서 : 6건
22. [正祖]健陵遷奉都監儀軌(4)책 [0004책 : 098 장] 에서 : 10건
23. [純祖]殯殿魂殿都監儀軌(1)책 [0001책 : 030 장] 에서 : 9건
24. 純元王后殯殿魂殿都監儀軌(1)책 [0001책 : 032 장] 에서 : 9건
25. [純祖]仁陵遷奉山陵都監儀軌(2)책 [0002책 : 534 장] 에서 : 6건
26. [孝明世子]殯宮魂宮都監儀軌(2)책 [0002책 : 227 장] 에서 : 4건
27. 神貞王后殯殿魂殿都監儀軌(1)책 [0001책 : 037 장] 에서 : 10건
28. [文祖]綏陵遷奉山陵都監儀軌(2)책 [0002책 : 487 장] 에서 : 1건
29. [憲宗大王]殯殿魂殿都監儀軌(1)책 [0001책 : 031 장] 에서 : 8건
28. [孝顯王后]殯殿魂殿都監儀軌(2)책 [0002책 : 228 장] 에서 : 5건
29. [明成皇后]殯殿魂殿都監儀軌(1)책 [0001책 : 065 장] 에서 : 3건
30. [顯穆綏嬪]殯宮魂宮都監儀軌(1)책 [0001책 : 113 장] 에서 : 6건
31. 徽慶園遷奉都監儀軌(2)책 [0002책 : 283 장] 에서 : 6건
32. 進宴儀軌책 [0001책 : 091 장] 에서 : 9건
33. 迎接都監米麵色儀軌책 [0001책 : 055 장] 에서 : 7건
31. [孝純賢嬪]殯宮魂宮兩都監二房儀軌(1)책 [0001책 : 171 장] 에서 : 6건
32. [仁祖]殯殿都監儀軌책 [0001책 : 065 장] 에서 : 18건
33. [孝宗]殯殿都監儀軌책 [0001책 : 107 장] 에서 : 39건

한국의 전통약차(藥茶)

정의(定意)

약차(藥茶)란 무엇인가- 정의 = 약(藥)+차(茶) = 약차(藥茶)

사전 - 약차의 정의(定義)

- 병(病)을 치료하기 위해서 약재(藥材)를 이용하여 끓이는 차이다.
- 약이 되는 차이며 차처럼 끓이지만 약으로 사용한다.

어원(語源) / 약(藥), 약차(藥茶)

- 약차(藥茶)라는 용어는 공식적으로 사용되지 않았다.
- 구전(口傳)되는 생활용어이다.
- 약차(藥茶)라는 용어는 자연스럽게 생긴 말이다.
- 약차(藥茶)라는 용어를 문헌에서는 확인되지 않았다.
- 약차(藥茶)라는 용어는 약(藥)과 차(茶)라는 용어에서 기인되었다
- 약차(藥茶)라는 용어는 재료(약)와 용도(차)가 합쳐진 용어이다.
- 약차(藥茶)는 약문화와 차문화가 합쳐진 문화이다.
- 약차(藥茶)는 질병을 치료하기 위해서 만들어 졌다.
- 약차(藥茶)는 약(藥)을 엷게 달이면 탕(湯)이 되고, 다음이 차(茶)가 된다.
- 약차(藥茶)는 차처럼 수시로 마실 수 있어야 된다.
- 약차(藥茶)는 부작용이 없다.

약차(藥茶)의 발전 단계 - 3단계

- 전통약차 - 전통을 계승한 약차 / 전통, 역사, 문화을 계승한 약차
- 창작약차 - 새로운 약차 개발 / 현대의 질병에 적합한 약차 개발
- 기능약차 - 기능성 약차 개발 / 기능성, 예술성, 철학성이 있는 약차 개발

나의 약차론 - 전통 약차에서 기능성, 예술성이 있는 약차로 개발.

- 전통성 / 우리나라 고유의 전통약차에서 역사와 문화을 계승
- 창조성 / 새로운 재료, 처방, 탕제법의 개발 - 질병 예방, 치료
- 기능성 / 기능성이 뛰어난 약차 개발 - 예술성, 철학성 가미

약차(藥茶)

1. 약차(藥茶)란 무엇인가? - 정의 = 약 +차 = 약차

- 약재를 이용하여 만든 차이다.
- 역사성, 문화성, 기능성, 예술성, 철학성을 강조한 약차이다.
- 질병 예방과 치료라는 목적을 가지고 있다.
- 약차의 삼덕(三德)은 예방(豫防), 치병(治病), 건강(健康)이다.

2. 약차(藥茶)의 역사

1) 고조선시대 약차(BC5000년~BC100년)

(1) 조선불교통사(朝鮮佛敎通史)의 기록 - 백산차(白山茶)

- 차이름 - 백산차(白山茶)
- 고조선 시대 사람들은 백산차를 마셨다.
- 백산차 외에 박하차와 같은 산야초를 이용하여 약차를 만들어 마셨을 것으로 사료된다.
- 문헌 - 이능화(李能和:1869~1943)/ 「조선불교통사(朝鮮佛敎通史)」

「조선불교통사(朝鮮佛敎通史)」 하권, 지리산당다(智異山唐茶)

「조선의 장백산에 차가 나는데 이름을 백산차(白山茶)라고 한다. 건륭(高宗)때에 청나라 사람이 차를 따서 바쳐 궁궐에서 어용차로 쓰도록 하였다.」

『朝鮮之長白山 山茶名曰白山茶 乾隆時淸人採貢 官庭爲御用之茶』

2) 삼국시대 약차(BC100~AD900)

삼국시대의 약차 / 문헌, 유물

- 삼국시대 약차의 기록은 박하차가 유일하다.
- 삼국시대 약차의 유물도 거의 전하지 않는다.
- 삼국시대 차에 대한 기록은 많으나 약차기록은 거의 없다.
- 녹차 문화가 유입되기 전부터 백산차나 박하차 같은 약차문화가 있었다.
- 녹차의 수입으로 약차문화가 쇠퇴 하였다.
- 신라의 박하차는 고조선의 백산차를 대신 하였다.
- 고구려는 백산차를 계승하였을 것으로 보인다.
- 고조선의 강역은 거의 고구려의 강역이 되었다.
- 백제는 고구려에서 분리되어 나온 국가로 백산차를 계승하였다.
- 고구려, 백제, 발해, 가야 등의 국가의 기록에 약차의 기록이 보이지 않는다.
- 삼국시대의 마실 거리는 술과 약차였을 것으로 사료된다.

(1) 해동역사(海東繹史)의 기록 - 박하차(薄荷茶)

- 차이름 - 박하차(薄荷茶)
- 문헌 - 한치윤(韓致潤:1765~1814)의 해동역사(海東繹史)/ 조선 정조

해동역사(海東繹史)권제 26, 물산지 2, 초류, 박하조(薄荷條)

「신라의 박하잎과 줄기는 들깨(荏)와 같아서 겨울에도 뿌리가 죽지 않는다. 여름과 가을에 채취한 잎과 줄기를 햇볕에 말려 차를 만들어 마신다.」

『新羅薄荷莖葉似荏而尖長經冬根不死 夏秋採莖葉暴乾彼人作飮之:本草圖經 十四, 草之三 』

- 재료- 박하의 잎과 줄기
- 국명- 신라
- 만드는 시기- 여름과 가을
- 만드는 법- 잎과 줄기를 햇볕에 말려 차를 만들어 마신다.

3) 고려시대 약차(AD918~AD1392)

고려시대의 약차 / 질병치료, 녹차 대용으로 마심.

- 고려시대의 약차는 그 이름이 전하지 않는다.
- 고려시대 약차로 볼 수 있는 정확한 기록은 보이지 않는다.
- 고려시대의 약차는 의학과 함께 발달되었을 것으로 보인다.

- 고려시대 의약서적 발행/ 이규보의 서문 - 신편의학
- 다방에서 의학서적을 발간하였다는 것은 다방관원이 의원이라는 증거이다.
- 약초를 재배하는 약포(藥圃)를 국가나 개인이 설치하였다.
- 개인들이 사사로이 약초재배를 자유롭게 하였다.
- 약초 재배의 발전은 약차문화의 발달과 관련이 있다.
- 지병이 있는 사람은 약을 자주 달여 마셨다.
- 사원에서 약초재배를 하였다.
- 국가에 약방이 설치되고 의원들의 활동이 대단하였다.
- 조선시대 초기의 약차문화를 통해서 고려시대의 약차를 문화를 알 수 있다.
- 다약(茶藥), 다탕(茶湯)에서 알 수 있듯이 약과 차는 거의 같은 개념으로 이해하였다.

4) 조선시대 약차(AD1392~AD1910)

- 조선시대에는 약차 문화가 가장 많이 발전하였다.
- 조선시대 약차는 고려시대 약문화를 계승 하였다.
- 조선시대에 약차의 종류가 가장 많이 만들어 졌다
- 조선시대 약차는 궁중에서 비롯되어 민간으로 번져갔다.
- 조선시대 약차는 만드는 재료를 가장 다양하게 개발하였다
- 귀한 약재를 사용하여 약차를 발달 시켰다
- 약차의 종류는 궁중약차, 민간약차, 사원약차로 나누어진다.
- 궁중에서는 의식용, 연회용, 선물용, 시음용으로 만들었다
- 민간약차는 손님접대용, 선물용, 시음용으로 만들었다.
- 민간약차는 지역적 특성을 가지고 발달하였다
- 조선시대 약차 도구들이 많이 만들어 졌다
- 약차 도구로는 약탕관, 화로, 약잔, 약수저, 약연, 약장 등이 있다.
- 제조법 : 제조법이 최고로 발전, 명차들이 이때 만들어 졌다.
- 약차의 고급화 : 제조 원료도 일반재료에서 고급재료가 사용되었다.
- 전성기 : 조선 왕실에서 시작된 약차문화가 일반 서민에까지 뿌리를 내렸다.

(1) 조선시대 약차 문헌

- 조선시대 약차 문헌의 종류는 정사편, 의궤편, 일기편, 시문집, 고문서, 유물.

① 정사편 약차 문헌

조선왕조실록(朝鮮王朝實錄) - 116건
승정원일기(承政院日記) - 3,575건
일성록(日省錄) - 134건
고도서 상소류 - 15건
비변사등록 - 2건
각사등록 - 9건

② 의궤편 약차 문헌

각종의궤편 - 10건
진연의궤, 진작의궤, 진찬의궤, 궁중의식
가례도감의궤(嘉禮都監儀軌)

궁중의식(宮中儀式)

③ 일기편 약차 문헌
내각일력(內閣日歷)
고도서 왕실자료- 11건 고도서 읍지류 - 9건
근대정부기록류- 91건

④ 시문집(詩文集)편 - 약차 문헌 - 384건
급암시집(及菴詩集) 민사평(閔思平) 3건
동국이상국집(東國李相國文集) 이규보(李奎報) 2건
매월당집(梅月堂集) 김시습(金時習) - 3건
사가집(四佳集) 서거정(徐居正) - 14건
산림경제(山林經濟) 홍만선(洪萬選) - 10건
송자대전(宋子大全) 송시열(宋時烈) 4건
여유당전서(與猶堂全書) 정약용(丁若鏞) - 4건
오주연문장전산고(五洲衍文長箋散稿) 이규경(李圭景) - 14건

⑤ 중국과의 약차 교류
- 중국에 사신으로 갈 때 가져가서 사용한 약차
- 인삼차가 대표적인 약차이다.
연행기사(燕行記事) 6건
연원직지(燕轅直指) 4건
문견잡기(聞見雜記) 3건

⑥ 일본과의 약차 교류
- 일본에 통신사로 갈 때 가져가서 사용한 약차
- 인삼차가 대표적인 약차이다.
해사록(海槎錄) 4건
동사록(東槎錄) 14건
봉사일본시문견록(奉使日本時聞見錄) 16건
해사일기(海槎日記) 16건

(2) 조선시대 약차의 용도

조선시대의 약차는 크게 3가지 용도로 사용 되었다 - 의식용, 연회용, 예물용

① 의식에 쓰인 약차
- 세종때 제정한 국가의식인 국조오례의에 의거해서 차(茶)를 올렸으므로 모든 의식의 진설에 당연히 찻잔을 올리는 것이었다.
- 조선의 가례나 빈례의식은 국조오례의가 찬정되기 전에는 고려의 제도를 따랐고 찬정된 후(세종)는 오례를 따라 올렸다.
- 국조오례의 길례의식, 흉례의식, 빈례의식, 가례의식, 군례의식 가운데 주로 가례의식 때에 약차를 올렸다.
- 대표적인 약차는 인삼차, 어차를 올렸다.

② 연회에 쓰인 약차 - 궁중연회/ 의궤류
- 궁중에서 연회를 베푼 것은 주로 가례(嘉禮)와 빈례(賓禮)때였다.
- 가례를 집행하던 「가례도감(嘉禮都監)」을 설치하여 '가례 때 모든 상차림에 차를 사용했다.
- 대표적인 약차는 인삼차, 어차를 올렸다.

③ 예물로 쓰인 약차 - 손님 접대용 약차
- 중국, 일본, 대마도주의 접대용으로 사용되었다.
- 문무백관 신료들에게 하사하기도 했다.
- 사신에게 하사했다.
- 기로소 노인에게 하사했다.
- 약차는 인삼차, 어차가 대표적이다.

3. 조선시대 약차의 종류

- 조선시대 약차의 종류가 제일 많다.
- 지금까지 확인된 것만 204가지이다.
- 승정원일기- 173종 - 조선왕조실록 - 4종
- 일성록 - 5종 - 아언각비 - 5종
- 산림경제 - 3종 - 증보산림경제 - 16종
- 규합총서 - 4종 - 임원16지 - 16종

1). 약차의 종류

(1) 인삼차의 종류 - 30종
- 인삼 한 가지만 달인 약차로는 인삼, 독삼, 단삼, 만삼차 등이 있다.
- 인삼에 질경이, 복령, 경옥고, 귤, 복령, 연꽃, 연실, 부자, 창출, 지황, 생맥산, 생강, 맥문동을 넣어서 함께 달인 약차도 있다.

가미삼길차(加味蔘吉茶) 2건- 인삼, 길경/ 가미삼령차(加味蔘苓茶) 7건 : 인삼, 복령
가미인삼차(加味人蔘茶) 18건- 인삼, 감초/경옥고삼차(瓊玉膏蔘茶) 1건 : 경옥고, 인삼
단삼차(單蔘茶) 5건 : 인삼/ 독삼차(獨蔘茶) 16건 : 인삼
만삼차(蔓蔘茶) 4건 : 만삼 삼귤차(蔘橘茶) 479건 : 인삼, 귤
삼금차(蔘芩茶) 1건 : 인삼 삼길차(蔘吉茶) 5건 : 인삼, 길경
삼련차(蔘蓮茶) 31건 : 인삼, 연꽃 삼령차(蔘苓茶) 10건 : 인삼, 복령
삼령차(蔘岺茶) 1건 : 인삼, 복령 삼령차(蔘笭茶) 4건 : 인삼, 복령
삼부차(蔘附茶) 7건 : 인삼, 부자 삼전중삼차(三錢重蔘茶) 6건 : 인삼
삼전중인삼차(三錢重人蔘茶) 2건 : 인삼
삼차(蔘茶) 624건 : 인삼 삼출차(蔘朮茶) 1건 : 인삼, 창출
생맥산삼차(生脈散蔘茶) 1건 : 생맥산, 인삼/ 생지현삼차(生地玄蔘茶) 1건 : 인삼, 지황
오전중삼차(五錢重蔘茶) 47건 : 인삼 오전중인삼차(五錢重人蔘茶) 2건 : 인삼
이전중삼령차(二錢重蔘苓茶) 1건 : 인삼 이전중삼차(二錢重蔘茶) 2건 : 인삼
인삼강귤차(人蔘薑橘茶) 4건 : 인삼, 생강, 귤/인삼맥문동차(人蔘麥門冬茶) 5건 : 인삼, 맥문동
인삼차(人蔘茶) 62건 : 인삼 삼귤차(參橘茶) 151건 : 인삼, 귤

칠전중인삼차(七錢重人蔘茶) 7건 : 인삼

(2) 감귤차의 종류- 19종
- 귤 한 가지만 달여서 만든 약차로는 귤차, 간귤, 생귤, 향귤, 귤병, 귤피, 진피차 등이 있다.
- 귤에 생강, 계피, 작설차, 질경이, 인삼, 차조기, 은행 등을 함께 넣어서 달인 약차도 있다.

간귤차(干橘茶) 1건- 건귤 강귤차(薑橘茶) 29건 : 생강, 귤
계귤차(桂橘茶) 28건- 계피, 귤 귤강차(橘薑茶) 103건 : 귤, 생강
귤강차(橘羌茶) 8건- 귤, 생강 귤강작설차(橘薑雀舌茶) 1건 : 귤, 생강, 작설차
귤차(橘茶) 697건- 귤 귤병차(橘餠茶) 3건 : 귤병
귤피차(橘皮茶) 4건- 귤피 길경귤강차(桔梗橘薑茶) 1건 : 길경, 귤, 생강
사귤차(砂橘茶) 2건- 사귤 삼귤차(蔘橘茶) 479건 : 인삼, 귤
생귤차(生橘茶) 1건- 생귤 소귤차(蘇橘茶) 21건 : 차조기, 귤
인삼강귤차(人蔘薑橘茶) 4건- 인삼, 생강, 귤
진피작설차(陳皮雀舌茶) 1건- 진피, 작설차 삼귤차(參橘茶) 151건 : 인삼, 귤
행귤차(杏橘茶) 3건 : 은행, 귤 향귤차(香橘茶) 43건 : 향귤

(3) 생강차의 종류 - 12종
- 생강 한 가지만 달인 약차로는 생강차, 강차 등이 있다.
- 생강에 인삼, 계피, 귤, 작설, 차조기, 질경이를 함께 넣어 달인 약차도 있다.

강차(薑茶) 352건- 생강 계강차(桂薑茶) 3건- 계피, 귤
귤강차(橘薑茶) 103건- 귤, 생강 귤강차(橘羌茶) 8건- 생강, 귤
귤강작설차(橘薑雀舌茶) 1건- 귤, 생강,작설차 길경귤강차(桔梗橘薑茶) 1건- 질경이, 귤, 생강
생강차(生薑茶) 3건- 생강 소강차(蘇薑茶) 34건- 차조기, 생강
인삼강귤차(人蔘薑橘茶) 4건- 인삼, 생강, 귤 작설생강전차(雀舌生薑煎茶) 1건- 작설차, 생강
강귤차(薑橘茶) 19건- 생강, 귤 강죽차(薑竹茶)- 생강, 대나무

(4) 질경이차(桔梗茶)의 종류 - 8종
- 길경이를 달여서 약차를 만든다.
- 질경이에 감초, 귤, 생강, 인삼, 탱자, 은행등을 넣어서 함께 달인 약차도 있다.

감길차(甘吉茶)2건- 감초, 질경이 길경귤강차(桔梗橘薑茶)1건- 질경이, 귤, 생강
길경차(桔梗茶)6건- 질경이 길경차(吉更茶)6건- 질경이
삼길차(蔘吉茶)5건- 인삼, 질경이 지경차(枳梗茶)5건- 질경이, 탱자
행인길경차(杏仁吉更茶)1건- 은행, 질경이 가미삼길차(加味蔘吉茶)2건- 인삼, 질경이

(5) 차조기차(蘇葉茶)의 종류 - 8종
- 차조기의 열매를 볶아서 차로 만든다.
- 차조기에 마른칡뿌리, 생강, 귤, 모과, 형개 등을 넣어 함께 달인 약차도 있다.

乾葛蘇葉茶 1건- 마른 칡, 차조기 蘇干茶 1건- 마른 차조기

蘇葛茶 2건- 차조기, 칡　　蘇薑茶 34건- 생강, 차조기
蘇橘茶 21건- 차조기, 귤　　蘇木茶 4건- 차조기, 모과
蘇葉茶 6건- 차조기　　蘇荊茶 1건- 차조기, 형개

(6) **보리차(麥茶)의 종류 - 7종**
- 보리, 엿기름 등을 달여서 약차를 만든다.
- 보리에 인동, 율무 등을 넣어서 함께 달인 약차도 있다.

木麥茶 16건- 모과, 보리　　木麥茶 16건- 모과, 보리
浮小麥茶 6건- 보리　　小麥茶 10건- 보리
小麥忍冬茶 1건- 보리, 인동　　水麥茶 2건- 보리
薏苡木麥茶 1건- 율무, 보리

(7) **복령차(茯笭茶)의 종류 - 7종**
- 복령, 적복령, 백복령을 달여서 약차를 만든다.
- 복령에 인삼 등을 넣어서 함께 달인 약차도 있다.

加味蔘苓茶 7건- 인삼,복령　　蔘苓茶 10건- 인삼,복령
二錢重蔘苓茶 1건- 인삼　　赤茯苓茶 3건-적복령
茯笭茶 1건- 복령　　蔘笭茶 4건- 인삼,복령
蔘岺茶 1건- 인삼,복령

(8) **대잎차(竹葉茶)의 종류 - 6종**
- 대잎만을 달여서 약차를 만든다.
- 대잎에 건갈, 석고, 흑두를 넣어 함께 달인 약차도 있다.

건갈죽엽차(乾葛竹葉茶) 5건 :갈건, 대잎
죽여차(竹茹茶) 2건 : 대잎
죽엽차(竹葉茶) 18건 : 대잎
죽엽석고차(竹葉石膏茶) 1건 : 대잎, 석고
흑두죽엽차(黑豆竹葉茶) 4건 : 흑두, 대잎
강죽차(薑竹茶) 다시검색 : 생강, 대잎

(9) **칡차(葛根茶)의 종류 - 6종**
- 말린 칡뿌리를 달여서 만든 약차가 있다.
- 칡 뿌리에 차조기, 죽엽, 향유(목이버섯)등을 넣어서 함께 달인 약차도 있다.

갈근차(葛根茶) 1건 : 칡뿌리
건갈차(乾葛茶) 7건 : 칡뿌리
건갈소엽차(乾葛蘇葉茶) 1건 : 칡뿌리, 차조기
건갈죽엽차(乾葛竹葉茶) 5건 : 죽엽, 칡뿌리
건갈향유차(乾葛香薷茶) 1건 : 칡뿌리, 목이버섯

소갈차(蘇葛茶)　　2건 : 칡뿌리, 차조기

(10) **금은화차(金銀花茶)의 종류 - 5종**
- 인동초는 인동초 덩쿨을 말하고 금은화는 인동초 꽃을 말한다.
- 인동초의 넝쿨이나 꽃으로 차를 달여서 약차를 만든다.
- 인동초에 소맥, 매미 껍질을 넣어서 달인 약차도 있다.
- 금은화차 우황을 넣어서 달인 약차도 있다.

인동차(忍冬茶) 126건 : 인동초
금은화차(金銀花茶) 205건 : 인동초 꽃
우황금은화차(牛黃金銀花茶) 1건 : 우황, 인동초 꽃
소맥인동차(小麥忍冬茶) 1건 : 소맥, 인동초
인동선퇴차(忍冬蟬退茶) 3건 : 인동초, 매미껍질

(11) **연화차(蓮花茶)의 종류 - 5종**
- 연의 열매, 꽃, 뿌리 등을 달여 약차를 만든다.
- 연실에 산수유, 인삼 등을 넣어서 함께 달인 약차도 있다.

연교차(連翹茶) 1건 : 연꽃 술　　연실차(蓮實茶) 1건 : 연의 열매
삼련차(蔘蓮茶) 31건 : 인삼, 연실　　수련차(茱連茶) 2건 : 수유, 연꽃
향련차(香連茶) 17건 : 꽃, 연실

(12) **맥문동차(麥門冬茶)의 종류 - 3종**
- 맥문동을 달여 약차를 만든다.
- 맥문동에 인삼, 등심 등을 넣어서 함께 달인 약차도 있다.

麥門冬茶 19건- 맥문동　　人蔘麥門冬茶 5건 인삼,맥문동
燈心麥門冬茶 3건- 맥문동

(13) **콩차(豆茶)의 종류 - 6종**
- 콩종류를 달여서 약차를 만든다.
- 콩종류와 댓잎, 돌벼 등을 넣어서 함께 달인 약차도 있다.

綠豆茶方 1건- 녹두豆豉茶　　3건- 콩
小豆茶 5건- 콩　　赤小豆茶 3건- 붉은콩
黑豆竹葉茶 4건- 검은콩　　穭豆茶 1건- 콩

(14) **매화차(梅花茶)의 종류 - 4종**
- 매화의 열매, 꽃, 말린 매실 등으로 약차를 만든다.

梅子茶 1건- 매실　　梅花茶 9건 매화
烏梅茶 10건- 절인 매실　　合梅茶 1건

(15) 기타 약차의 종류 - 101종

- 한약재를 달여서 약차를 만든다.
- 한약재 2-3가지를 함께 넣어서 달인 약차도 있다.

降氣茶	1	
羌茶	12	생강
桂茶	4	계피
夏枯草茶	2	하고초
空茶	13	
枸杞子茶	3	구기자
拘杞茶方	1	구기자
氣甚困茶	1	
氣甚茶	2	
糯米茶	27	찹쌀
臘茶	15	차
寧干茶	1	
濃茶	16	진한 차
茶粥	2	차죽
當歸茶方	2	당귀
桃棗茶	2	복숭아,대추
燈心茶	10	등심
羚羊角茶	11	영양뿔
漏影春方	1	
六和茶	1	
馬糞茶	1	말똥
馬通茶	8	
木苽茶	1	모과
木末茶	4	
木米茶	28	모과,쌀
木通茶	6	목통
木通燈心茶	2	목통,등심
味好茶	2	
蜜茶	14	꿀
栢茶	4	잣
白茅根茶	2	띠
柏葉茶方	1	잣나무잎
百合茶	1	백합
萆薢茶	2	마름
氷茶	8	
砂曲茶	2	사곡
山査茶	2	산사
山梔茶	1	치자
三子茶	2	
桑枝茶	20	뽕나무

五加皮茶	6	오가피
五果茶	1	황률,대추,은행,호두,모과
五味茶	8	오미자
五味子茶	13	오미자
五子茶	1	구기자,오미자,사상자,복분자,토사자
牛膝茶	7	쇠무릎
牛黃茶	3	우황
柚子茶方	2	유자
赤茯苓茶	3	적복령
薺苨茶	6	제니
棗蜜茶	1	대추,꿀
足味茶方	1	
枳梗茶	5	질경이
地骨皮茶	7	지골피
止嗽茶	2	
陳皮雀舌茶	1	귤피,작설
車前子茶	35	차전자
菖蒲茶	4	창포
川芎茶	2	천궁
天麻茶	1	천마
川椒茶	1	천궁,산초
青茶	28	청차
清泉白石茶方	5	백석
青皮茶	3	
葱白茶	1	파뿌리
葡萄茶	2	포도
蓽撥茶	2	
咳嗽茶	1	
孩兒茶	1	
孩兒香茶方	1	
杏仁茶	2	은행
香茶	113	향차
香附茶	2	부자
香榻茶	1	
香薷茶	11	
眩氣茶	1	
胡桃茶	9	호도
胡棗茶	1	호도,대추
胡椒茶	12	호도,산초
紅花子茶	11	홍화

石膏茶	8	석고
蟬退茶	5	매미
細茶	11	차
細辛茶	7	세신
松茶	46	솔잎
松蘿茶	5	차
松節茶	112	소나무
柴胡鱉甲茶	3	호도,패갑
養親茶	2	
御茶	72	생삼,생강,귤피
禦蛔茶	1	

和稷茶	1	벼
滑石粳米茶	1	활석,길경
滑石茶	2	활석
厚朴茶	4	후박
黑茶	2	흑차
擂茶方	1	콩,깨,볶은쌀,차
蓴茶方	1	순채
薄荷茶	1	박하
白山茶	2	백산차
石南茶	1	백산차

2). 약차의 종류와 만드는 법

(1) 산림경제(山林經濟)의 약차 - 4종(種) 15품(品)

卷之二, 治膳, 茶湯

- 산림경제(山林經濟)는 조선 숙종 때에 홍만선(洪萬選:1643~1715)이 저술한 책이다.
- 차(茶)와 탕수(湯水), 장수(漿水), 갈수(渴水)를 같은 다탕류로 분류하였다.

① 다품(茶品)- 3품 / 기국차[杞菊茶], 구기차[枸杞茶],
② 탕수(湯水)- 10품/ 습조탕(濕棗湯). 향소탕(香蘇湯). 수문탕(須問湯). 빙지탕(氷芝湯).
회향탕(茴香湯). 행락탕(杏酪湯). 봉수탕(鳳髓湯). 제호탕(醍醐湯).
백탕(柏湯). 자소탕(紫蘇湯),청천백석다(清泉白石茶)
③ 장수(漿水)- 1품/ 모과장(木瓜漿)
④ 갈수(渴水)- 1품/ 오미갈수(五味渴水)

(2) 증보산림경제(增補山林經濟)의 약차 - 2종(種) 20품(品)

治膳上, 茶湯諸品,

- 증보산림경제(增補山林經濟)는 조선 영조42년(1766)에 유중림(柳重臨:1705-1771)이 산림경제(홍만종)를 증보한 것이다.
- 차(茶)와 탕(湯)을 같은 음청류로 분류하였다.

① 다품(茶品)- 16품/ 기국차(杞菊茶法), 구기자차(拘杞茶法), 청천백석차(清泉白石茶),
매화차(梅花茶法), 국화차(菊花茶法), 유자차(柚子茶法), 포도차(葡萄茶法),
산사차(山查茶法), 강죽차(薑竹茶法), 강귤차(薑橘茶法), 당귀차(當歸茶法),
순채차(蓴茶法), 형개차(荊芥茶法), 차조기차(紫蘇茶法), 녹두차(綠豆茶法),
매실차(梅子茶法)
② 탕품(湯品)- 4품/ 온조탕(溫棗湯法), 수지탕(水芝湯法), 행락탕(杏酪湯法), 봉수탕(鳳髓湯法)

(3) 규합총서(閨閤叢書)의 약차 - 2종(種) 7품(品)

卷一, 茶品.

- 규합총서(閨閤叢書)는 빙허각이씨(氷虛閣李氏)의 저술이다.
- 다품에 다백회(茶百會)와 같은 행다법 놀이를 넣어 놓았다.

- 다백회(茶百會)는 송나라 때 가루차를 끓여 마실 때 탕면에 일시적으로 생기는 새나 물고기등의 문양을 말한다.
- 다품에 장수(漿水)만 넣었고, 탕수, 갈수, 숙수는 누락되었다.
- 차는 중국에서 수입된 것은 없고 국내산만 소개하였다.
- 포도는 고려 때 중국(서역)에서 수입된 것이지만 국내에서 재배하였다.

① 다품(茶品)- 16품/ 매화차(梅花茶), 포도차(葡萄茶), 매실차(梅子茶), 국화차(菊花茶)
② 장수(漿水)- 2품/ 계장(桂漿), 귀계장(歸桂漿)
③ 기타 - 1품/ 다백회(茶百會)

(4) 임원십육지(林園十六志)의 약차 - 5종(種) 54품(品)
 卷二, 鼎俎志 卷第三, 飲淸之類, 茶. - 徐有榘,
- 임원십육지(林園十六志)는 서유구(徐有榘:)의 저술이다.
- 음청지류를 5종 54품(品)으로 나누어 놓았다.
- 이전의 문헌에는 음청지류를 혼합하여 기록했으나 임원16지에서 분류 정리함
- 다(茶) - 16품(品)중에는 중국에서 수입된 차 5종이 수록되어있다.
- 중국차에서 수입된 약차 5종 - 뢰차방(擂茶方), 족미차방(足味茶方), 해아향차방(孩兒香茶方), 루영춘방(漏影春方), 박차방(薄茶方)
- 국내산 약차 11종- 청천백석차방(淸泉白石茶方), 구기차방(拘杞茶方), 국화차방(菊花茶方), 기국차방(杞菊茶方), 강죽차방(薑竹茶方), 강귤차방(薑橘茶方), 유자차방(柚子茶方), 포도차방(葡萄茶方), 당귀차방(當歸茶方), 녹두차방(綠豆茶方), 백엽차방(柏葉茶方)

임원십육지(林園十六志)의 음청지류를 5종 54품(品)으로 나눔
① 탕(湯) -18품(品)　　② 장(漿) - 7품(品)
③ 다(茶) - 16품(品)　　④ 갈수(渴水) - 6품(品)
⑤ 숙수(熟水) - 7품(品)

4. 약차 만드는 사람과 장소
 - 궁중에서 약차를 만드는 사람을 의관(醫官), 의녀(醫女)라고 한다,
 - 약차 만드는 곳을 약방이라고 한다.

1) 의관(醫官)- 21,466건
의관[醫官] 조선 때 내의원에 딸려서 의술에 종사하던 관원, 어의(御醫)이다.

일성록의 의관(醫官)- 총 3,073건　　승정원일기의 의관(醫官)- 총 16,671건
비변사등록의 의관 - 총 76건　　각사등록의 의관 - 총 59건
조선왕조실록의 의관 - 1,135건　　고도서 왕실자료 - 195건
내각일력 - 76건　　의궤 - 18건
고도서 상소류 - 163 건

2) 어의(御醫) - 13,262건
조선시대 내의원에 소속돼 의술에 종사하는 사람, 궁중의 시의(侍醫), 일명 당상(堂上)의관(醫官), 당하관 중에도

의술이 특별한 사람을 뽑아 어의로 임명하였다.

승정원일기 - 11,928건　　조선왕조실록 - 338건
각사등록 - 5건　　비변사등록 - 29건
고도서 읍지류 - 1건　　고도서 상소류 - 24건
고도서 왕실자료 - 23건　　일성록 - 582건
내각일력 - 7건　　의궤 - 4건
고종시대사 - 3건　　한국문집총간 - 318건

3) 의녀(醫女) - 4,437건

조선시대 내의원(內醫院)·혜민서(惠民署) 등에서 부인들의 질병을 구호·진료하였던 여자 의원. 의녀제도는 1406년(태종 6) 허도(許道)의 건의로 제생원(濟生院)에 처음 설치되었다. 의녀는 당시 엄격한 내외법(內外法)으로 인해 진맥이나 시약도 못해보고 아깝게 죽어가는 부인들을 구할 목적으로 두어서, 진맥·침술법 및 부인병치료법·산파술(産婆術) 등을 배웠다. 의녀는 창고(倉庫)와 궁사(宮司)의 동녀(童女) 및 각 지방 관비(官婢) 중 영리한 소녀들을 뽑아 가르쳤고, 습득 후에는 중앙에 남거나 지방으로 돌아가 부인들을 치료하게 하였다. 지방에서 선발된 의녀들은 먼저 《천자문》 《효경(孝經)》 《정속편(正俗篇)》 등을 익힌 뒤 제생원으로 보내졌다. 이들의 사회적 대우는 기녀나 노비와 비슷하였으며, 본업 외에 가무를 익혀 내연(內宴)에 참가함으로써 관기(官妓)로 변전하기도 하였다.

승정원일기의 의녀(醫女) - 3,564건　　조선왕조실록 원문 의녀(醫女) - 243건
각사등록의 의녀 - 115건　　비변사등록의 의녀 - 14건
고도서 읍지류 - 6건　　고도서 상소류 - 13건
고도서 왕실자료 - 163건　　일성록 - 172건
내각일력 - 13건　　의궤 - 134건

4) 약방(藥房) - 76,479건

역사적으로 고려 초에는 약방이 상약국(尙藥局)·봉의서(奉醫署) 등으로 존재하였는데, 이 기관에서는 어약(御藥)의 화제(和劑)를 관장하였다. 그러다가 1391년(공양왕 3) 전의시(典醫寺)에 폐합되었고, 조선시대에는 전의감(典醫監) 소속 내약방(內藥房)이 되었으며, 이는 다시 1443년(세종 25)에 내의원(內醫院)으로 되었다. 내의원은 1894년(고종 31) 관제개혁에 따라 제거(提擧)·태의(太醫) 등을 배치하였다가 그 이듬해 전의사(典醫司)라고 이름을 바꾸어 시종원(侍從院)에 소속시켰다가 1896년에는 태의원(太醫院)으로 개칭하고, 1910년 국권피탈 뒤에는 태의원을 폐하고 이왕직전의국(李王職典醫局)이 되었다.

승정원일기 - 71,669건　　조선왕조실록 - 3,008건
한국사료총서 - 179건　　각사등록 - 126건
비변사등록 - 1,497건

5) 내의원(內醫院) - 3,326건

조선시대 때 3의원(三醫院)의 하나. 1392년(태조 1)에 설치한 전의감(典醫監)을 개칭한 것으로 왕이 복용하는 약을 만드는 일을 맡아보던 관청이다. 관원은 도제조(都提調)·제조(提調)·부제조(副提調)를 1명씩 두었는데, 부제조는 승지(承旨)가 겸임하였다. 정(正 ; 정3품)·첨정(僉正 ; 종4품)·판관(判官 ; 종5품)·주부(主簿 ; 종6품) 등을 1명씩 두었고, 직장(直長 ; 종7품) 3명, 봉사(奉事 ; 종8품) 2명, 부봉사(副奉事 ; 정9품) 2명, 참봉(參奉 ; 종9품) 1명이었는데 효종 때 직장 2명을 감하고 침의(鍼醫)와 여의(女醫) 22명을 두었다. 여기에 딸린 아전(衙前)을 초기에는 서리(書吏)라

하여 4명을 두었으나 중기 이후로는 서원(書員)으로 그 격(格)을 낮추고 20명으로, 말기에는 다시 23명으로 정원을 더 늘였다. 1885년(고종 22)에 전의사(典醫司), 1895년에 태의원으로 개칭되었다.

조선왕조실록 - 388건	각사등록 - 24건
비변사등록 - 68건	승정원일기 - 2,633건
고종시대사 - 8건	한국사료총서 - 47건
한국문집총간 158건	

6) 상약국(尙藥局) - 46건

고려시대 왕의 어약(御藥)을 관장하던 관청. 고려의학은 건국 초기에 당(唐)나라의 영향을 받은 신라의학을 그대로 수용하면서 불교에 수반된 인도의방(印度醫方)의 영향을 받았다. 상약국은 장의서(掌醫署)·상의국(尙醫局)·봉의서(奉醫署)라고 불렸는데, 976년(경종 1)에는 연수원(延壽院)이라 했다. 이 연수원이 상약국의 전신이라 짐작되며, 문종 때에는 정6품의 위치인 봉어(奉御)가 주재하고 시의(侍醫 ; 종6품) 2명, 직장(直長 ; 종7품) 2명, 의좌(醫佐 ; 정9품) 2명이 직접 진료하는 시의의 지휘 하에 왕과 왕족의 진료 및 투약에 종사하고, 그 밖에 의침사(醫針史) 2명, 약동(藥童) 2명이 배치되어 각기 침술과 조제를 담당하였다.

조선왕조실록 - 10건	고문서 - 11건
일성록 - 16건	의궤 - 1건
고도서 읍지류 - 4건	고도서 왕실자료 - 4건

한국의 전통다식(茶食)

서론

다식(茶食)이란 무엇인가- - 정의 = 다(茶) +식(食) = 다식
- 우리나라 고유의 과자이다.

국어사전
- 다식[茶食] 〈명사〉 유밀과의 한 가지. 녹말 · 송화 · 승검초 · 황밤 · 검은깨 따위의 가루를 꿀에 반죽하여 다식판에 박아 만든다.
- [명사]우리나라 고유 과자의 하나. 녹말 · 송화 · 승검초 · 검은깨 따위의 가루를 꿀이나 조청에 반죽하여 다식판에 박아 만들며, 흰색 · 노란색 · 검은색 따위의 여러 색깔로 구색을 맞춘다.

우리말큰사전
- 유밀과의 한가지, 녹말, 송화, 승검초, 황밤, 검은깨 따위의 가루를 꿀에 반죽하여 다식판에 박아 만든다.

성호 이익(李瀷)의 다식론 - 송대 용봉단차에서 유래 / 성호사설(星湖僿說)

『우리나라 사전(祀典)에는 다식(茶食)이라는 게 있다. 쌀가루를 꿀에다 섞어 뭉쳐서 나무틀 속에 넣고 짓이겨 동그란 떡으로 만드는데, 사람들은 이 다식(茶食)이란 이름과 그 뜻을 알지 못한다. 나는 이 다식이란 것은 송(宋)나라 때 대용단(大龍團)과 소용단(小龍團)이란 떡차가 잘못 전해진 것이라고 생각한다. 이 떡차가 맨 처음 생겼을 때는 물에 끓였는데, 가례(家禮)에서 쓰는 점다(點茶)는 차 가루를 차잔 속에다 넣고 끓는 물을 껴 얹은 다음에 다선(茶筅)으로 휘휘 젓는 것인데 지금 일본차가 모두 이와 같다.

지금 제사(祭祀)에 다식(茶食)을 쓰는 것은 바로 점다(點茶)라는 뜻인데, 그 이름만 남아있고 실물은 바뀌진 것이다. 어떤 집은 혹 밤을 가루로 만들어서 다식을 박아 쓰기도 하는데, 물고기와 새, 꽃과 잎처럼 만들기도 하나 용단(龍團)에 비하면 더욱 잘못된 것이다』

다산 정약용의 다식론 - 성호 이익의 다식을 따름 / 아언각비(雅言覺非)

『인단(印團)을 세상에서는 다식(茶食)이라고 말한다. 혹은 율황(栗黃)을 쓰거나 혹은 지마(芝麻)를 쓰거나 혹은 송화(松花)를 가루 내어 쓰는데, 꿀과 반죽하여 떡을 만들어 목함(木陷)속에 넣어 꽃(花), 잎(葉), 고기(魚), 나비(蝶)의 모양으로 박아낸 것이다』

- 다식은 쌀가루, 콩가루, 송화가루, 흑임자가루, 밤가루등을 꿀에 반죽하여 다식판에 꽃모양, 물고기모양등으로 찍어내어 만든 것을 말한다.
- 고려 때 생겨난 것으로 용봉단차에서 유래된 것이 아니라 유밀과처럼 생겨난 과자이다.
- 용봉단차 만드는 방법은 모방했을지 몰라도, 점다법이 쇠퇴, 변질된 것이 아니다.

다식의 발전 단계 - 3단계
- 전통다식 - 전통을 계승한 다식 / 전통, 역사, 모양을 계승한 다식
- 창작다식 - 창조성을 살린 다식 / 창조, 개발, 발전성이 있는 다식
- 예술다식 - 예술, 철학이 있는 다식 / 예술, 철학이 있는 다식 - 정신, 사상, 철학

맞춤형 다식 - 미래의 다식 / 21세기 다식은 기호성, 기능성, 예술성이 있어야한다.
- 쵸크렛은 잘 먹어도 다식은 안 먹는 경향이 있다.
따라서 케익, 쿠키, 쵸크렛처럼 만들어야 한다.

나의 다식론 - 전통에서 예술로 승화시켜야 한다.
- 전통성 / 우리나라 고유의 과자, 역사와 정신을 계승한다.
- 창조성 / 새로운 재료, 모양, 빛깔과 맛이 있는 창작 다식이어야 한다.
- 예술성 / 예술 다식 개발, 다식에 문화, 예술, 철학을 접목시켜야 한다.

1 다식(茶食)

1. 다식이란 무엇인가?
- 다식에 차를 사용하지 않았다. 떡차의 형태만 모방 / 차를 사용
- 기능성, 문화성, 예술성, 철학성, 정신성을 강조한 다식 작품.
- 다식으로 질병 치료 - 목적이 있는 음식 / 조선 왕실
- 모든 재료로 다식을 만들 수 있다.
- 다식의 가치를 살려낸 다식을 창조하자.
- 다식의 오덕(五德) - 색(色), 향(香), 미(味), 형(形), 성(性)

2. 다식의 역사
1) 고려시대 다식
고려의 다식 / 조사제, 팔관회, 연회때 다식 사용. 선물로 사용
- 고려 다식은 모양, 재료, 만드는 방법의 기록이 전해지지 않는다.
- 쌀이나 밀가루를 사용했던 조선시대 초기의 다식을 통해서 재료, 형태 등을 추측해 볼 수 있다.
- 대각국사(1055~1101) 문집에 다식(茶食)등을 갖추어 조사제(祖師祭)를 지냈다는 기록이 있다.
- 목은 이색(李穡) 문집에는 팔관회 때 옷과 다식을 선물 받고 지은 시(詩)가 있다.
- 고려사 예지편에 보면 팔관회 소회일, 대회일에는 모두 술과 식사에 앞서 다식을 올렸다.

『근시관이 왕에게 다식을 드리면 집례관이 전을 향하여 국궁하고 권하며 다음에 태자 이하 시신의 다식을 차리는데, 식사가 이르면 집례관이 찬배로 태자 이하 시신이 모두 재배하고 자리에 나아가 식사를 받아먹기를 마치면 일어나 읍한다.』

- 대근전(大勤殿)에서 여러 신하들에게 연회를 베풀 때도 다식을 올렸다.

2) 조선시대 다식
조선시대는 건국초기부터 다식이 사용되었는데 고려 때 관습이 그대로 이어 졌다.

(1) 조선시대 다식 문헌
- 조선시대 다식 문헌의 종류는 정사편, 의궤편, 일기편, 시문집, 고문서, 유물등으로 이루어졌다.

① 정사편 다식문헌
조선왕조실록(朝鮮王朝實錄) - 39건

승정원일기(承政院日記) - 39건
일성록(日省錄) - 15건
각사등록(各司謄錄) - 2건

② 의궤편 다식문헌
국조오례의, 진연의궤, 진작의궤, 진찬의궤, 궁중의식
가례도감의궤(嘉禮都監儀軌) - 153건
궁중의식(宮中儀式) - 85건

③ 일기편 다식문헌
내각일기(內閣日記)
효안전일기(孝安殿日記)

④ 시문집편 다식문헌
약포집(藥圃集), 續集卷之三, 書, 與趙士敬金士純, 정탁(鄭琢)
서애집(西厓集), 文集卷之九, 書, 答王遊擊書, 유성룡(柳成龍)
중봉집(重峰集), 卷之十一,日記, 朝天日記, 조헌(趙憲)
성소부부고(惺所覆瓿藁), 卷之二十六 說部五, 屠門大嚼, [餠餌之類] 허균(許筠)
현주집(玄洲集), 卷之三, 五言絶句, 次贈友人赴燕, 조찬한(趙纘韓)
남계집(南溪集), 卷第五十五, 雜著, 酌定祭饌圖說, 박세채(朴世采)
역천집(櫟泉集), 文集卷之十二, 雜著, 家儀, 송명흠(宋明欽)
성호사설(星湖僿說), 다식(茶食), 이익(李瀷)
여유당전서(與猶堂全書), 第一集雜纂集第二十四卷
○雅言覺非, 卷三, 印團 정약용(丁若鏞)
여유당전서(與猶堂全書),第三集, 禮集第二十三卷,
○禮疑問答, 僧菴禮問 정약용(丁若鏞)
양곡집(陽谷集) 謝金尙牧 惠黃栗及茶食 소세양(蘇世讓), 1571년
동악집(東岳集) 奉謝眞寶李明宰子靜書 이안눌(李安訥), 1640년
가휴선생문집(可畦先生文集), 조익(趙翊) 皇華日記 -茶食四盤°
남천선생문집(南川先生文集), 이도묵(李道默)挽郭通政丈[東錫] -卻茶食無噎°
졸은선생문집(拙隱先生文集), 18세기 이한보(李漢輔) 遺示三子 -茶食
호고와선생별집(好古窩先生別集),1898 류휘문(柳徽文) 家禮攷訂 -五器盛以茶食´
효산문집(曉山文集)1911 이수형(李壽瀅) 到順寢卽事 -茶食
음청사(陰晴史)上, 高宗 18年(西紀 1881) 辛巳, 十二月
속음청사(續陰晴史), 卷十四, 庚戌 9月~12月, 庚戌 11月
서정일기(西征日記)下, 진중일기, 純祖十二年(壬申) 三月, 初五日
한계유고(韓溪遺稿)九, 女範下, 飮食第四
묵재일기(묵재日記), 2冊, 嘉靖二十五年(丙午) 正月 小 庚寅
계일헌일기(戒逸軒日記), 庚辰, 十月
관란재일기(觀瀾齋日記), 丙子年, 臘月
우곡일기(愚谷日記), 愚谷公親筆丁巳日課, 八月大
산림경제(山林經濟), 홍만선(洪萬選:1643~1715)

증보산림경제(增補山林經濟), 유중림(柳重臨:1705-1771)
규합총서 빙허각이씨 다식
음식디미방(규곤시의방)
시의전서(미상)
임원십육지(林園十六志), 서유구(徐有榘)
조선상식 풍속편 최남선 다식

⑤ 고문서 다식문헌
상소문(上疏文) - 2건 / - 左承旨 金應淳 疏, 漢城右尹 趙曮 疏
발기문 - 궁중 의식 / 장서각
혼구(婚具) - 다식
제문(祭文) - 진설도 / 다식

⑥ 유물다식문헌
다식판(茶食板) - 목재 /박달나무
- .迎接都監雜物色儀軌, 賓禮, 使臣迎接, 仁祖21, 1643
茶食一立式所入眞末七夕式造淸二夕式眞油一里式
- .迎接都監宴享色儀軌, 賓禮, 使臣迎接, 仁祖21, 1643
翌日宴等十二牀所入每牀式一行白茶食二器式 上末九升式 淸九合式 造淸一升三合五夕式

(2) 조선시대 다식의 용도
조선시대의 다식은 3가지 용도로 사용 되었다 - 의식용, 연회용, 예물용

① 의식에 쓰인 다식
「조선왕조실록」에 보면 39건의 다식에 대한 기록이 나온다.
- 세종때 다식을 왕대비의 제사에 올렸다는 기록이었고(大行原德 王大妃의 七薺), 시로를 올리고 책봉하는 의식, 주존을 세우는 의식 떠나보내는 의식, 노제를 지내는 의식, 능에 모시는 의식에도 차와 다식(세 그릇씩)을 올리도록 하였다.
- 영조때는 종묘에 시정(時亭)을 지낼때 다식을 올렸고, 능침(陵寢)에도, 진전(眞殿)과 관묘(官廟), 또는 선농(先農)때에도 다식을 사용했음을 춘관통고(春官通考)의 기록을 통해 알 수 있다. 또 다식을 사용한 기록은 「제사식(祭祀食) 발기」에도 남아있음을 본다.
- 세종2년(1420) 7월19일, 예조에서 왕대비의 재를 올리는 물품에 대해 아뢰다
- 세종13년(1431) 8월 2일, 민간의 야제 · 무당굿 · 불공 등을 엄금하다
- 세종29년(1447) 11월 2일, 여러 산릉과 진전의 제품의 위치를 정하다
- 영조40년(1764) 8월 2일, 제사 비용을 줄이는 것에 대해 김응순과 조엄이 상소를 올렸다.
- 고종8년(1871) 5월 25일, 각 묘, 궁, 원의 제물을 재정하다

② 연회에 쓰인 다식
궁중에서 연회를 베푼 것은 주로 가례(嘉禮)와 빈례(賓禮)때 였다. 조선의 가례나 빈례의식은 국조오례의가 찬정되기 전에는 고려의 제도를 따랐고 찬정된 후는 오례를 따라 올렸다.
가례를 집행하던 「가례도감의궤(嘉禮都監儀軌)」를 보면 '가례 때 모든 상차림에 절개를 상징하는 백다식(白茶食)을 사용했다' 하였고, '고임도 높게 올렸다' 했다.

백다식(白茶食)은 밀가루(쌀가루)의 하얀 빛깔이 순결과 결백을 의미하는 절개의 상징으로 왕실의 모든 가례(혼례)때 올렸던 것이다.

백다식은 만드는 방법이 두 가지였다. 밀가루(쌀가루)를 꿀에 반죽하여 둥글고 큼직하게 만들어(약과 비슷하게), 들기름을 발라 기왓장에 구워낸 전다식과, 쌀가루(밀가루)를 꿀로 반죽하여 다식판에 찍어내는 방법을 사용하였으며 혼례상에 으뜸으로 중요하게 차렸다.

의식에 사용했던 다식은 연회때도 사용하게 되었으며, 이때에는 각색 다식이나 다식과(茶食果)를 올렸다(왕이 기로소에 드실 때, 탄신일, 존호 받거나 회갑 시).

③ 예물에 쓰인 다식

- 예물 - 32건/ 대마도, 일본

조선시대에는 외국사신을 맞이하거나, 대마도주를 맞았을 때 접대 시 다식을 사용하고 다식을 하사하였다.

「조선왕조실록」에 처음으로 대마도주에게 다식을 하사(1426)함이 기록되고, 그 후 성종25년(1496) 3월까지 30차례나 다식을 선물로 하사한 기록이 있다.

임란 후에는 일본의 통신사가 여러 차례 왔으나 차는 대접했어도 다식은 주지 않았다.

임란이후 영·정조 시대에는 다식이 급격히 발전하여 고임이 더욱 높아져 궁중에서도 보통일이 아니었음으로 영조4년(1764) 8월에 물자부족으로 다식과를 멸하라는 왕명이 내렸으나, 오히려 더욱 성하여 고종·순종 때 까지도 많은 양이 사용되었고 삼색, 오색으로 돌려가며 보기 좋게 고였다.

- 세종8년(1426) 2월 12일, 석견주·대마도의 사물 관압사 대호군 이예가 사조하니 인견하다
- 세종20년(1438) 4월 11일, 이예로 첨지중추원사를 삼아 대마도에 파견하다
- 세종25년(1443) 12월 14일, 선물을 보내어 도적 시라사야문 등을 잡는 데 공을 세운 종정성을 치하하다
- 단종2년(1454) 7월 30일, 일본국 일기주 지좌 원의가 충성하니 물건을 하사하다
- 세조5년(1459) 8월 23일, 첨지중추원사 송처검 등을 일본국의 통신사로 삼고, 서계를 보내다

3. 다식의 종류

고려시대 다식의 종류는 알 수가 없고, 조선시대 다식의 종류만 확인 가능하다.

① 전다식(煎茶食) ② 백다식(白茶食)
③ 송화다식(松花茶食) ④ 황률다식(黃栗茶食)
⑤ 녹말다식(綠末茶食) ⑥ 청태다식(靑太茶食)
⑦ 흑임자다식(黑荏子茶食) ⑧ 밀판다식(蜜板茶食)
⑨ 용안다식(龍眼茶食) ⑩ 갈분다식(葛粉茶食)
⑪ 서여다식(薯蕷茶食) ⑫ 귤병다식(橘餠茶食)
⑬ 당귀다식(當歸茶食) ⑭ 연자다식(蓮子茶食) - 蓮實茶食
⑮ 백임자다식(白荏子茶食) ⑯ 육미다식(六味茶食)
⑰ 각색다식(各色茶食) ⑱ 3색다식(三色茶食)
⑲ 4색다식(四色茶食) ⑳ 5색다식(五色茶食)

4. 다식의 정신 - 3대정신

- 전통성 - 전통을 계승한 다식 / 고려, 조선, 현대로 계승
- 의식성 - 제사, 의식적인 다식 / 팔관회, 진연의궤, 제사에 사용
- 예술성 - 다식 문양의 다양성 / 문양, 모양, 고임, 다식판의 예술성

5. 다식의 문화

- 다식이 과자문화로 발전 - 과자 문화
- 다식이 예술문화로 발전 - 문양의 예술성
- 다식이 의례문화로 발전 - 제사, 혼례, 조사제
- 다식이 전통문화로 발전 - 전통성

6. 다식의 효과

다식을 과자로 발전시키면 다음과 같은 효과가 난다.
첫째 : 전통문화의 계승 - 전통성 확보.
둘째 : 전통의식의 계승 - 다례, 제사에 사용.
셋째 : 맛과 영양이 있는 보정식 활용 - 기능성 다식
넷째 : 질병 예방과 치료에 도움 - 약이 되는 다식.
다섯째 : 한국적 상품의 브랜드화 - 신상품 개발

7. 다식을 활용하는 방법

첫째 : 전통문화의 계승 - 전통성 확보.
둘째 : 전통의식의 계승 - 다례, 제사에 사용.
셋째 : 맛과 영양이 있는 보정식 개발 - 기능성 다식

8. 다식판이란 무엇인가?

- 다식판이란 다식을 박아내는 틀이다 - 나무
- 다양한 형태, 문양, 크기로 만들어 졌다 - 사진자료

1) 다식판의 역사

- 다식 만들기 - 고려, 조선 초 수작업
- 조선 선조(宣祖34, 1601)때 처음으로 문헌에 등장

의인왕후(懿仁王后) 山陵都監儀軌, 凶禮, / 大茶食飯一, 小茶食飯一
- 孝宗 殯殿都監儀軌, 凶禮, 殯殿[殯宮], 魂殿[魂宮], 顯宗0, 1659

茶食板五 所入自作板木半半立校書館進排
- 祭器都監儀軌, 吉禮, 宗廟, 永寧殿, 社稷, 樂器, 光海03, 1611

高一尺一寸茶食于里臺具制
- 仁祖 殯殿都監儀軌, 凶禮, 殯殿[殯宮], 魂殿[魂宮],孝宗00, 1649

茶食板五所入字作木半半立校書館刀馬七
- 孝純賢嬪]殯宮魂宮兩都監二房儀軌(2), 凶禮, 殯殿[殯宮], 魂殿[魂宮],英祖27, 1751

茶食板五. 汲水桶二繕工監
- 迎接都監賜祭廳儀軌, 賓禮, 使臣迎接, 仁祖21, 1643

茶食板大中小竝五介

2) 다식판의 종류

- 손잡이 다식판, 두겹틀 다식판
- 왕실다식판 - 왕실문양, 형태, 고급스럽다

- 민간다식판 - 다양한 문양, 소박하다.

3) 다식판의 문양

다식판 문양 - 문양종류는 여러 가지 다양함 / 팔괘, 물고기, 꽃, 나비, 연화문, 문자

英祖13年(1737)8月11日 - "궁중(宮中)의 다식판(茶食板)에 팔괘(八卦)를 그려 새긴 것이 있는데, 내가 항상 어찌 먹을 수 있겠는가 여겨 일찍이 먹지 않았었다. 근래 세자 역시 그것을 먹지 않으므로 유모(乳母)가 그 까닭을 물었는데 답하기를, '팔괘는 먹을 수 없는 것이다.' 라고 하였으니, 그 영리한 자품(姿稟)이 이와 같다."

2. 다식판에 다식 박아내기

다식판은 조선시대 중기에 등장하여 후기에 발달되었으며, 대량의 다식을 만들어 내는데 편리하게 틀에 넣고 찍어내기 위해서 발명되었다. 똑같은 크기와 문양으로 찍어내어 쌓아서 전체 모양을 아름답게 만들기 위해서 사용하는 도구이다. 수작업으로 다식을 만들면 모양과 크기가 각기 달라서 고임을 하기에 불리하다.

3. 다식 고임 - 숙수(熟手)

다식판으로 박아낸 다식을 목기에 고이는 것으로 작게 2-3백 개에서 많게는 1천5백 개 정도를 쌓아서 1그릇(높이 1차5치)을 만든다. 다식을 쌓은 높이가 높을수록 지체가 높다. 다식을 고이는 사람을 숙수(熟手)라고 한다.

한색다식고임 - 한 가지 다식 고임
삼색다식고임 - 세 가지 다식 고임
사색다식고임 - 네 가지 다식 고임
오색다식고임 - 다섯 가지 다식 고임
육색다식고임 - 여섯 가지 다식 고임
각색다식고임 - 각종 다식 고임

4. 진연의궤(進宴儀軌) 다식 재료

大茶食果 - 1器 / 높이 - 1자5치 / 250立
眞末(밀가루) - 5말, 眞油(참기름) - 2말, 淸(꿀) - 2말,
胡椒末(산초가루) - 3작(夕), 桂皮末(계피가루) - 3작,
實柏子(잣) - 3홉, 砂糖(사탕) - 2圓

茶食果 - 1器 / 二百立
眞末(밀가루) - 4말, 眞油(참기름) - 1말6되, 淸(꿀) - 1말6되
胡椒末(산초가루) - 5작(夕), 桂皮末(계피가루) - 5작,
實柏子(잣) - 3홉, 砂糖(사탕) - 2圓

四色茶食 - 1器 / 1천개
黃栗末(황률가루), 송화, 흑임자말, 녹말 - 각7되5홉
淸(꿀)- 1말, 臙脂(연지) - 1종지, 五味子(오미자) - 5홉

五色茶食 - 1器 /
栗末(률말), 송화, 흑임자말, 녹말 - 각3홉
靑太末(청태말) - 2홉5작, 辛甘草末(신감초말) - 1홉5작
五味子(오미자) - 5작, 淸(꿀)- 1되5홉, 臙脂(연지) - 半半종지

各色茶食 - 1器 / 높이 : 1자2치 - 1천개
栗末, 菉末, 黑荏子, 松花, 靑太末/ 각9되
辛甘草末(매운감초가루) - 1되5홉, 淸(꿀) - 1말3되5홉
五味子(오미자) - 1되, 臙脂(연지) - 1종지(鍾子)

栗末黑荏子茶食 - 1器 / 높이 1자5치 - 1천5백개 - 咸寧殿
黃栗末(황률말) - 2말5되, 黑荏子(흑임자) - 3말5되,
淸(꿀) - 1말8되

松花菉末茶食 - 1器 / 높이 1자5치 - 1천2백50개- 咸寧殿
松花(송화) - 2말5되, 菉末(녹말) - 3말5되, 淸(꿀) - 1말5되
五味子(오미자)- 2되5홉, 臙脂(연지) - 2종지반

靑太桂薑茶食 - 1器 / 높이 1자5치 - 1천2백50개 - 咸寧殿
靑太末(청태말) - 2말5되, 薑粉(생강가루) - 2말5되,
辛甘草末(매운 감초가루) - 5되, 桂皮末(계피가루) - 4홉
淸(꿀) - 1말5되

薑粉黑荏子茶食 - 1器 / 1천개
薑粉(생강가루) - 5되, 녹말 - 1말, 黑荏子末(검정깨가루) - 1말5되
淸(꿀) - 1말7되, 實栢子(잣) - 2홉

六色茶食 六器
黃栗(황률)- 四斗 八十兩, 菉末(녹말)- 四斗四升 九十九兩
松花(송화)- 三斗八升 三十八兩, 黑荏子(흑임자)- 三斗八升 三十兩四濱
白荏子(백임자)- 五斗八升 四十兩六濱, 辛甘菜末(신감초말)- 二斗 二十兩
太末(콩가루)- 一斗八升 六兩三濱, 白淸(백청)- 五斗四升 五百八十三兩二濱
密脂(밀지)- 五十器 三十兩, 五味子(오미자)- 四升 四兩

4. 다식의 부재료

1) 꿀(淸)- 백청이라 함은 굳지 않고 흐르는 꿀 중에서 빛이 맑은 상품임.
2) 조청(造淸:물엿)- 옛날에는 빛이 맑은 조청을 사용하였으나 현재는 시판되는 과당을 쓰면 됨
3) 오미자(五味子)- 소량 냉수에 우려서 신맛과 고운 홍색을 낼 때 씀
4) 계피말(桂皮末)- 계피가루(시판되고 있음)
5) 강분(薑粉, 시판하는 것을 사용해도 됨)
생강을 믹서에 갈아서 뿌연 물이 안 나올 때까지 냉수에 헹구어 받쳐 내어, 그 물을 가만히 놓아두면 녹말이 침전된다. 윗물은 따라버리고 녹말은 그대로 쓰기도 하고 말려서 쓰기도 한다.
6) 사탕(砂糖)- 사탕은 중국에서 수입하여 쓴 것이 확실하나 지금은 설탕을 흔히 씀
7) 감초가루(甘草末)- 오미자장과 함께 각색다식 만들 때 사용
8) 연지(燕脂)- 잇꽃(홍화:엉겅퀴과에 속하는 일년초)에서 채취한 붉은 안료로 천연의 홍색을 얻는데 썼으나 지금은 허가된 식홍(食紅)을 씀.